나눔과 행복

경북대학교 기초교육원
복현모둠강좌 No. 8

나눔과 행복

찍은 날 2012년 6월 7일 • **펴낸 날** 2012년 6월 14일

지은이 고영건 | 권현수 | 문순영 | 설동훈 | 성희자 | 용타 스님
이희영 | 임승택 | 임태형 | 조현미 | 최혁진

펴낸이 함인석 • **펴낸 곳** 경북대학교출판부 • **출판등록** 1973년 10월 10일 ㉣97호

주소 대구광역시 북구 대학로 80번지 • **전화** 053-950-6741~3 • **팩스** 053-953-4692

이메일 press@knu.ac.kr • **홈페이지** http://knupress.com

정가 15,000원 • ISBN 978-89-7180-343-1 93330

※파본은 바꾸어 드립니다.

나눔과 행복

고영건 | 권현수 | 문순영 | 설동훈
성희자 | 용타 스님 | 이희영 | 임승택
임태형 | 조현미 | 최혁진 공저

경북대학교출판부

머리말

현대사회의 극도의 기계화와 문명화, 자본주의의 발달로 인한 금권만능주의는 우리의 생활을 편리하게 만들었을지는 모르나 인간 내면의 깊은 곳에서 추구하는 삶의 의미를 찾기에는 지나치게 삭막하다. 모든 것이 자본의 논리에 지배되는 가운데, 학문과 이상을 논해야 할 대학이 취업을 준비하는 곳으로 전락해 버리지 않을까 하는 우려마저 대두되는 상황이다. 이러한 때 진정한 나 자신과 내 이웃을 위한 삶에 대해서 생각하는 시간을 가지고자 뜻을 같이하는 몇 명이 모여 경북대학교 기초교육원의 교양교육 프로그램 중 하나인 복현모둠강좌에서 '나눔과 행복'이라는 주제로 강의를 개설하였고, 그 내용을 본 책자로 엮었다.

이 책에서는 현대사회의 특징 중 하나인 기계화와 산업화로 인한 양극화의 심화, 인간소외 현상을 극복하기 위해 내면적 성찰을 시도한다. 그러기 위하여 국가적 차원에서의 나눔 현황을 파악하고, 나아가 사회와 개인의 나눔에 대하여 생각한다. 또한 나와 우리라는 테두리 안에서, '나와 '너'가 '우리'가 되기 위하여 우리 안의 소수자에 대해 생각하는 시간을 갖는다. 마지막으로 나 자신이 궁극적으로 행복한 삶을 추구하기 위한 몇 가지 방법을 제시한다.

이 책은 크게 제1부 '나눔에 대하여', 제2부 '우리 안의 그들을 생각하며', 제3부 '행복에 대하여'로 나뉜다. 먼저 제1부의 내용을 살펴보면, 제1장에서는 권현수 교수(경남대 사회복지학과)가 대학생의 자원봉사를 통한 시간의 나눔에 대하여 이야기하고, 실제로 시간을 나눌 수 있는 영역을 구체적으로 제시한다. 제2장에서는 최혁진 전무이사(원주의료생협)가 국가적 차원의 나눔으로서 의료 공공화에 대하여 논하고 있다. 그는 우리가 진정으로 모든 이의 차별 없는 의료와 복지를 희망한다면, 노동하며 살아가는 대중들에게 보편적 의료를 받을 수 있는 권리를 부여해야 한다고 주장한다. 제3장은 임태형 소장(사회공헌정보센터)의 기업사회공헌에 관한 강의 내용으로, 사회공헌과 사회적 책임이 조화롭게 발전하며 두 활동이 상호 시너지를 내어 기업 경영에 도움이 되는 방안을 제시하고 있다. 제4장은 저소득층이나 장애인 등 사회적 약자에게 일자리를 제공해 실업률을 줄이고 이들이 사회의 건강한 일원으로 살아갈 수 있도록 돕는 사회적 기업에 관한 내용이다. 문순영 교수(경북대 사회복지학과)는 사회적 기업이 자생력을 갖기 위해서 다양한 사회세력들의 협력이 필요하다고 강조한다.

제2부는 우리 안에 함께하고 있는 사회적 소수자, 그중에서도 특히 다문화가족, 북한이탈주민, 노숙자를 비롯한 빈민에 대한 내용을 다루고 있다. 먼저 제5장에서 설동훈 교수(전북대 사회학과)는 한국의 다문화가족 통합정책의 추진체계와 특징에 대하여 분석한 후, 공동체의 화합과 사회 안정을 이루기 위해 사회의 각 주체가 적극적으로 참여하는 거버넌스 시스템을 마련해야 한다고 주장한다. 제6장에서는 이희영 교수(대구대 사회학과)가 북한이탈주민의 정체성 구성에 관하여 논하고 있는데, 사례연구 결과를 보면 2000년대 초반을 넘어서면서 나타나는 북

한 국경지역 주민들의 생활세계 변화를 알 수 있다. 제7장에서는 조현미 교수(경북대 지리학과)가 산업화 · 도시화의 진전으로 인한 도시 재개발사업이 주거빈곤층을 확대 · 심화해 나가는 과정에 대하여 고찰한 후, 정부의 빈민 주거대책의 방향을 제시하고 있다. 제8장에서는 성희자 교수(경북대 사회복지학과)가 이주라는 특별한 상황 속에서 사회제도와 문화적 차원에서 영향을 받으며, 그 속에서 경험하는 트라우마가 이주여성의 삶에 미치는 영향을 분석한다. 성 교수는 이주여성의 트라우마는 개인적으로 의미를 부여한 것이 아니라 사회적 정체성이라는 이름으로 형성된 것이므로 보다 사회적인 차원에서 그들을 이해하려는 접근이 필요하다고 주장한다.

제3부는 행복을 주제로 한다. 제9장에서 고영건 교수(고려대 심리학과)는 삶에서 소망은 이루어지는 것보다 이루어지지 않는 것이 압도적으로 더 많지만 긍정심리학의 관점에서 본다면 다행스럽게도 사람들은 소망이 좌절된 상황 속에서도 얼마든지 환상이 아닌 현실 속에서 행복을 추구하는 것이 가능하다고 하면서 멘탈 휘트니스 프로그램을 제시한다. 이에 한걸음 더 나아가, 제10장에서 용타 스님(재단법인 행복마을 이사장)은 '나'라는 에고이즘이 사라질 때 자아에서 벗어날 수 있고 자아가 사라질 때 전체를 끌어안는 사랑이 나오며, 사랑의 마음을 가진 인격체의 존재 그 자체가 나눔이라고 역설한다. 마지막으로 임승택 교수(경북대 철학과)는 자신의 내면을 들여다보면서 마음을 다스리는 데 주력하는 불교명상과

요가명상에 대해 설명하면서 이 책을 마무리한다.

이 책에서는 서로 다른 전공의 교수와 관련 전문가들이 '나눔과 행복'이라는 하나의 주제를 놓고 다양한 방식으로 접근하였다. 독자들이 이 책을 통해 한 개인으로서 자아를 성취해 나가는 한편, 주위에도 시선을 돌릴 수 있는 여유를 갖고 그 가운데 행복을 추구할 수 있기를 희망한다.

2012년 5월

필자들을 대표하여

조현미

| 차례 |

| 제1부 |

나눔에 대하여

첫 번째 강의

시간의 나눔

자원봉사

권현수 경남대학교 사회복지학과 교수

I. 자원봉사활동의 의의 및 개념

1. 현대사회 자원봉사활동의 필요성

오늘날 자원봉사활동은 시민들의 공동체의식을 증진시키고 지역사회 문제에 주민 스스로 참여할 수 있는 기회를 제공함으로써 그 의미와 중요성이 더욱 증대되고 있다. 무보수, 이타주의 등의 가치를 기반으로 나보다 부족하고 어려운 사람들을 돕는 행위로서의 자원봉사활동이 소극적 의미의 자원봉사활동이라면 지역사회에서 다른 사람들과 더불어 함께 살아가기 위해 서로 시간과 노력을 나누는 나눔 실천운동으로서의 자원봉사활동은 더욱 적극적인 의미를 지닌다.

비영리부문에 대한 연구를 체계적으로 해 온 Salamon(1992: 3~11, 김동배 외, 1998: 31~32)은 자원봉사를 비영리부문을 지탱하고 구성하는 중요한 부문으로 인식하면서 사회구성원의 욕구를 해결하는 과정에서 나타나는 시장의 한계에 대한 비영리부문의 역할을 강조하고 있다. 또한 자원봉사자 활용의 의미는 단순한 인건비 절감이나 조직 홍보의 차원을 넘어서 비영리조직과 개인, 그리고 사회의 일체감을 실현하는 데 있다고도 볼 수 있다. 비영리조직은 일반시민과의 연대, 더 나아가 사회와의 연대를 도모할 수 있으며, 개인은 자원봉사활동을 통하여 사회문제에 대해 새로운 인식을 갖고 주체적으로 활동하는 경험을 하는 것이다

과거에는 자원봉사자를 단순히 직원의 역할을 대신하는 보충적인 개념으로 여기는 경향이 강했으나, 지금은 자원봉사 프로그램을 특별한 경험, 자원개발, 기관마케팅, 자생력이 강한 지역사회 혹은 '사회자본' 형성을 위한 접근수단으로 간주하고 있다(Hall, Heyworth, MacKenzie and Bacon, 2001: 2; 권현수, 2008에서 재인용).

Tilly & Tilly(1994)는 노동의 영역을 노동시장, 비공식적 영역, 가사, 그리고 자원봉사의 네 영역으로 나누고 자원봉사를 봉사자가 계약 혹은 친자관계상의 의무가 없는 제3자에 대하여 보상 없이 제공하는 노동으로 정의하고 있다. 자원봉사는 탈상품적이라는 점에서 노동시장과 비공식적 영역에서의 노동과 구분되며, 자발적이라는 측면에서 가사노동과 대비된다(이봉주, 2005에서 재인용). 이러한 탈상품적이고 자발적인 특성을 가지고 있는 자원봉사는 비공식적인 형태의 자원봉사와 공식적인 형태의 자원봉사로 나누어 볼 수 있다(Wilson and Musick, 1997; 이봉주, 2005에서 재인용). 비공식적인 자원봉사가 개인적인 관계에서 개인에게 도움을 주는 것이라면 공식적인 자원봉사는 보통 '사회'를 개선하기 위한 공동의 재화(collective good)에 노력을 기부하는 형태를 띠게 된다.

이처럼 현대사회에서 자원봉사활동의 중요성은 점점 커지고 있다. 특히 성숙한 시민의식을 기반으로 한 사회참여를 통해 복지사회를 이룩하려는 목표를 가진 현대사회에서 자원봉사활동이 이처럼 중요하게 부각되는 이유는 무엇인가?

첫째, 현대사회는 물질적 풍요를 이루었지만 각종 사회문제가 급증하고 있다. 그러한 문제를 해결하거나 예방하기 위해서 국가 및 지방자치단체는 사회복지정책을 수립하고 다양한 사회복지서비스 제공을 통해 이러한 사회문제에 적극적으

로 대처할 필요가 있다. 그러나 이러한 제도적 장치만으로는 다양한 욕구를 가진 개개인에게 접근하기 어렵고 또한 개별적 욕구를 충족시키는 데에도 한계가 있다. 따라서 민간에 의해 제공되는 자원봉사활동은 공적 · 제도적 서비스의 불완전성을 보충할 수 있다.

둘째, 우리사회의 핵가족화는 인간의 건전육성과 복지적 관점에서 볼 때, 가정의 생활보장기능을 축소시키고 있다. 핵가족화의 악영향을 극복하기 위한 하나의 대안으로서 지역사회 공동체의 필요성이 강조되고 있다. 공동성, 연대감이 상실된 사회는 인간을 고립시키고 인간성의 상실과 제반 사회문제를 가져온다. 그러므로 국민의 자발적 참여에 의한 자원봉사활동으로서 공동체의식의 유지에 그 의의가 있다.

셋째, 자본주의 발달과 국민소득의 증대, 기술문명의 발달로 인해 여가시간이 증가하고 있다. 노인이나 여성과 같은 유휴인력들이 여가를 어떻게 보람 있게 보내느냐 하는 문제가 사회문제로 대두되며, 여가를 건전하게 보내는 것에 대한 관심이 증가하고 있다. 자원봉사활동은 모든 계층에서 참여할 수 있는 보람 있는 여가활동이 될 수 있는데, 이러한 여가활동은 '함께함'을 통하여 개인의 발전뿐만 아니라 민주사회의 기반을 형성할 수 있다. 자원봉사활동은 사회복지를 향한 시민참여의 한 형태로서 활동의 과정을 통하여 공동체의식을 높이고, 사회계층의 폭넓은 참여를 통한 사회적 통합을 높일 수 있다. 노동시간의 단축과 주 5일 근무제와 같은 여가 확대가 점점 보편화되고 있으며 앞으로 여가시간 활용은 더욱 중요한 관심사로 대두될 것으로 보인다.

넷째, 사회복지 전문화의 측면에서도 그 의의를 들 수 있다. 전문가와 자원봉사자의 관계는 지도상의 책임과 역할을 달리하고 있으나 상호의존성과 보완성을 가지므로 전문사회복지사가 부족한 상황에서 자원봉사활동은 매우 의의가 있었다.

다섯째, 자원봉사는 점차 거대화, 관료화되는 정부 혹은 거대한 민간기업 세력의 위험을 보완 · 견제할 수 있는 제3의 세력으로 간주할 수 있다. 자칫하면 무시되고 파괴될 위험이 큰 개인의 개성을 보호하기 위해서뿐만 아니라 도움이 필요한 지역사회의 문제를 해결하기 위해서도, 때로는 무언가 일이 필요한 유휴자원에게 일을 주기 위해서도 필요하다. 이런 개인적 요구와 지역사회 요구가 조화를 이룰 때, 그 지역사회는 하나의 자원봉사 지역사회로서 기능적이며 또한 인간적인 질 높은 지역사회를 이룩할 수 있다. 요약한다면 직접 참여와 자유의지를 기반으로 하는 자원봉사활동은 민주복지사회 형성에 중추적인 역할을 하는 데 의의가 있다.

여섯째, 복지에 대한 새로운 관점의 대두와 시설 사회화의 의의를 들 수 있다. 즉 통합화(integration), 정상화(normalization)와 같은 새로운 관점이 대두되면서 사회복지시설은 지역사회로부터 격리된 곳에 짓고, 대상자들을 폐쇄적으로 수용보호하던 것을 지역사회 속에서 함께 생활하고, 지역주민에게 개방하도록 운영하는 것이다. 예를 들어 육아시설에 입소해 있는 아동의 경우, 일반가정과의 교류를 통해 건전한 인격형성을 도모한다.

일곱째, 시민참여는 복지사회 실현의 전제조건이다. 복지사회를 실현하기 위해서는 국가를 포함한 전체 사회의 책임이 강조된다. 즉, 한 사회의 발전과 복지는 정부 혹은 몇몇 사회단체나 소수의 엘리트들의 노력으로 이루어질 수 없으며, 시민 대다수가 참여하고 협동하는 시민들의 힘에 의해 가능하다. 따라서 자원봉사활동은 복지사회를 건설하기 위한 중요한 전제조건이 된다.

복지사회의 과제에 있어 시민참여의 영향은 기본적인 생활보장과 관련된 모든 프로그램을 계획하고 운영하는 데 참여할 권리를 갖는다는 견지하에 더욱 확대되고 있다. 이러한 현상은 사회가 점점 발전하고 변화하여 새로운 사회문제가 발생함에 따라 더욱 요구되는 것으로, 사회구성원 개개인이 이러한 문제를 결코 타인의 문제가 아니라 내 자신의 문제, 내 가정, 내 친구의 문제라는 공동의식을 가지고 자발적으로 참여할 때 새로운 사회문제가 해결될 수 있다는 의미이다.

여덟째, 자원봉사활동은 자원봉사자 개개인에게도 개인의 여가를 건전하게 이용하거나 자신의 전공과 기술 등 능력을 활용할 수 있고, 지역사회에 적극적으로 참여하는 기회를 통해 시민의식을 배양함으로써 자아존중감을 드높이고 자아를 실현하는 등의 도움을 줄 수 있다.

한편 2001년 1월, 암스테르담에서 열린 제16차 IAVE(International Association for Volunteer Efforts, 세계자원봉사협의회) 세계대회에서는 자원봉사를 시민사회 형성의 기본단위로 간주하고 다가오는 새천년을 시민이 변화시킬 수 있다는 신념을 담아 자원봉사선언문(Universal Declaration on Volunteering)을 채택하였다. 자원봉사선언문에서는 우리가 개발하고 추구해야 하는 자원봉사활동을 다음과 같이 정의하였다(출처: IAVE 인터넷 홈페이지).

- 지역사회문제를 발견하고 제시하는 과정에 전체 지역사회의 참여를 끌어내는 자원봉사활동
- 자신의 권리를 대변할 수 없는 자들에게 발언권을 제공하는 자원봉사활동
- 타인을 자원봉사자로 참가하게 하는 자원봉사활동
- 다른 부분의 책임감 있는 행동이나 유급직원의 노력을 대체하는 것이 아니라 보충하는 자원봉사활동
- 자원봉사자들이 새로운 지식이나 기술을 습득하고 개인적인 잠재력, 자기 신뢰감, 창의력을 최대한 개발하게 하는 자원봉사활동
- 가족, 지역공동체, 국가, 세계적인 연대를 증진하는 자원봉사활동

2. 자원봉사활동의 개념

일반적으로 자원봉사는 '스스로 원해서(자발성), 일한 대가로 보수를 받지 않고 혹은 대가를 바라지 않고(무보수성), 남을 돕는(이타성, 공익성) 활동'으로 이해된다. 최근 자원봉사의 개념은 단순한 자선이나 후원활동이라는 소극적 개념에

서, 현대사회를 살고 있는 시민의 한 사람으로서 가지는 주인의식에서 발현되는 활동으로까지 광범위한 개념으로 사용되고 있다. 현대사회는 나만 행복하다고 해서 절대의 행복을 장담할 수 없다. 사회가 인간에게 미치는 영향이 매우 크며, 그러한 영향은 때로 위험이 되어 부지불식간에 찾아오기도 한다. 예를 들어 각종 교통사고, 산업재해, 자연재해, 국가경제위기, 정치위기, 불특정 다수를 향한 범죄 등 인간의 행복을 위협할 수 있는, 그러나 개개인의 힘으로는 통제할 수 없는 상황들이 발생할 여지가 더욱 많다. 따라서 현대를 살아가는 우리 인간이 행복이라는 삶의 목적을 추구해 나가려면 사회구성원 모두의 최소한의 행복에 대해서 그 사회를 구성하고 있는 시민 모두가 조금씩 함께 노력해 사회적 안전망을 만들 필요가 있다. 여기에는 정부의 노력뿐만 아니라 사회공익을 지키고 연대하여 함께 행복을 누리고자 하는 사회구성원의 공동의 노력이 필요하며, 이러한 노력의 실천활동이 바로 시민자원봉사활동이다

자원봉사는 시대나 사회문화적 배경에 따라 다르게 사용되어 왔다. 자원봉사(voluntarism)라는 용어는 자발, 자주, 자유의지라는 뜻을 가진 라틴어 '볼런타스(voluntas)'에서 유래하며, 따라서 자원봉사활동은 인간행동에 있어 자발성의 측면이 보다 더 근본적으로 작용하고 있음을 알 수 있다. 현대적 의미의 자원봉사자(volunteer)는 제1차 세계대전 당시 자발적으로 전쟁에 지원하였던 병사를 가리키는 말이었다. 이 말이 일반시민들 사이에서 점차로 '사회복지분야에서 자발적으로 활동하는 사람'을 부르는 말로 쓰이게 되면서 자원봉사는 사회복지 관련기관에서 무상으로 서비스를 제공하는 활동으로 정의하는 것이 일반적이었다. 그러나 최근에 와서는 사회복지영역의 활동뿐만 아니라 교통, 환경, 범죄, 지역사회문제 등 지역사회 전체의 복지 수준 향상에 기여하는 시민활동으로 인식하는 경향이 지배적이다.

자원봉사에 대하여 다양한 정의가 사용되고 있는데, 우선 다빌과 먼데이(Darvill & Munday, 1984)는 "자원봉사란 자신의 친족이 아닌 사람들을 위하여 무

보수로 자발적인 서비스를 제공하는 것으로서, 이웃과의 만남과 같은 비공식적인 것이 아니라 특정 조직을 통해서 공식적으로 행하는 서비스"라고 규정하고 있다(김동배, 2005 재인용). 한국사회복지협의회(1987)는 "자원봉사란 사회문제의 예방 및 해결을 위하여 또는 국가의 공익사업을 수행하기 위하여 공 · 사의 공식조직에 자발적으로 참여하여 영리적 보상을 받지 않고 인간존중의 정신과 민주주의 원칙에 입각하여 낯선 타인들을 상대로 그들이 필요로 하는 서비스를 제공함으로써 사회의 공동선을 고양시킴과 동시에 이타성 구현을 통해 자아실현을 성취하고자 하는 지속적이고 계획적인 활동이다."라고 정의하고 있다. 2005년 제정된 우리나라 자원봉사활동 기본법에서는 자원봉사활동을 "개인 또는 단체가 지역사회, 국가 및 인류사회를 위하여 대가 없이 자발적으로 시간과 노력을 제공하는 행위를 말한다."라고 정의하고 있다.

이상의 정의를 종합하면, 자원봉사는 시민의 한 사람으로서 책임을 다하기 위해 경제적인 이득을 목적으로 하지 않고 자발적으로 시작하여 조직적이고 지속적으로 인류의 복지증진에 도움을 주는 활동이라고 규정할 수 있다.

이러한 자원봉사활동은 지역사회를 구성하는 한 시민이 사회에 참여하여 공공선을 추구한다는 의미에서 사회적 연대의 특성이 있으며 국가행정이 미처 제공하지 못하는 시민생활에 필요한 부분을 보완한다는 의미에서 공익적인 성격을 갖는다. 이제 자원봉사 개념은 시대적 요청에 부응하고 민주 복지사회를 향한 국민의 도덕성 함양과 공동체성 회복을 위한 조화로운 공동참여를 도모하고 이로 인하여 상호이해와 인간성의 완성을 뜻하는 좀 더 광범위한 의미로 이해되어야 할 것이다.

자원봉사와 유사한 개념으로 사회봉사(social service)라는 용어가 함께 사용된다. 자원봉사라는 용어가 광범위하고 포괄적으로 사용되어 온 용어라면, 사회봉사는 자원봉사활동에 학점을 부여하는 등 제도화와 교과과정에서 통합된 봉사학습체계 등을 의미하는 것으로(강철희, 2000), 중 · 고등학생의 의무적인 자원봉사활동의 시행, 보호관찰 프로그램으로서의 사회봉사명령제 등이 여기에 포함된다.

즉 사회봉사는 자원봉사활동을 통하여 교육이 지향하는 목표를 체득하도록 하는 의도적인 목표나 사회적 기여를 강조하는 용어일 수 있다.

3. 자원봉사활동의 특성

자원봉사활동은 어떤 특정한 사람이나 집단, 그리고 시간과 물질의 여유가 있는 사람만이 하는 특별한 활동이 아니며, 누구나 언제, 어디서라도 참여할 수 있는 활동임을 알 수 있다. 자원봉사에 대한 여러 정의들을 살펴보면 자원봉사활동은 자발성, 무보수성, 지속성, 공익성, 민간성, 이타성, 자아실현성, 사회연대성, 공공성 등의 특성을 가지고 있음을 알 수 있으며, 이러한 특성은 시대와 사회에 따라 유동적이다. 이 절에서는 자원봉사활동의 여러 특성 중 공통적으로 나타나는 다음의 주요 특성들을 중심으로 살펴보고자 한다

1) 자발성

자원봉사에서 자발성은 누군가에게 명령을 받거나 강제로 활동하는 것이 아니라 평등한 인간관계를 기반으로 타인의 어려움이나 사회문제를 자기 자신의 문제로 받아들여 개개인의 자유로운 의사와 주체성에 의해 활동하는 것이 중요하다는 점을 강조한다. 즉, 자발성이란 자기 자신이 생각해서 자기 자신이 결정하고 스스로 행하는 것이다. 특히 오늘날과 같이 고도의 복지를 지향하는 사회에서는 사회의 일원으로서 자발적 · 적극적인 자세로 복지를 증진하고 인권을 지키며, 살기 좋은 사회를 조성해 가려는 자세라고 할 수 있다.

2) 민간성

자원봉사활동은 사회의 구성원들이 자신이 거주하는 지역사회를 보다 살기 좋은 사회로 만들기 위해 자발적으로 관심을 가지고 참여하는 활동에서 비롯된

다. 자원봉사활동의 이러한 특성이 현대사회 정부나 제도가 이루지 못하는 부분에 대한 보완책으로 사용되다 보니, 최근에는 자원봉사활동이 시민사회의 성숙 정도에 의하기보다 오히려 국가나 정부의 필요에 의해 다소 강제적으로 추진되는 경우도 있다. 이 경우 자원봉사활동은 시민참여와 사회연대적 특성을 가지기보다는 획일적이고 집합적인 자원동원을 위한 수단으로 악용되기도 하고 미비한 사회복지정책의 보완책으로 그 의미가 퇴색될 수도 있다. 따라서 자원봉사활동은 시민들의 성숙된 시민의식에서 자발적으로 비롯되는 민간성을 견지할 필요가 있다.

3) 공익성

자원봉사활동은 항상 전체 사회의 복지 향상에 기여하고, 동시에 인간사회의 공동선의 발전을 위하는 것이어야 한다. 즉, 개인이나 가족의 이해를 뛰어넘어 사회 전반의 삶의 질을 향상시키는 것을 말한다. 이러한 공익성은 정부나 공공단체만이 아니라 국민 모두의 노력에 의해 확보된다. 따라서 자원봉사가 활성화되어 있는 나라는 공공의 이익에 대한 사회적 관심이 높다고 볼 수 있다.

4) 무보수성

자원봉사는 기본적으로 무보수성 또는 무급성의 원칙이 있어야 한다. 자원봉사는 사회의 어두운 곳을 밝게 하거나 공익을 증진하기 위한 것이므로 자신의 활동에 대해 보수나 이익을 얻는 것을 목적으로 하지 않는다. 그러나 자원봉사활동의 무급성 원칙은 자원봉사활동이 개인의 경제적 이득이나 물질적 대가를 배제하여야 한다는 의미로서, 자신이 행한 서비스의 결과로 나타나는 다양한 형태의 보상은 허용할 수 있다.

5) 지속성

자원봉사는 일회적인 활동으로 끝나는 것이 아니라 꾸준히 실천해야 한다. 자원봉사활동이 비록 본인의 자발적인 의지에 의해서 행해졌다 하더라도 책임감 있는 지속적인 활동으로 일정기간 동안 계속되어야 한다. 개인의 일시적인 활동은 일반적으로 다른 사람의 안녕에 크게 영향을 미치기 어렵기 때문이다. 특히 사회복지서비스와 같은 대인서비스 활동에 참가하는 경우에는 더욱더 그러하다. 자원봉사활동의 지속성 정도를 가늠하는 객관적인 기준은 없으나 활동을 시작한 후 최소한 6개월 이상 지속될 필요가 있다.

II. 자원봉사활동의 역사

자원봉사활동의 변화과정을 영국과 미국 등 외국의 사례를 통해 먼저 살펴보고, 다음으로 한국의 사례를 살펴보자.

1. 영국

○ 1647년~18세기: 스스로 마을을 지키기 위해 나선 자경단

○ 19세기: 자유방임주의 사회, 최고의 사회가치는 자조

- 자선조직협회, 인보관운동 등 민간사회복지활동으로 시민의 적극적인 참여를 촉진하는 계기가 되었으며 자원봉사활동의 출발점이 됨

○ 19세기 후반~20세기 중반: 국가의 복지역할 기대 증대(복지국가 시대), 민간참여는 다소 소극적

○ 20세기 중반 이후: 복지국가에 대한 인식의 변화, 자원봉사 참여에 대한 인식 전환

- 1968년 아베스 보고서: "전문직원의 서비스를 보완하고 사회서비스의 제공을 통합하기 위해 자원봉사자의 참여가 절대적으로 필요"

2. 미국

○ 1600년대~18세기 : 미국 독립 이전 시기로 생존을 위한 상부상조의 전통 및 민간사회봉사활동 활발

○ 19세기~20세기 중반 : 자선조직협회, 인보관운동 등 영국과 유사

○ 미국 인보관운동은 여성들에 의한 준자선적 성격 유지

• 보이스카우트, 걸스카우트, 보이스 클럽, YWCA, 미국적십자사 등 전국 기관과 연맹을 맺은 지역기관 및 국제봉사기구의 출현

○ 1929년 : 대공황 이후 대부분의 사회복지서비스가 연방정부로 전환

• 복지, 교육, 보건, 시민단체 등에서 자원봉사자의 수요 증대

• 자원봉사센터를 중심으로 한 자원봉사자의 필요성 증대

○ 1932년 : 전국자원봉사자위원회(National Committee on Volunteers) 설립

○ 1950년대 이후 : 제2차 세계대전 이후 사회적으로 반전, 흑인민권운동, 소수 인종의 빈곤문제 등 사회문제 등장. 이에 대한 해결책으로 자원봉사활동이 정부차원에서 적극적으로 추진

○ 1961년 : 케네디 대통령 평화봉사단(Peace Corps) 추진

○ 1964년 : 존슨 대통령 VISTA(Volunteer in Service to America) 빈곤문제에 대한 대처방안, 빈곤퇴치 프로그램, 은퇴노인 자원봉사(RSVP) 프로그램 등 추진

○ 1967년 : 사회보장법 개정. 자원봉사활동에 대한 합법적 지위 부여

○ 1970년대 : 자원봉사자에 의한 문제해결을 강화, 촉진하고 자원봉사단체에 대한 지원을 목적으로 전국자원봉사센터(National Center For Volunteer Action Center) 설립

○ 1971년 : ATION(독립적으로 운영되던 민간 프로그램을 하나의 독립기구가 맡아 관장할 수 있도록 하기 위한 지원법)

• 국내자원봉사활동법(특별법) 제정

○ 1990년 : 부시 대통령이 Points of Light Foundation을 설치하여 지역자원봉

사센터를 지원하고 업무를 추진하는 조직체로 삼음

3. 우리나라

○ 전통적 상부상조의 전통: 향약, 계, 두레, 품앗이

○ 현대적 의미의 자원봉사: 1903년 YMCA 창립, 1921년 태화기독교사회관 등 기독교사상의 유입으로 교회 및 관련단체 중심의 봉사활동

○ 1960년대 및 1970년대: 사회개발차원, 자원봉사정신의 확대

○ 1980년대: 자원봉사 본격화

- 1984년: 한국여성개발원의 자원봉사인력은행 설치
- 1986년: 아시안게임과 88서울올림픽은 시민자원봉사의 정점을 이루면서 전국적으로 자원봉사활동을 인식시킨 분기점이 됨

○ 1990년대: 발달 · 성숙의 시기

- 1991년 6월부터 한국사회복지협의회에서 전국 15개 시 · 도 단위에 지역봉사센터를 설립
- 1991년 이후 영남권을 중심으로 자원봉사기관들이 설립됨
- 1994년 30여 개 민간단체들이 모여 한국자원봉사단체협의회를 출범시킴
- 1995년부터 중앙일보 등 언론에 의한 자원봉사 캠페인과 홍보, 5 · 31 교육개혁안과 함께 실시된 청소년자원봉사활동의 육성, 자원봉사활동 진흥법안의 제정 노력, 기업에서의 자원봉사활동 업무실적 반영, 대학에서의 자원봉사 학점화 및 지원, 전국 시 · 도 단위의 종합자원봉사센터 설치 등이 한국사회 내에서 이루어지기 시작함
- 행정자치부 산하의 지역종합자원봉사센터, 문화관광부의 청소년자원봉사센터 등 500여 개의 자원봉사센터 설립. 양적 팽창의 시기

○ 2005년: 자원봉사활동기본법 제정

III. 자원봉사활동의 동향

1. 한국 자원봉사활동 현황 및 실태

1) 정부지원 현황

행정자치부는 1994년 말 정부 여당의 당정협의회를 통해 자원봉사활동 영역이 사회복지뿐만 아니라 모든 공공분야로 확대되어야 한다는 사회적 인식에 따라 자원봉사의 주요 부처로 지정되었다. 이에 따라 특별교부세를 지원받아, 시 · 도 예산을 합쳐서 1996년부터 행정자치부 지원하에서 자원봉사를 활성화하고 지역단위에서의 구심체 역할수행과 자원봉사활동의 체계적인 조정관리를 위하여 시 · 도 · 구 · 군에 자원봉사센터를 설치하였다. 자원봉사센터는 2000년 167개소, 2001년 181개소, 2002년 현재 219개소에 이른다.

그러나 행정자치부 지원하의 자원봉사센터뿐만 아니라 최근에는 자원봉사가 보건복지부, 문화관광부, 여성특별위원회, 법무부 등 여러 중앙부처의 중요관심사항의 하나로 등장하면서 다양한 형태의 자원봉사센터가 생기고 있다.

〈표 1-1〉 우리나라 자원봉사센터 현황(2006년 현재)

구분	행정자치부	여성부	보건복지부	국가청소년위원회
센터명	자원봉사센터	여성자원 활동센터	사회복지정보센터 (3,070개 사회복지 분야 자원봉사인증 센터와 연계)	청소년 활동진흥센터
설치근거	자원봉사활동기본법 및 지방자치단체 조례	여성발전기본법 시행령 제28조	사회복지사업법 제9조	청소년활동진흥법 제65조(개정법률안 제7조)
설치단위 (설치 수)	시 · 군 · 구(248)	시 · 군 · 구(157)	시 · 도(17)	시 · 도(16)

구분	행정자치부	여성부	보건복지부	국가청소년위원회
주요재원	특별교부세	여성발전기금	국비, 지방비 수익금	국비 : 사업비 기금 : 운영비
지원액 (지방비 별도)	약 424억 원 (2007년도 예산편성) · 지방비 364억 원, 국비 34억 원, 민간재원 25억 원	1억 5천만 원 (시 · 도별 천만 원)	5억 원 (국고보조금)	25억 원 (청소년육성기금)
주요기능	자원봉사자 모집 및 배치	여성봉사 활동지원	지역사회복지 봉사활동 지원	청소년 봉사활동지원
운영형태	위탁 또는 직영	직영	법인 (지역사회복지관)	법인 (청소년)

2) 법적 지원체계

○ 자원봉사활동기본법 및 시행령

2004년 5월 민간전문가와 주요 부처의 공무원들로 '자원봉사활성화기획단'을 구성하여 자원봉사활동기본법 정부 제출안 작성. 2005년 8월 자원봉사활동기본법 법률 제7669호로 공포됨. 2006년 2월 동법 시행령과 함께 발효

○ 자원봉사활동기본법의 주요 내용(참고: 한국자원봉사협의회, 2007)

- 전체 20개 조문 및 부칙으로 구성. 자원봉사 진흥시책의 기본방향으로 무보수성, 자발성, 공익성, 비영리성 및 민 · 관 협력의 기본정신을 바탕으로 함. 자원봉사활동의 진흥을 위한 국가 등의 책무(4조)
- 자원봉사센터 및 단체장의 특정정당(인) 선거운동 금지를 포함한 정치활동 등의 금지의무(제5조, 제20조)
- 자원봉사활동의 범위를 다양한 분야로 광범위하게 규정(제7조)
- 국무총리 소속으로 자원봉사진흥위원회 설치(제8조)
- 자원봉사활동 참여를 촉진하기 위해 자원봉사자의 날 및 자원봉사주간 설정(제13조)

3) 자원봉사활동 참여현황

○ 2005년도 자원봉사활동 참여율 20.5%: 전체 인구대비 총 728만 7천388명이 자원봉사에 참여한 것으로 추정(한국갤럽, 2005)

- 최근 자원봉사활동 참여율 추이: 1999년도 14.02%, 2002년도 16.3%, 2005년도 20.5%

○ 선진국의 자원봉사활동 참여율
영국 2003년도 51%, 호주 2004년도 46%, 미국 2001년도 44% 등

4) 자원봉사활동의 경제적 가치

○ 우리나라 국민의 연간 자원봉사활동의 금전적 가치는 3조 1천7백1십억 원으로 추정

〈표 1-2〉 연간 자원봉사 시간과 가치(출처: 이강현 외 3인, 2005, p.107)

구분	2005년	2002년	1999년
지난 1개월간 자원봉사자 1인의 주간 평균 자원봉사시간	1.95시간[1]	3.24시간	3.6시간
조사대상 자원봉사자 1인의 주간 평균 자원봉사시간	1.02시간[2]	1.9시간	2.1시간
총 자원봉사자의 연간 총 자원봉사시간	3억 8756만 3699시간[3]	5억 3237만 6609시간	4억 9892만 시간
총 자원봉사자 자원봉사활동의 연간 금전적인 가치	3조 7010억 원[4]	3조 6196억 원	2조 7141억 원

1 1개월 자원봉사자 173명의 월간 총 자원봉사시간=1,469시간
1개월 자원봉사자 1인당 주간 평균 자원봉사시간=1,469시간÷173명×12개월÷52.14주=1.95시간
2 1년 자원봉사자 1인당 주간 평균 자원봉사시간 =(1.95시간×10.7%)÷20.5%=1.029(약 1.0시간)
3 1.02시간×7,287,388명(연간 자원봉사자 추정치)×52.14주(1년)=387,563,699시간
4 전 산업 남녀 시간당 평균임금(8,182원)×387,563,699시간=3,171,046,185,218원
전 산업 남녀 시간당 평균임금=월 평균임금(1,651,100원)/201.8시간(월평균 근로시간 수)=8,182원

2. 외국 자원봉사활동 현황 및 실태

시민 자원봉사활동이 가장 활발한 나라 중 하나인 미국의 사례를 중심으로 외국 자원봉사활동의 현황과 실태를 살펴보고자 한다(출처: 한국자원봉사협의회, 2007).

1) 전체적 개요 및 특징

○ 민간 자원봉사운동의 선구 국가

- 17세기 이민 초기부터 공동체를 위한 주민들의 자치 노력이 왕성
- 작은 정부, 주 및 지자체의 독립 이념, 청교도적인 기독교 윤리, 민주주의 정신, 기업의 사회공헌 의식 등이 바탕

○ 자생적 민간 전문조직의 활성화

- 1930년대부터 순수 주민조직으로 지역사회에서 자원봉사센터가 등장 · 성장하고, 전문가들로 구성된 자원봉사관리자협회(AVA) 등이 출현
- 자원봉사 알선, 인정, 촉진, 네트워킹 등의 전문적 활동이 민간 주도로 진행

○ 정부 직영의 국가봉사단 프로그램 활발

- 1930년대 대공황 때부터 연방정부에 의한 국가봉사(National Service) 프로그램이 별도로 등장
- CCC, Peace Corps, VISTA, RSVP, AmeriCorps, Freedom Corps 등 역대 행정부에 의해 개편, 발전. 1976년부터는 캘리포니아 주에서 청소년보존봉사단(California Conservation Corps)을 설립한 이래 주 프로그램도 다수 등장함
- 국가봉사단 사업을 제도적으로 지원하기 위해 1973년 국내자원봉사법(Domestic Volunteer Service Act)을 시작으로, 각 행정부에서 관련 법률

제정

- 또한 연방정부 기구로 닉슨 행정부 시 ACTION을 시작으로 CNCS(CNS) 등이 등장, 국가봉사단 프로그램 관리
- 국가는 국가봉사단원들에게 1년 정도의 활동기간 동안 최저생계비와 보험, 장학금, 훈련비 등을 제공

○ 민-관 영역의 철저한 분리

- 역사적으로 민-관의 역할과 관계를 철저히 분리하는 국가적 전통 존재
- 자원봉사계 역시 민-관 활동 분리. 법과 예산은 국가봉사단 운영에만 국한되어 왔음. 민간의 자원봉사센터, 관리, 인증, 보상활동 등은 철저히 민간 자율적으로 운영됨
- 1990년 부시 대통령에 의해 '전국및지역사회봉사법'이 시행되고 이에 따라 민간 전국기구인 '촛불재단(POLF)'의 설립, 운영을 정부가 예산 지원. 개별 민간 자원봉사센터, 단체들에 대해서는 일체의 연방 및 지자체 지원금이 없음

○ 기업의 임직원 자원봉사 활발

- 1970년대 초부터 제록스, 체이스맨허턴 은행, IBM사 등 대기업들이 기업자원봉사(corporate volunteerism) 운동 시작
- 오늘날 거의 모든 대기업 및 중소기업들이 임직원 자원봉사 운동 펼침. 그들 기업의 협의체인 CVC(Corporate Volunteering Council) 결성

○ 순수 '자원봉사'에서 '지역사회 서비스'로 점차 변환

- 1980년대 중반부터 중 · 고생들을 대상으로 한 '봉사학습(service learning)' 확산
- 1990년대 클린턴정부 들어 K-12 등 봉사학습 지원 연방 프로그램 등장. 이때부터 초-중-고-대학-성인으로 이어지는 자원봉사 평생 학습체계 등장

- 전통 volunteering 대신 community service라는 개념 확산. 1990년 부시 대통령 때 National and Community Service Act 제정
- 봉사학습, community service 모두 봉사활동이 '사회적 의무(social obligation)'라는 가치 · 철학에 바탕을 두고 있음

Ⅳ. 대학생 자원봉사활동의 의미 및 분야

1. 대학 사회봉사활동의 배경 및 의의

○ 1995년 5 · 31 교육개혁: 사회봉사 강조

○ 대학종합평가: 사회봉사, 사회기여도 평가

○ 대학의 주요 기능: 교육, 연구, 사회봉사(University→Multiversity)

○ 특히 20세기 이후 미국을 중심으로 경험과 실습교육을 중시하는 교육개혁 운동 전개. 캠퍼스 밖의 지역공동체에 참여, 기여하는 적극적인 대학으로 변신하고 있음

○ 사회봉사를 중시하는 대학에서 표방하는 교육이념: 사회정의, 책임감, 시민의식, 정신적 성장, 공동선에 대한 기여, 지역사회 욕구에 대한 대응 등

○ 대학 자원봉사활동의 의의(한국대학사회봉사협의회, 2007)

- 대학 사회봉사 활성화
- 대학본연의 기능 수행
- 올바른 대학문화의 정착
- 인성계발과 공동체의식 함양
- 사회공동체 건설 및 인류애 실현

2. 대학 사회봉사활동의 발전(한국자원봉사협의회, 2007)

- 1995년부터 일부 대학들이 사회봉사 학점제를 도입하여 시행
- 이후 짧은 기간 내에 많은 대학들의 교과과정 속에 사회봉사 과목 개설
- 교과과정과의 연계 외에도 학생들의 봉사활동을 권장하고 지원하는 추세
- 1995년 5 · 31 교육개혁 조치로 학교생활기록부에 사회봉사활동을 기록하는 등 일련의 과정을 거치면서 대학에서 사회봉사활동에 대한 관심이 고조
- 1996년에는 대학 총장들이 주축이 되어 대학사회봉사협의회(대사협)를 창립하여, 사회봉사 기능의 활성화 기반을 구축하기 시작
- 대사협의 주요 사업: 대학생 사회봉사활동의 육성발전, 대학교육과정과 봉사활동 연계방안 연구개발, 대학의 사회봉사활동에 대한 연수지원
- 대사협은 사회봉사교육과 사회봉사활동에 관한 회원대학들 간의 상호협조를 통하여 대학생들이 재학 중 사회적 · 윤리적 제 문제에 대한 경험과 사려를 향상토록 노력

3. 대학생 해외봉사활동 현황(한국대학사회봉사협의회, 2007)

- 목적: 한국대학생들의 국제경험과 봉사능력 향상, 문화교류를 통한 국제친선과 상호 이해 증진에 기여
- 봉사단 선발 및 구성: 대학별로 추천을 받아 전문위원회에서 선발
- 파견현황: 파견 첫해인 1997년도 4개국에 131명의 학생들 파견, 2006년까지 10년 동안 총 2,476명에 이르는 대학생과 의료팀 파견
- 파견국가: 중국, 필리핀, 러시아, 베트남, 방글라데시, 몽골 등 세계 각지에서 봉사활동 전개
- 주요 활동내용: 교육봉사, 노력봉사, 지역봉사, 문화교류, 문화탐방 등

V. 자원봉사자의 자세

복지사회와 공동체사회를 지향하는 시간나눔운동으로 자원봉사활동의 의미와 필요성, 그리고 그 특성과 현황 등을 살펴보고, 아울러 대학자원봉사활동에 대해서도 개략적으로 살펴보았다. 이러한 구체적이고 실천적인 시간나눔으로서의 자원봉사활동에 참여하기 위해서 자원봉사자는 다음과 같은 태도를 가져야 한다.

○ 상대를 신뢰하고 성실하게 행동한다

자원봉사활동은 인간관계가 기본이다. 상대로부터 신뢰받기 위해서는 먼저 자신이 상대를 신뢰하고, 성의를 가지고 행동하는 것이 중요하다. 그렇게 하기 위해서는 약속을 잘 지킨다거나 상대방의 프라이버시나 인권을 존중하는 등, 상대방의 입장을 고려한 세심한 배려와 성실함이 필요하다.

○ 매너를 잘 지켜서 기분좋은 인간관계를 만든다

보육원, 양로원, 장애인시설 같은 곳은 거기에서 일하고 거주하는 사람들의 생활터전이다. 서로 의지하고 이해할 수 있는 다정한 인간관계를 이루기 위해서는 인사를 잘하고 말씨, 태도 등에 매너를 잘 지키는 것이 매우 중요하다.

○ 무리하지 않으면서 목적을 확실히 정하자

처음부터 어려운 일이나 감당하기 힘든 일을 하기보다는 우선 자기가 할 수 있는 가까운 주변의 일부터 시작하는 것이 좋으며, 활동 목적을 확실하게 정하도록 하자. 목적이 확실해야만 오랫동안 계속할 수가 있다. 목적이 확실하지 않으면, 주변 사람들이나 도움을 받는 사람들의 이해를 얻기도 어렵다.

○ 자기 중심적으로 생각하지 말고, 반드시 상대방의 입장에 서서 생각하고 행동하자

자원봉사활동은 서로를 의지하고 돕는 것으로서, 결코 자기만족이나 일방적인 행동이어서는 안 된다. 상대방의 사정이나 주변 사람들의 사정을 잘 이해하고 상대방 입장을 생각해서 활동하는 것이 중요하다. 즉 자기 자신을 위한 것이 아니라 다른 사람과 함께하는 것이 기본이다.

○ 다른 사람들과 공동활동을 할 경우에는 확실한 사전협의를 하자

특히 장애인이나 양로원, 병원 등에서 지역주민들이나 시민단체의 사람들과 함께 활동할 경우에는 '언제', '어디서', '자신은 무엇을 할 것인가'를 사전에 확실하게 협의하도록 하자. 날짜나 시간을 어긴다거나 준비가 부족할 경우, 상대방에게 본의 아니게 피해를 주게 된다. 자원봉사자라고 해서 안일한 자세를 가지는 것은 금물이다.

○ 위험한 일, 무리한 일은 절대로 해서는 안 된다

자원봉사활동의 경우, 위험한 장소에서의 활동, 위험이 따르는 활동, 무리한 활동 등은 절대 해서는 안 된다. 교통사고의 위험이 있는 곳, 바위가 많은 바닷가, 물살이 급하거나 물이 깊은 하천, 벼랑의 위나 아래, 빌딩의 옥상이나 공사현장, 경사가 급한 계단 등에서의 활동은 반드시 피하도록 한다. 전문가가 아닌 이상, 위험한 활동을 하는 것은 자원봉사자 본분에 어긋난다.

○ 활동 후에는 반드시 평가를 해 보자

자원봉사활동이 끝난 뒤에는 '이번 활동이 정말로 사회에 유익한 것이었을까?', '상대방의 입장을 무시한 일방적인 행동은 없었는가?', '보다 나은 방법은 없었는가?', '상대의 자존심을 상하게 하는 행동은 없었는가?' 등을 평가해 봄으로써, 다음 기회에 보다 나은 활동을 할 수 있도록 노력한다.

○ 자신의 일 또는 역할과 병행해서 활동하도록 하자

가정에서나 학교 또는 직장에서 자신의 일에 충실하여 사회에 이바지하는 것은 개인의 가장 중요한 의무이다. 자원봉사활동을 한다고 해서 자신의 본업을 소홀히 해서는 안 된다. 자신이 해야 할 일을 가족에게 미루고 자원봉사활동을 한다면, 진정한 가족의 협력을 기대할 수 없을 것이다. 자원봉사활동은 자신의 맡은 바 일과 역할을 다한 뒤에 하도록 하자.

○ 자원봉사활동은 즐겁고 사이좋게 하자

자원봉사활동은 무엇을 잘하고 못하고, 경험이 있고 없고에 관계없이 사회를 위해서 무언가를 하고 싶다는 의지를 가진 사람들이 서로 힘을 합쳐서 행하는 활동이다. 그러므로 동료들을 격려하고, 잘할 수 있도록 조언을 해 주면서 즐겁고 사이좋게 활동하도록 하자.

참고문헌

강철희, 『사회봉사의 이해』, 이화여자대학교출판부, 2000.

권현수, 「자원봉사관리자 재교육, 직업적 역량 및 전문직업성과의 관계」, 경북대학교대학원 박사학위논문, 2008.

김동배 · 조학래 · 최재성 · 최선희, 「한국자원봉사활동의 관리운영 실태평가와 지원욕구」, 『한국사회복지학』 35: 31-50, 한국사회복지학회, 1998.

김동배, 『시민사회와 자원봉사』, 학지사, 2005.

대구광역시, 대구광역시공무원자원봉사 교육교재, 2005.

이강현 · 김성경 · 박윤애 · 이성록, 「2005 한국인의 자원봉사 · 기부 현황 조사연구(1999년-2005년 자원봉사 · 기부 현황 비교)」, 볼런티어21, 2005.

이봉주, 「자원봉사연구의 동향분석-미국을 중심으로」, 한국자원봉사학회 2005년 춘계학술대회, 한국자원봉사학회, 2005.

한국대학사회봉사협의회, 『한국대학사회봉사협의회 10년 백서』, 2007.
한국자원봉사협의회, 자원봉사활동 진흥을 위한 국가기본계획수립 연구용역 보고서, 2007.
한국사회복지협의회, 『자원봉사의 이론과 실천』, 한국사회복지협의회 출판부, 1987.

IAVE 홈페이지 http://www.iave.org/content/universal-declaration-volunteering

두 번째 강의

의료의 나눔

생활협동조합운동, 보건의료서비스에 도전하다

최혁진 원주의료생협 전무이사

보다 좋은 의료서비스를 제공받고 싶다면, 시민 스스로가 의료기관을 가져야 한다. 보다 좋은 복지서비스를 원한다면, 주민 스스로가 복지센터의 주인이 되어야 한다.

I. 의료생협이란 무엇인가

1. 사회연대협동조합으로서 의료생활협동조합

오늘날 전 세계적으로 가장 빠르게 확산되는 협동조합은 보건의료협동조합, 즉 Health Co-operative이다. 흥미로운 것은 보건의료협동조합들이 일부의 편견과는 달리 의료 빈곤에 처한 제3세계에서만 늘어나고 있는 것이 아니란 점이다. 사회보장이 잘되어 있다는 캐나다, 그중에서도 사회 · 경제적으로 가장 안정적이라는 퀘백주에서 빠른 속도로 확산되고 있으며, 일본이나 유럽 그리고 아시아 각국과 남미국가들에서도 지속적으로 성장해나가고 있다. 건강 반조직이라는 독특한 모델로 인해 일본의 의료생협이 세계적으로 유명하지만 세계에서 가장 큰 보건의료협동조합은 브라질에 있다. 브라질의 보건의료협동조합은 전국적인 네트워크를 구축하고 있는데 약 9만 명의 의료인을 보유한 엄청난 조직으로서 2009년 현재 브라질 최대의 의료기관이다.

보건의료서비스를 제공하는 협동조합을 의료생협이라는 소비자협동조합 방식으로 설립하고 운영하는 것은 협동조합법이 개별법 체계로 되어 있는 한국과 일본의 특수한 상황에 기인한다. 일본과 한국의 경우 그동안 개별법이 보장하는 협동조합(농협, 수협, 신협, 생협 등) 외에는 다른 유형의 협동조합을 법제도상 설립하기 어려운 제도적 한계를 지니고 있었다. 따라서 시민들이 협동조합 방식으로 보건의료서비스를 제공하는 협동조합을 설립하고자 할 때 선택할 수 있는 유일한 법적 수단은 소비자협동조합을 규정하는 생활협동조합법이었다.

사실 보건의료협동조합은 다중이해관계자가 참여하는 사회연대협동조합적 성격을 강하게 지니고 있어, 소비자의 단일 멤버십을 강조하는 현 생활협동조합법과는 이질적인 측면이 대단히 많다. 공공적 성격을 강하게 지닌 사회연대협동조합은 연대성을 특별히 강조하기에 전통적인 단일 멤버십 협동조합들(소비자협동조합, 노동자협동조합, 생산자협동조합)과 달리 이용자로서의 조합원과 노동자로서의 조합원, 그리고 가치를 공유하는 서포터스로서의 조합원들에 폭넓은 참가기회를 제공한다. 따라서 이사회에도 이용자와 노동자 및 지역사회 후원자들이 함께 참여하게 되며, 조합의 서비스도 조합원 가입 여부 및 지불능력을 떠나서 지역사회에 보편적으로 제공된다.

1970년대 이후 세계적으로 보건의료협동조합처럼 다중이해관계자의 참여와 연대에 기반한 새로운 형태의 협동조합들(Multi-stakeholder Co-operatives)이 다양한 영역에서 만들어지기 시작하였다. OECD 사회적 경제 보고자료(2009)에 의하면 최근 북미지역의 경우 새롭게 만들어지는 협동조합의 50%가 다중이해관계자 협동조합이라고 한다. 이러한 다중이해관계자 협동조합을 부르는 명칭은 나라마다 차이가 있는데 예를 들어 캐나다에서는 사회연대협동조합(Social Solidarity Co-operative)이라 하고, 프랑스에서는 공익협동조합, 이탈리아에서는 사회적 협동조합(Social co-operative)이란 표현을 사용한다. 명칭에는 다소 차이가 있지만 다중이해관계자 협동조합은 특정 그룹의 조합원 이익에 집중하였던 전통적인 협동조합과 달리 자신이 위치한 지역사회의 다양한 이해관계자들을 민주적인 방식으로 통합하면서 그러한 연대의식을 바탕으로 지역사회의 변화를 주도한다는 점에 공통된 특징이 있으며, 이러한 경향성이 빠른 속도로 확산된다는 것은 협동조합운동의 새로운 혁신적 흐름이며 동시에 새로운 사회의 도래를 기대하기에 충분하다고 말할 수 있다. 보건의료협동조합은 이러한 다중이해관계자 협동조합의 전형적 조직이라 할 것이다.

일부에서는 이러한 사회연대적 성격의 협동조합이 등장하는 것에 대하여 긍정적인 가치를 부여하지 않는다. 이들은 신자유주의의 확산과 그로 인한 국가복지체계의 축소가 시민사회 내에서 일종의 자구책으로서의 사회연대적 협동조합으로 등장한 것이라 평가하고 있다. 보건의료분야에서 이러한 입장은 현재 한국사회의 국가 중심 의료공공성 담론과도 일맥상통하는 것으로서, 실제 이탈리아의 많은 사회적 협동조합들이 정부의 위탁사업을 대행하고 있다는 측면에서 일면 타당성이 있는 비판이라고 볼 수 있다.

하지만 이러한 입장은 사회적 변화에 대한 시민대중의 능동적 대응과 저항성에 대하여 인지하지 못한 것에 기인하며, 또한 신자유주의라는 진화된 형태의 자본주의 양식에 대항하여 창조적 상상력에 기초한 새로운 대중적 결집으로서 사회운동의 등장을 애써 묵과한 것이다. 산업구조의 재편에 따른 고용 없는 성장과 그에 따른 실업문제, 도시화로 인한 슬럼화와 지역의 붕괴 및 농촌문제, 급속한 고령화 등 새롭게 등장한 다양한 사회적 위기들이 시민대중들로 하여금 변화된 대응의 필요를 이끌어 낸 것이다. 이러한 배경이 사회연대협동조합들로 하여금 노동통합과 사회통합 그리고 지역식량체계의 재건과 지속 가능한 지역사회를 건설하기 위해 내발적 발전전략의 수립이라는 목표의식을 가지게 한 것이다.

이에 사회연대적 협동조합의 등장은 국가기능의 시장화에 대항하여 사회적이고 공적인 소유체계 다시 말해 시장소유가 아닌 시민에 의한 사회적 소유로의 전환을 목적으로 하며, 국가와는 다른 형태의 연대성에 기초한 새로운 사회적 공공성의 창조로 이해하는 것이 정당하다. 한편 이 시대가 새롭게 인류에 부여한 사회적 과제에 대한 응답으로서 나타난 사회연대적 협동조합들의 대안적 실험은 필경 과거에 그러했듯이 국가의 공적 제도의 강화를 요구하는 새로운 집단적 힘으로 성장해 나갈 것이다. 물론 이 과정은 민주적 참여에 기초한 협력사회모델(Association Society)을 요구하는 방식으로 진행될 것이다.

현재 한국의 의료생협들은 사회연대협동조합으로 자기규정을 할 수 없는 제도적 현실에도 불구하고 자신의 본래적 가치를 훌륭하게 실현하면서 성장해가고 있다. 지역주민과 의료인, 보건의료노동자와 사회복지노동자 그리고 지역사회 전문가들 모두가 참여하는 민주적인 운영체계를 구체화해내고 있으며, 보건의료복지의 통합서비스를 기반으로 취약계층까지 포함하는 보편적 돌봄의 그물망을 조직해내고 있다. 이는 머지않아 생활협동조합과는 또 다른 형태의 협동조합적 실험이 한국사회에서 구체화되는 계기가 되기도 할 것이다.

2. 민주주의와 연대성이 의료생협의 힘

오늘날 시장이나 국가의료체계와 구별되는 사회연대협동조합으로서 의료생협의 핵심가치는 민주주의와 연대성이다. 의료생협이 추구하는 민주주의는 파울로 프레이리가 말하는 가르치는 자와 배우는 자의 일체의 권력적 관계를 부정하는, 다시 말해 치유하는 자와 대상자로서의 환자라는 일방적이고 권력적인 관계를 부정하고 상호 협력에 기초한 인격적이고 민주적인 관계로의 전환을 기본전제로 한다.

환자는 의사의 보조를 통해 건강을 회복하게 되지만 이 또한 결코 일방적 관계가 아니다. 환자의 적극적 도움 없이 치료에 성공하는 의사가 없는 것처럼 결국 치유라고 하는 것도 철저히 신뢰에 기초한 상호작용에서 얻어지는 긍정적 협력의 결과물이다. 복지의 영역도 이와 다르지 않으며 따라서 의사와 환자, 사회복지사와 노인은 역할의 차이만 존재할 뿐 엄밀하게 말해서 그 사이에 어떠한 권력적 차별도 정당화될 근거가 없다. 정확하게 말하면 공존(共存) 공생(共生)의 관계이고 그렇기에 민주주의는 타당한 원칙이 되며 이것이 의료생협으로 하여금 시혜적 관계를 넘어 연대성을 지향하게 이끌어 준다. 일본 미나미 의료생협의 슬로건 "모두가 달라서 모두가 좋다. 한 사람 한 사람의 소중한 생명이 별빛처럼 빛나는 마을을 만들자."는 이러한 성찰에 기초하고 있다. 민주주의는 연대성의 가장 기본적 조건인 것이다.

민주주의와 연대성의 원칙은 의료생협의 노동양식에도 그대로 적용된다. 의료생협은 자본이나 권력의 명령체계에 따른 노동을 노예노동으로 규정하며, 자신이 처해 있는 사회적 환경과 관계의 장이 요구하는 바와 필요에 따라 자신의 의지에 기반하여 스스로 선택한 자발적이고 합리적인 행동양식으로서의 노동을 추구하고 있다. 의료생협의 노동은 자본이나 권력이 아닌 그야말로 건강이란 목표를 공유한 이들 간의 상호교감과 상호작용으로서 매 순간 새롭게 창조되는 노동인 것이다. 그것은 구매력에 따른 차등화된 서비스도 아니며, 언제나 예산 범위 내에서 제한된 이들에게만 제공되는 관료적인 구태도 아니다. 오직 필요와 욕구를 공감한 자들만의 자유로운 연합이요, 협력으로서의 노동이다.

이처럼 자유롭고 해방된 삶의 활동으로서 노동이 가능하려면 조직은 철저하게 민주적이어야 하며 항상 보다 완전한 민주주의를 지향하여야 한다. 의사결정기구에 노동자의 직접적 참가가 보장되고, 사회적 합의에 기초하지 않은 부당한 명령체계를 언제든지 거부할 권리가 완벽하게 주어져야 하며, 자신의 윤리적 가치에 기반하여 선택한 정당한 행동에 대해 상업적 가치에 따른 강제가 일체 부과되지 말아야 한다.

의료생협은 우리 자신의 육체가 감당할 수 있는 적정 시간 동안의 노동과 그에 대한 정당한 급여, 그리고 거기서 한 걸음 더 나아가 자존감에 넘치는 노동을 창조하려는 것이다. 자존감이 넘치는 노동은 완전하게 민주적인 조직만이 실현 가능하며 이러한 조건 속에서 자신의 노동에 자긍심을 부여한 노동자만이 모든 이에게 차별 없는 연대성으로서의 의료를 자발적 의지에 따라 실천할 수 있다. 오늘날 전 세계의 수많은 보건의료협동조합들이 자본의 유혹과 관료주의적 관성을 뛰어넘어 비영리 협동의 정신에 기반한 강력한 대중조직으로 성장해 나갈 수 있는 힘은 바로 민주주의와 연대성에 있는 것이다.

3. 건강은 건강한 관계이다

모든 의료생협은 자신을 단지 좋은 의료기관 또는 마음 착한 복지센터로 규정하지 않는다. 의료생협이 공적으로 소유하고 있는 좋은 의료기관과 착한 복지센터는 세상의 총체적 변화를 위한 효과적인 도구, 즉 강을 건너는 배로 이해된다.

의료생협은 한 사람이 건강하기 위해선 온 마을이 건강해야 한다고 이야기한다. 인간은 자신을 둘러싼 사회적 환경과 매 순간 교감하며 수많은 관계 속의 '나'로 존재하고 있다. 따라서 한 인간의 건강은 개인의 문제로 귀결되지 않으며 그와 함께 현존하는 관계의 장 전체의 변화를 요구한다. 나와 가족, 이웃, 노동관계와 문화적 양식, 생태계와 생활환경, 상호부조 기능과 사회보장체계, 정치의 변화를 동반하지 않는 건강과 치유는 성립될 수 없다.

따라서 의료생협이 추진하는 보건의료운동의 전술은 수많은 관계 속의 바로 그 '나'로 하여금 자신의 불건강을 야기하는 다양한 사회적 관계를 변화시켜 낼 '힘'을 갖도록 하는 것이다. 그것이 바로 포괄적 의미의 치유이다. '힘'은 집단적 힘으로 결집되어 재구성될 때 비로소 유의미한 권능을 갖추게 된다. 이에 의료생협은 “나로부터 시작하여 공감하는 동료를 넓히고, 결집된 힘으로 사회를 바꾸고 정치를 변혁한다.”라는 근원적인 치유의 사회운동으로 나아가게 된다.

이러한 과정을 통해 의료생협은 완전하게 ‘건강한 관계로서의 건강’을 실현하고자 한다. 의료생협이 꿈꾸는 건강은 구매력에 따른 차등적이고 선택적인 건강이 아니며 권력의 명령체계에 순응함으로써 부분적으로 얻게 되는 피동적 건강도, 그리고 금연과 운동을 통해 확보하게 되는 일시적인 건강도 아니다. 의료생협은 육체적 · 정신심리적 · 사회문화적으로 완전하게 건강한 상태로서의 ‘건강’을 만들어내고자 한다. 도대체 가족과 이웃, 직장과 마을, 지역사회와 국가적 차원에서 일상적으로 자행되는 폭력과 부당한 명령체계로부터 자유로울 수 없는 인간이 어떻게 정신분열과 심리적 스트레스를 극복할 수 있겠는가. 수많은 사람들의 희생과 고통, 수탈과 착취를 거름으로 하여 성장해 나가는 현재의 사회경제 시스템 속에서 과연 누가 인간의 영혼을 꽃피울 수 있겠는가. 구매력을 키워 약육강식의 사회에서 살아남기 위하여 야근과 특근을 반복하고 two job에 내몰리며 타인의 비참함에 대해 눈감아야 하는 오늘날의 시민대중들이 어떻게 강요된 망각과 무기력증을 떨쳐내고 활력이 넘치는 시민으로 살아갈 수 있을까. 만일 우리가 진정으로 모든 인간의 ‘건강’을 원한다면 저 무의식의 심연으로 숨어 버린 대중들의 건강에 대한 욕망을 부활시켜 강력하게 결집된 욕망으로 전환케 하는 일에서부터 우리의 담론이 새롭게 실천되어야 할 것이다. 건강은 의료체계의 변화에서 비롯되지 않는다. 건강은 건강한 관계를 일용할 양식으로 하여 자라난다.

4. 우리는 모두 의사이다

수년 전 원주의료생협에서 독거노인 방문진료를 진행하였을 때의 일이다. 허름하고 낡은 집에 오물더미와 함께 누워 있는 노인들은 각종 만성질환에 심한 관절통으로 대부분 거동이 불편한 분들이었다. 한 집 한 집을 돌며 당시 우리는 이것이 참의료라는 자부심에 가슴이 벅차올랐다. 하지만 시간이 흘러도 그분들의 건강에는 아무런 변화가 없었다. 단지 아무도 찾아오지 않던 집에 의사가 직접 온다는 그 사실이 일주일에 한 번 주름진 얼굴에 미소로 드러나곤 했지만 그 외에 달라진 것은 아무것도 없었다. 우리가 명확하게 확인한 것은 연료비가 없어 냉방위에 전기장판을 깔고 그것도 전기료를 아끼기 위해 잠들기 전에만 잠시 사용하며 살아가는 분들이 의사가 찾아가 좋은 약을 처방하고 한의사가 직접 침술치료를 한다고 해서 건강해질 수는 없다는 쓰라린 현실이었다. 이분들이 건강하려면 우리와는 다른 의사가 필요했다. 단열공사를 해서 집을 따뜻하게 해 줄 사람, 그리고 지속적으로 연료비를 지원해 줄 사람, 수시로 찾아와 삶을 나눌 사람이 바로 이분들의 의사였던 것이다.

아마도 그 순간이 우리가 의료생협을 해야 하는 이유를 절실하게 깨달은 시간이었다고 기억된다. 우리가 양심적이고 착한 의사가 운영하는 의료기관이나 보건소와 무엇이 다른지를 분명하게 이해할 수 있었다. 우리는 집을 고쳐 줄 사람들을 찾아 나섰고 그런 분들을 만나는 것이 그리 어려운 일이 아님을 쉽게 알 수 있었다. 연료비를 지원할 분들과 삶을 보살펴 줄 분들도 쉽게 만날 수 있었다. 이왕 집을 고친다면 생태적인 방식으로 해 보자는 제안에 환경정의의 도움을 받아 에너지 효율화 집수리사업(WAP)을 실험적으로 적용해 보았는데 수년이 지난 오늘 어느덧 원주시를 비롯한 일부 지자체에서는 WAP가 하나의 대안정책으로 뿌리내리고 있다는 소식까지 전해진다.

그날 이후로 원주의료생협은 우리 곁에 수많은 의사가 있다는 것을 이해하게 되었다. 혼자 사는 할머니 한 분이 심장병으로 위독하게 되었을 때 사람들은 저마다의 전문성을 발휘하며 새로운 의료시스템을 창조해 냈다. 누군가는 행정기관을 찾아가 비용지원을 요청하였고 의료생협의 담당의사는 수술할 병원을 확인하였다. 아이들은 돼지저금통을 들고 의료생협으로 달려왔으며 어떤 어머님은 속옷을 준비하였다. 자활에서 간병을 맡아 주었고 퇴원하실 때를 대비하여 누군가는 집을 수리하였다.

우리는 모두 누군가의 의사가 될 수 있다. 한 사람의 온전한 삶은 그를 둘러싼 수많은 사람들의 관심과 애정 그리고 작은 실천에 의해 지탱될 수 있다는 것을 확인하는 순간 우리는 모두 어느 누군가의 의사이다.

5. 마을에서 돌본다

일본에서 개호보험이 확산되던 무렵의 일이라고 한다. 동경의 주택단지에 민간 개호시설을 소개하는 전단지가 배포되었는데 '우리 시설은 당신의 집으로부터 ○○○km 떨어져 있다.'는 내용이 적혀 있었다고 한다. 시설이 제법 먼 곳에 있으니 특별히 찾아올 일도 없으며 만일 부모가 몰래 자식을 찾아 시설에서 빠져나오더라도 혼자 힘으로는 당신을 찾아오기는 어려울 것이니 우리 시설에 부모를 맡기고 행복하게 살라는 내용으로 이해된다. 오늘날 한국사회에도 흔하게 발견되는 공공연한 사실이니 새삼스럽게 일본을 거론하기도 멋쩍은 일이겠지만 여하간 이 전단지는 일본의 일반 생협들이나 의료생협운동에 상당한 충격을 주었다고 한다. 태어나서 죽음에 이르는 순간까지 인간의 모든 일상이 상품거래의 수단이 되어버린 것이다.

이후 생협운동을 중심으로 인간에 대해 다시 생각하고 무엇이 우리를 행복하게 하는가에 대한 성찰이 이어졌다. 스웨덴의 훌륭한 사회보장체계에 대한 연구도 집중적으로 이루어졌다고 하는데 이 과정에서 놀라운 사실을 확인하였다. 단지 국가의 공적 지원이 확대되는 것만으로는 고령자의 안전하고 행복한 삶이 보장되지 않는다는 사실이었다. 국가의 공적 지원으로 훌륭한 노인시설을 건립하고 안정된 서비스를 제공하였음에도 시설에 입소한 노인들은 면역력이 떨어지고 질병의 진행 속도도 빨라졌다고 한다. 그 원인에 대한 해답은 단순한 것으로서 인간

자체에 대한 상식적 차원의 이해에서 찾아낼 수 있었다. 인간은 자신이 태어나거나 오랫동안 살아온 마을에서 자신과 삶을 나누어 온 동료와 이웃들의 보살핌 속에 있을 때 가장 행복한 죽음을 맞이한다는 것이다.

이러한 성찰과 토론의 과정에서 의료생협이 찾아낸 고령화 문제에 대한 해법은 마을에 있었다. 행정구역으로서의 마을이 아니라 서로 얼굴이 마주 보이는 마을의 복원, 그로써 서로가 서로를 보살필 수 있는 그러한 마을을 살려 내고 마을에서 돌보는 새로운 시스템을 구축하는 것이 의료생협이 나아가야 할 방향이 되었다. 이에 일본 의료생협의 각 진료소는 진료소를 중심으로 걸어서 10분 남짓 거리의 반경 500m 정도를 마을로 규정하고 해당 구역에 대략 2,000~2,500가구의 조합원을 조직하였다. 조합원이 된다는 것은 단지 의료생협의 사회적이고 공적인 소유체계의 주인이 된다는 의미를 넘어서서 서로 얼굴이 보이는 관계를 이루는 첫걸음이 되는 것이었다.

새로운 마을이 형성되자 새로운 관계가 나타나기 시작하였다. 택로소(경로당)가 고령자를 지원하는 센터로 전환되고 보육시설들이 서로 네트워크하여 어린이가 안전한 마을에 대한 비전을 찾아내기 시작하였다. 장애인 시설들이 진료소와 연계되고 건강한 주민들 사이에도 서로의 삶을 도와주는 소그룹들이 만들어졌다. 가족의 개념이 마을로 확장되자 외롭게 혼자 살던 분들이 더 이상 혼자가 아닌 관계의 장으로 들어오게 되었다. 추상적 개념이던 마을이 수많은 의사들이 북적거리는 살아 꿈틀거리는 돌봄의 공간이 되었다. 그리고 자신들의 결집을 통해 꿈을 가지게 되자 사람들은 긍정적 변화를 고민하게 되었고 마침내 행정과 정치의 혁신을 요구하게 되었다. 그것은 오직 생존과 생활의 욕구였기에 더욱 강력한 힘이 되었다.

6. 시민의 비영리 협동의 힘으로 의료를 강화한다

마을을 중심으로 건강한 관계를 새롭게 조직해 나가는 과정에서 의료생협이 발견하게 된 자신의 '힘'은 한 사람 한 사람의 주민들 마음속에 영리를 목적으로 하지 않고 기꺼이 이웃과 협력하여 자신의 생활을 변혁하려는 비영리 협동의 에너지가 꿈틀거리고 있다는 것이었다. 그리고 처음에는 작은 씨앗으로 존재하던 이 에너지가 다양한 협력의 경험을 자신 안에 축적시키며 거대한 상상력이 되고 강력한 집단적 힘이 된다는 것을 구체적으로 확인할 수 있었다.

역사는 끝나지 않았으며, 인간 내면의 욕망은 이윤을 향해서만 치닫고 있는 것이 아니었다. 인간은 개인적 이익이 아니라 생존을, 보다 나은 생활을 욕망하고 있다. 의료생협은 그러한 욕망을 충족시키는 것이 이윤의 극대화가 아니라 이웃과의 직접적 관계의 장으로 나아가는 것 그리하여 연대를 통해 집단적 삶을 보장하고 역으로 자본의 과잉을 통제할 수 있는 힘을 갖추어 나가는 것임을 확인하는 구체적 '현장'이다. 인간은 관계를 통해, 관계 속에서 진보한다. 장애인에 대한 연대의식은 장애인의 고통을 상상하는 것으로 고양되는 것이 아니라 그들을 직접 만나고 이야기하고 만지고 싸우고 공동의 실천을 경험하는 과정에서 생겨난다. 따라서 오직 직접적 만남의 장으로서의 결사체만이 연대성을 실현할 수 있다.

수년 전 나는 일본의 한신의료생협에서 70대 중반의 할머니 한 분을 만나고 깜짝 놀란 적이 있다. 키가 작고 허리도 약간 굽었지만 기개가 넘치는 그 할머니는 한신의료생협의 이사라고 자신을 소개하였다. 당시는 일본의 지방의회 선거기간이었는데 할머니는 손에 헌법 제9조인 평화헌법을 수호하자는 전단지를 들고 있었다. 할머니 말씀이 재미있다.

> 나는 60대 중반이 넘어 의료생협 조합원이 되었다. 그때까지는 사회적인 문제에 대하여 아무것도 모르고 관심도 없는 그저 평범한 일본의 주부였다. 의료생협에 가입하고 나서 나는 일본이란 국가의 여러 가지 문제점을 알게 되었다. 그리고 그로 인하여 내 동료인 조합원들 가운데도 어려움을 겪고 있

는 사람들이 많다는 것을 알았다. 나는 군국주의의 부활을 반대하며 평화를 원하고 핵을 반대한다. 아울러 사회보장이 강화되어야 하기에 이번 선거에도 적극 참여하고 있다. 최근 고민은 의료생협에 새로 부임한 의사의 태도가 못마땅하다는 것이다. 사람을 대하는 자세가 잘못되었지만 그래도 꼭 그 사람에게 진료를 받는다. 나는 의료생협의 주인이고 그 사람은 자신의 태도를 바꾸리라 믿는다.

60대 중반 이후에 의료생협 조합원이 되고 70대가 되자 사회혁신운동가로 변신한 할머니를 보고 나는 인간에 대해 다시 성찰하게 되었다. 당시 조합의 부이사장이던 나카무라 씨(현재는 이사장임)는 고령자들과 의료보험 개악을 막기 위해 한신 고속도로 점거투쟁을 감행했던 경험도 들려주었다. 그리고 그 자리를 떠나는 나에게 "시민의 비영리 협동의 힘으로 반드시 의료를 강화해 나가자!"라고 강력하게 제안하였다.

인간은 언제나 자신의 힘으로 해결 가능한 과제만을 스스로에 부과한다. 결국 인간은 자신과 자신이 몸담은 집단적 결사체가 구축한 역능만큼 혁신적일 수 있는 존재라는 것이다. 인간은 자신이 경험한 것만큼, 그로써 그 구체적 실현 가능성을 온몸으로 확인해 낼 수 있을 때 실천적으로 상상하게 된다. 의료생협은 불가능한 꿈을 키워 가는 곳이다. 우리가 집단적으로 경험하고 성취하는 만큼 꿈은 끊임없이 확장되며 역능은 강화된다.

만일 오늘날 보건의료운동이 직접적 경험의 기회를 제공받지 못해 스스로 비영리 협동의 힘을 구축하지 못한 시민대중들에게 일거에 만인을 위한 공적의료와 연대성의 의료를 상상하도록 요구한다면 그것은 논리의 비약이며 관념적 사변이요 대중에 대한 폭력이다. 분명한 것은 정치적 수사로는 세상을 진보시키지 못한다는 것이다.

II. 의료생협은 다른 세계를 상상하도록 자극할 수 있는가

사회연대협동조합으로서 의료생협을 이야기하다 보면 "의료생협이 대안이 될 수 있다고 생각하는가"라는 질문을 종종 받는다. 그런데 평소 나는 대안인가 아닌가의 문제를 떠나서 우리 모두가 개별자로서가 아니라 현실세계의 관계의 장으로 존재하기에 진정한 의미의 '대안'이란 존재하지 않는다고 생각하며, 따라서 이 절의 제목도 '의료생협은 다른 세계를 상상하도록 자극할 수 있는가'로 시작하고자 한다. 다만 끊임없이 반복되는 이 질문에 대해 몇 가지 분명한 입장은 미리 밝히고 시작하는 것이 좋겠다.

나는 이 질문에 대해 과연 현재 우리가 일상에서 겪고 있는 어떠한 문제에 대하여 완전하게 새로운 소위 '대안'으로서의 '그 무엇'이 가능할 수 있는가 묻고 싶다. 분명한 것은 의료생협이 지속적으로 성장하더라도 여전히 우리 사회에 상당히 오랜 기간 동안 시장형 보건의료모델이 존재할 것이며, 국가도 보건의료분야에서 자신의 역할을 진화시켜 나갈 것이다. 의료생협은 이들과 끊임없이 긴장감을 지니고 상호작용하게 될 것이다. 이러한 과정에서 의료생협은 '현재의 시장'과 '현실의 국가'가 저마다 자신만이 대안이 되고자 하는 강한 욕망을 드러낼 때 그것을 제어하고 균형을 유지하는 역할을 수행하리라 생각한다.

오히려 의료생협운동은 개별화되어 현존하고 있는 그늘진 욕망들의 강력한 결집을 통해 다른 세계로의 질적인 변화를 자극해 내는 것을 자신의 사명으로 한다고 말하는 것이 타당하다. 의료생협은 지금 우리와 다른 그 무엇으로서의 '대안'이 아니라 '있는 그대로의 현실에 깊이 뿌리를 내린 상태로 변화를 욕망하는 집단적 힘'으로 나타날 것이다. 그러하기에 의료생협에는 보통 '대안'이라는 표현이 함축하는, 지금과는 분명하게 다른 '상상할 수 있는 그 무엇'이 자리하고 있지 않다. 의료생협은 명확하게 '무엇이 되어야 한다.'거나 '무엇이어야만 한다.'는 교조적인 강박으로서의 지향을 가지고 있지 않다. 의료생협을 통한 수많은 다종다양한 집단적 '힘'과 '열망'은 각자 자신들이 원하는 '그 무엇'이 될 것이다. '그 무엇'이 타인에 대한 폭력이나 집단적 광기가 되지 않도록 하는 것이 바로 민주주의와 연대성의 전통이 될 것이며, 또한 이 전통이 각각의 '그 무엇'을 난립하는 군소권력이 아니라 네트워크화된 연합으로서의 새로운 권력으로 만들어 낼 것이다.

다시 말하면 의료생협은 대안의료나 대안경제 조직이 되지 않을 것이며 대안적인 보건의료를 상상하지도 않을 것이다. 의료생협은 현실에 기반한 사회연대조직이요, 대중들의 결사체이며 욕망으로 가득찬 집단적 '힘'으로서 생생하게 살아 움직이는 사회운동조직이 될 것이다.

이제 다시 질문을 던져 보자. 한국사회에서 의료생협은 다른 세계를 상상하도록 자극할 수 있는가. 아마 그럴 수도 있고 그렇지 않을 수도 있다. 물론 의료생협은 다른세계를 상상하도록 자극할 만한 충분한 잠재력과 가능성을 지니고 있다. 그러나 한국사회에서 의료생협이 그러한 잠재력을 구체적으로 외현시켜 내려면 대단히 힘겨운 장벽들을 넘어서야 할 것으로 보인다. 하나는 지나치게 거대해진 시장이란 장벽일 것이고 다른 하나는 여전히 의료생협과 같은 시민적 운동의 가능성을 인정하지 않는 국가 중심주의이다.

시장이 장벽이라는 것은 의료생협이 시장 내에서 경쟁력을 갖추고 살아남기가 어렵다는 차원의 이야기가 아니다. 그보다는 한국사회의 과잉화된 이윤동기가 지닌 놀라운 적응능력과 활용능력을 말하려는 것이다. 전 세계에서 유래를 찾기 어려울 정도로 빠르게 확산되는 유사 의료생협들(사무장 병원이라고도 함)이 그 구체적 징표이다. 법제도의 허점을 이용하여 영리를 목적으로 의료생협을 만들고 때로는 법인을 통째로 매매하는 일까지 벌어지고 있다. 거기에 일부 교회들까지 가세하여 영리와 선교를 통합해 낸 해괴한 목적으로 의료생협을 설립하는 난감한 상황마저 목격되고 있다. 이들의 증식속도는 대단히 빨라서 자칫 국제협동조합의 역사에 길이 남을 협동운동의 결정적 오류의 하나가 되지 않을까 염려될 정도이다.

이처럼 비시장적인 것마저 시장으로 전환하는 가공할 상상력의 반대편에는 공공(公共)이란 오직 국가의 영역이란 편견이 존재한다. 이들은 시민에 의한 새로운 공공(公共)의 창조적 확산이 가져올 가능성과 잠재력 그리고 혁신과 변화를 인식하지 못하고 있다. 시민은 시장의료의 소비자도, 국가의료의 시혜자도 아니다. 그들은 자기 건강의 책임 있는 주체로서 의료체계의 또 하나의 관리자이다. 그러한 시스템을 구축해 나가는 것이 의료의 공공을 지키며 동시에 효율적이고 안전한 서비스를 강화하는 길이다.

안성, 인천, 안산, 대전, 서울, 원주에 이어 전국 각지에서 민주적 사회연대조직으로서 의료생협이 설립되고 있다. 그리고 각각의 지역에서 의료생협은 다양한 운동체들이 만나고 모이는 건강한 연대의 장이 되고 있다. 안성의료생협은 빈곤해방을 통한 건강증진을 위해 자활운동에 뛰어들었고, 대전의료생협은 지역화폐운동을 주도하며 수많은 관계의 장을 창조해내고 있다. 원주의료생협은 지난 수년간 장애인 인권개선 및 재개발 반대운동 등 다양한 주민 생존권 투쟁에 결합하여 그 모든 싸움에서 승리하고 주민운동조직을 더욱 강화해나가는 데 기여하였다. 이러한 과정에서 적어도 지금까지 한국의 의료생협운동은 대중의 열망을 집단적으로 표출해냄으로써 건강을 테마로 한 대중운동 조직화의 가능성을 충분히 보여주었다고 생각한다. 그리고 머지않아 한국의 의료생협운동은 자신들이 구축해 낸 역능을 통해 우리사회가 다른 세계를 상상할 수 있도록 자극하는 강렬한 결사체로서 자신의 모습을 만인 앞에 드러내게 될 것이다.

III. 더 강한 민주주의가 더욱 안전하고 건강하다

나는 이 글의 서두에서 "보다 좋은 의료서비스를 제공받고 싶다면, 시민 스스로가 의료기관을 가져야 한다. 보다 좋은 복지서비스를 원한다면, 주민 스스로가

복지센터의 주인이 되어야 한다."고 말하였다. 그리고 이러한 입장이 의료생협운동의 기본가치라고 생각한다. 우리가 진정으로 모든 이에게 차별 없는 의료와 복지를 희망한다면, 만일 이러한 테제가 보건의료운동의 목표라고 한다면 그에 대한 가장 결정적 해법은 시민대중들에게 그렇게 할 수 있는 권력을 부여하는 것이어야 한다. 그들의 불건강은 권력의 부재에서 비롯된다. 대다수의 시민들은 모든 의료체계에서 철저하게 소외되어 있다. 그들은 자신의 건강과 관련된 모든 결정에 대하여 참여의 권리를 지니고 있어야 한다. 그리고 그 권리는 아주 구체적이며 실체적이어야 한다. 그래야만 오늘날 우리 의료체계가 지닌 수많은 문제들, 즉 건강불평등과 과잉진료 및 약품오남용 등의 문제들이 해결되기 시작할 것이다.

오늘날 한국사회에서는 여전히 권력을 잡아야 세상을 바꿀 수 있다는 강박관념이 보편적으로 존재하고 있으며, 보건의료문제를 바라보는 다양한 시각들에서도 이러한 일반화된 생각들이 드러난다. 정치권력의 변화가 한국사회에 대단히 역동적인 변화를 이끌어 낼 수 있다는 것은 아마도 상식을 지닌 사람이라면 누구나 동의할 것이며 필자 역시도 이 점에 대하여 의심하지 않는다. 하지만 자칫 권력에 대한 집착은 긍정적이고 활력이 넘치는 사회를 창조할 수 있는 우리의 무궁무진한 역량과 잠재력들의 강력한 '힘'을 시야에서 놓치게 되는 착시효과로 이어질 수 있다.

의료생협운동은 우리 모두가 모두를 지배하는 사회를 향해 나아가고자 한다. 다시 말해 보다 강한 민주주의를 지향하고 있다. 모두를 위한 복지는 그 모든 주체들의 참여를 보장하는 속에서만 해결 가능하다. 의료기관도 복지관도 그곳을 이용하는 주민들과 그곳에서 노동하는 사람들의 것이 되어야 한다. 의료생협은 그동안 우리의 일상과 삶 그리고 생명까지 통제해 왔던 권력적 억압기제를 모두 해체하고자 한다. 그리고 그 위에 모두를 위한 권력을 재구성하고자 한다. 의료생협운동은 지금 이 순간에도 바로 그러한 사회를 꿈꾸며 도전하고 있다. 보다 강한 민주주의가 보다 많은 사람들의 건강을 온전하게 지켜나갈 것이다.

세 번째 강의

사회적 나눔 1

기업사회공헌에 대한 이해

임태형 사회공헌정보센터 소장

I. 사회공헌과 사회적 책임에 대한 이해

1. 용어에 대한 이해

최근 우리들은 나눔이나 사회공헌이라는 단어를 많이 접하고 있다. 기부와 자원봉사는 예전부터 교육과 경험을 통해 인지하고 있었겠지만 나눔과 사회공헌은 어떤 의미인지 정확히 파악하지 못하는 듯하다. 두 단어의 의미를 구별한다면, 사회공헌은 기업 등 조직체의 공식적인 나눔 활동에 주로 사용하며, 나눔은 사회공헌활동을 포함하여 개인의 기부, 자원봉사까지 아우르는 포괄적인 용어라고 할 수 있다.

한편 '사회공헌'과 '사회적 책임'이라는 용어에 대해서도 분명히 의미를 이해하고 넘어가야 한다. 두 단어를 혼동하는 예를 심심치 않게 보게 되는데, 특히 사회공헌활동을 하고서는 '사회적 책임을 다하고 있다.'는 표현을 사용하는 것은 문제가 있다. 이러한 표현을 문제 삼는 이유는 정작 사회적 책임은 소홀히 하면서

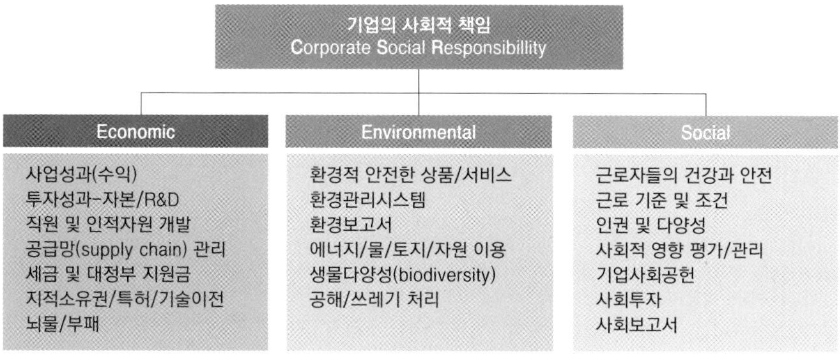

〈그림 3-1〉 CSR의 Triple Bottom Line

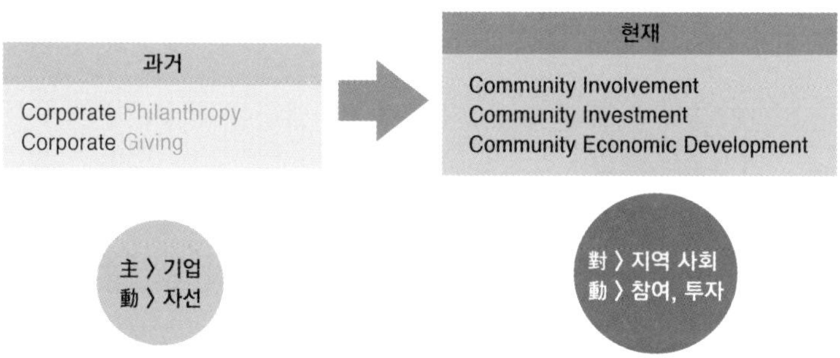

〈그림 3-2〉 기업사회공헌을 표현하는 용어의 변화

사회공헌활동을 사회적 책임이라고 표현하는 것이 위선으로 비춰질 수 있기 때문이다.

캐롤의 정의에 의하면, 기업의 사회적 책임(Corporate Social Responsibility, 이하 CSR)은 '기업이 사회에 대해 갖는 경제적 · 법적 · 윤리적 · 재량적(자선적) 책임'을 말한다. 따라서 사회공헌은 CSR의 재량적(자선적) 책임의 한 부분으로 볼 수 있으며, 정의를 하자면, '기업이 가진 자원을 활용하여 사회발전에 적극적이고 직접적으로 기여하기 위한 공익적인 활동'이며 공익사업, 사회봉사, 기부 3가지의 활동으로 이루어진다고 할 수 있다. CSR과 사회공헌을 정의하고 구분하는 또 다른 예로, 'CSR의 Triple Bottom Line'[1]을 소개한다.

기업사회공헌에 대한 표현의 변화를 보면 인식의 변화를 볼 수 있다. 과거(미국의 경우 1970년대까지)에는 '기업이 행하는 자선이나 기부'로 표현이 되었으나, 1980년대 들어서는 사회공헌의 주요한 대상이자 지역인 지역사회를 목적어로 하고 참여나 투자 활동을 하는 것으로 표현하고 있는 것이다. 다시 말해 현재는 지역사회를 위한 투자, 지역사회 발전에 참여하는 활동이 기업의 사회공헌활동이라고 보는 것이다.

참여(Involvement)와 투자(Investment)로의 인식변화는, 과거 자선일 때와는 달리, 기업이 분명한 output을 요구하게 되는 현상을 낳게 되었다. 과거에는 자선이었기 때문에 기부한 것에 대해 대외적으로 광고하고 기부 자체에 대해 사회적 찬사를 받으면 그만이었다. 하지만 기업이 지역사회의 발전을 위하여 현물과 사람을 투자한 만큼 기업은 당연히 성과를 요구함으로써 최근, 기업은 물론 기업의 파트너인 NGO들의 SROI(Social Return on Investment: 사회적 투자에 대한 사회적 성과)에 대한 관심이 증가하고 있다.

2. 기업사회공헌활동의 전략적 가치

사회공헌활동이 본격적으로 도입되기 이전인 과거[2] 고전적 사고에서 기업의 역할은 이익실현과 부의 창출, 양질의 재화와 서비스 제공, 고용 증대, 세금 납부로 보았다. 하지만 새로운 사고에서는 고전적 사고에 더하여 '기업시민으로서의 책무 수행'이 추가되는데, 그중 가장 중시되는 책무는 환경과 지역사회발전에 대

1 Triple Bottom Line은 1987년, 환경과 개발에 관한 세계위원회(WCED)가 지속 가능한 개발(sustainable development) 개념을 보다 구체화하고 현실화하기 위해 도입한 것이다.

2 과거의 의미는, 한국에서 기업의 사회공헌이라는 용어가 등장하고 기업들이 전담부서를 설치하여 조직적 · 체계적으로 사회공헌활동을 시작한 시기 이전이므로 1990년대 이전이라고 할 수 있다.

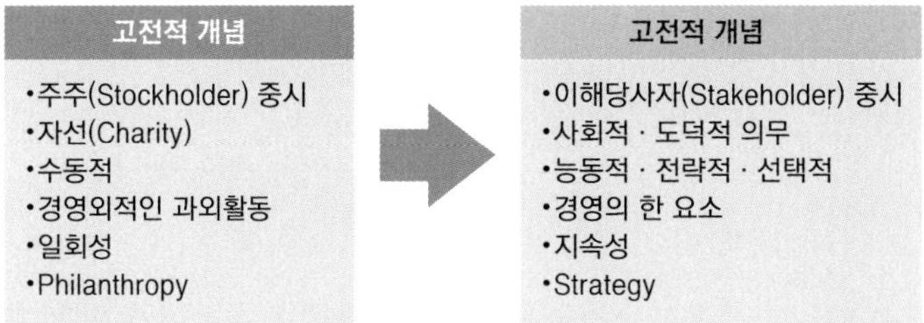

〈그림 3-3〉 기업사회공헌에 대한 paradigm의 변화

한 책임이라고 할 수 있다. 또한 기업의 사회공헌활동에 대한 패러다임의 변화가 있었는데, 고전적 개념에서는 자선활동이며, 수동적 · 일회성이던 활동이 의무가 되고, 능동적 · 지속적으로 변화되는 커다란 발전이 있었다.

그런데 최근의 기업사회공헌활동 활성화 이유는 무엇일까? 배경과 동인(動因) 두 가지 측면에서 알아보자.

2001년 EU에서 분석한 기업사회공헌활성화의 배경은 첫째, 방어적 동기이다. 이는 기업 평판을 유지하고 잠정적 재정손실을 방지하기 위해서이다. 다음은 전략적 비즈니스의 동기이다. 이는 사회공헌 활동이 비용과 효과 면에서 유형의 재정적 이득을 생산할 것이라는 기대를 갖고 하는 것이다. 마지막으로 시대상황적 동기이다. 이는 역동적이고 복잡한 환경에 대처한 건전한 기업시민활동은 위기관리에 도움이 되고 혁신과 학습에 기여한다는 기대를 갖고 있다.

다음은 기업사회공헌활동의 동인으로, 압력(pressure), 전략(strategy), 가치(value) 3가지를 들 수 있다.

압력(pressure)은 소비자, 언론, 정부 NGO/NPO 등 다양한 이해관계자들로부터의 압력을 뜻하며, 압력집단들이 기업에 무엇을 원하는가를 파악하고 실행하지 않는 경우 결과적으로 더 큰 비용을 치르게 될 수 있다.

우리나라의 경우, 1990년대 들어서 비자금사건을 비롯한 각종 기업비리

> 및 사고에 의해 반기업적 정서가 팽배해지면서 기업의 사회적 책임이 이슈화되고 본격적인 기업의 사회공헌활동이 시작되었다.
>
> – 삼성경제연구소, 2004

전략(strategy)은 기업의 장기적인 성공을 보장하고 기업의 역량을 강화하기 위한 전략으로 활용한다는 의미이다. 이는 기업사회공헌이 사회문제해결뿐 아니라 기업의 경쟁력 강화에도 긍정적인 영향을 미친다는 기대에서 활동하는 것을 뜻한다.

> 대기업 CEO들은 기업의 사회공헌활동이 비즈니스에 결정적인 영향을 미칠수 있다는 것에 공감하고 있으며, 또한 사회공헌에 대한 이해관계자들의 요구와 감시가 앞으로 더욱 심화될 것이라는 점을 충분히 인지하고 있다. 국내외를 막론하고 기업들이 사업의 성격과 연계될 수 있는 사회적 이슈에 집중적으로 투자를 한다거나, 기업사회공헌활동을 기업의 핵심역량으로 삼는 경우가 많아지고 있다.
>
> – 헤럴드경제, 2003

가치(value)는 기업의 핵심가치가 기업사회공헌으로 나타난다는 기대에서 활동하는 것을 말한다. 기업의 비전과 핵심가치에 사회의 지속 가능한 발전에 기여한다는 것을 포함함으로써 기업과 기업사회공헌활동의 정체성을 분명히 하고 있다.

> 사회의 압력으로 기업사회공헌을 시작한 Shell, Nike, Starbucks 등이 점차 이를 기업의 핵심가치로 삼아 사회적 책임을 다하는 기업으로 거듭나고 있다.
>
> – UNIDO 국제연합공업개발기구, 2002

처음에는 사회의 압력에 의해서 사회공헌활동을 시작한 기업이 시간이 지나면서 전략적으로 활용하는 단계를 지나, 결국 사회와 기업의 가치를 키우고 높이기 위해 활동하는 이상적인 단계로 발전하는 예가 많다. 1996년 『LIFE』지 6월호에 실린 한 장의 사진, 열악한 작업 환경에서 나이키 축구공을 만들고 있는 열두 살 파키스탄 어린이의 사진은 나이키를 사회적 책임에 소홀한 악덕 기업으로 추락시켰다. 이로 인해 나이키는 사회적 책임 부서를 신설하고 부사장급의 전문가를 영입하고 사회적 책임 수행과 사회공헌활동에 많은 노력을 기울인 결과, 2001년에야 비로소 주가를 회복하고 사회의 인정을 받게 된다. 이후 나이키의 사회공헌활동은 지역사회[3]와 나이키라는 회사 자체의 가치를 높이기 위한 활동, 진정성 있는 활동으로 정착하게 된다.

이러한 곤욕을 치른 나이키의 예에서 볼 수 있는 것은, 사회공헌의 동인이 pressure ⇒ strategy ⇒ value 단계를 거치며, 결국 기업의 핵심가치는 사회공헌으로 나타난다는 것이다. NIKE 이외에도 Shell, Starbucks 같은 회사도 환경, supply chain의 문제가 생겨 사회의 압력으로 시작한 사회공헌을 점차 기업의 핵심가치로 삼아 사회적 책임을 다하는 기업으로 거듭난 사례를 보여주고 있다. 그러면 대한민국의 기업들 하나하나를 살펴보며, 각각 어느 단계인지를 스스로 점검해 보기 바란다.

3. 기업사회공헌활동의 효과

기업사회공헌활동의 도입 초기에는 대외 이미지 제고를 목적으로 삼는 경우가 많았다. 그런 이유로 사회공헌부서가 홍보실에 위치한 기업이 많은 것이다. 하지만 시간이 지나면서 기업사회공헌활동이 기업 내부에 미치는 영향이 크다는 것

3 나이키 입장에서 지역사회는 신발과 스포츠 용품이 판매되는 전 세계라고 해야 할 것이다.

도 알게 된다. 기업사회공헌활동은 외부적 효과와 내부적 효과가 있으며 최근에는 내부적 효과에도 주목하고 있다. 우선 외부적 효과에 대해 알아보자.

1) 기업 명성 및 브랜드 이미지 향상

기업이 사회공헌활동을 통해 얻고자 하는 가장 중요한 것은 기업의 명성 제고이며, 소위 좋은 기업, 착한 기업, 존경받는 기업이라는 명성이 기업에 대한 소비자의 구매의욕을 높여서 매출과 이익의 증가로 이어지기를 기대한다.

> 사회공헌이 기업의 전반적인 명성에 매우 중요한 부분이며, 사회공헌을 통해 구축된 명성은 소비자, 투자자, 근로자들의 관심을 끌고, 이는 소비 및 투자의 증가, 양질의 노동력확보라는 결과를 낳는다.
>
> – Charles Fombrun, 2000

> 사회공헌활동이 기업이미지개선은 물론 소비자의 구매요인과 자사 임직원의 자긍심을 높이는 등 기업에 이익이 되는 것으로 나타나고 있다.
>
> – 한동우, 2003

2) 고객의 충성도 증대 및 판매의 증가

기업사회공헌활동은 기업의 브랜드이미지와 명성을 제고함으로써 제품에 대한 신뢰를 주고 이는 매출의 증대로 이어진다.

> 3분의 2 이상이 넘는 미국 소비자들이 공익과 연계된 브랜드와 기업으로 구매처를 바꿀 것이라고 응답했다. 또한 10명 중 8명은 자신이 관심을 갖고 있는 사회적 이슈를 지원하는 기업에 보다 긍정적인 이미지를 갖는다.
>
> – 콘/로퍼의 공익연계트랜드 보고서, 1999

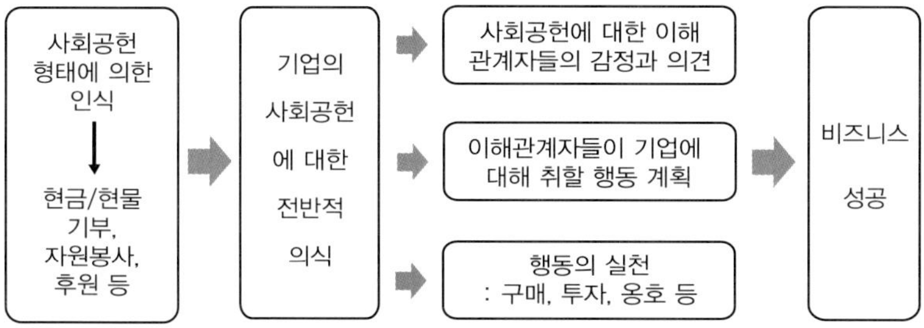

〈그림 3-4〉 고객의 충성도 모델(기업의 사회공헌이 이해관계자들의 인식과 행동에 미치는 영향)
(출처: Walker Information, 2002)

3) 기업활동의 허가획득(license to operate)과 위기관리(risk management)에 기여

특히 글로벌 기업의 경우, 원가절감을 위하여 개발도상국으로 생산기지를 이동하는 경우, 첨단기술력 확보나 지역거점 확보를 위하여 선진국에 진출하는 경우가 많다. 이런 경우 현지에서 사회공헌활동을 통해 우호적인 이미지를 만들어 현지 정부, 지자체, NGO, 주민 등 수많은 이해관계자들의 이해를 구하는 방안이 된다.

> 사회공헌을 통해 지역사회, 정부, 비영리단체들의 신뢰를 얻고 호의적인 관계를 맺음으로써 새로운 시장진입과 생산지 개척이 보다 용이해질 수 있다. 또한 신뢰를 통해 법적공방이나 NGO의 비판, 정부의 감시로부터 어느 정도 자유로울 수 있다. 사회공헌으로 신뢰를 쌓았다 할지라도, 이를 잃는 일은 부지불식간에 일어날 수 있다. 타격을 받은 명성과 이미지를 회복할 때까지 기업은 많은 비용을 지불해야 하지만 사회공헌으로 쌓은 소비자와 비영리부문, 정부의 신뢰는 기업에게 충격완화의 역할을 할 수 있다.
>
> -Jenkins & Hines, 2003

4) 직원의 충성도 향상, 인재 확보 및 유지

사회공헌활동을 강조하고 활동에 적극적인 자세를 가진 회사에 대해 임직원들은 회사에 대한 자긍심을 갖게 되며 이는 충성심으로 이어진다. 활동을 통해 직원은 도덕심과 사회성을 기르게 되는 등, 기업은 인사 측면에서 사회공헌활동의 내부적 효과에 주목하고 있다.

> 미국의 기업사회공헌은 직원들의 직장만족도와 기업에 대한 충성도에 긍정적인 영향을 미친다. 특히 자원활동 참여가 직장 만족도를 좌우하는 주요 요인으로 작용하고 있다.
>
> – Walker Information, 2002

> 기업의 사회공헌은 기업이 필요로 하는 인재확보에 기여한다. 브랜드는 소비재시장에만 있는 것이 아니라 노동시장에도 존재하는 것이다.
>
> – 삼성경제연구소, 2004

> 구직자들은 사회공헌으로 보다 명성이 높은 기업을 선호하는데, 이는 자신이 속할 기업으로 인해 형성될 self-image 때문이며, 이 능력 있는 직원확보를 위해 사회공헌을 이용하는 것도 같은 맥락이다.
>
> – Greening & Turban, 2000

5) 혁신과 개발(內), 그리고 시장의 확대(外)

혁신과 개발은 내부적 효과이며, 시장의 확대는 외부적 효과이다. 사회공헌활동은 임직원들을 다양한 이해관계자들, 고객들을 만날 수 있게 해 준다. 이들과 만나면서 많은 아이디어를 얻으며 이는 제품이나 서비스 개발에 반영되기도 하는데, 다음과 같은 예를 들 수 있다.

• Bank Boston은 도시빈민과 저소득층에 대한 대출로 지역사회경제 부흥에 공헌하게 되고 이는 Bank Boston의 명성제고와 사세확장으로 이어진다.

• Bell Atlantic의 Project Explore은 빈민층 자녀에게 PC를 보급하고 교육함으로써 이들의 학업성적을 향상하는 성과를 거두었다.

• 마쓰시타 전기의 Barrier-Free 제품은 애초 타겟이었던 장애인, 노약자뿐만 아니라 일반 주부들로부터도 호응을 얻어 매출증대에 큰 기여를 하였다. NA-V80 드럼세탁기는 빨래 투입 추출구를 높고 경사지게 디자인함으로써 장애인, 노인뿐만 아니라 주부들의 사용 편의성까지 높여 히트상품이 되었다. 또 벽에 높이 달리는 에어컨은 청소를 정기적으로 하기가 어렵고 귀찮다. X 시리즈 에어컨의 경우, 장애인과 노인을 위하여 내장로봇이 필터를 청소하여 필터청소를 10년에 한 번만 하도록 하였다. 따라서 일반인들도 선호하는 에어컨이 되었다.

최근에는 기업들이 사회공헌활동의 내부적 효과에 더욱 관심을 보이고 있다. 외부에 보이기 위해 사회공헌을 시작한 일부 기업들도 내부적으로, 특히 인사관리, 서비스와 기술 개발, 고객만족도 제고 측면 등에서 다양한 가시적인 성과를 가져온다는 점을 확인함으로써 사회공헌활동을 점차 경영의 주요한 수단으로 여기고 있는 것이다.

4. 주목할 만한 최근의 기업사회공헌 현상

한국 기업사회공헌의 역사는 한국전쟁 이후 민주주의와 자본주의가 태동한 때부터라고 볼 수 있지만, 소규모의 수동적인 자선에서 벗어나 자발적이고 전략적인 사회공헌활동을 하기 시작한 것은 1990년대 중반 이후부터라고 할 수 있다. 그러고 보면, 양 · 질적으로 비약적인 성장을 보인 것은 불과 최근 15년 사이의 일이라고 할 수 있으니, 경제발전의 속도만큼 사회공헌도 짧은 시기에 압축성장을

외부적 효과	내부적 효과
기업 명성 및 브랜드 이미지 향상	• 직원의 충성도, 자긍심 향상
고객의 충성도 증대 및 판매의 증가	• 직원의 도덕심, 사회성 함양
기업활동의 허가획득과 위기관리에 기여	• 인재 확보 및 유지
시장의 확대	• 혁신과 개발

〈그림 3-5〉 기업사회공헌활동의 효과

하였고 내용 면에서도 선진기업에 뒤지지 않는 훌륭한 공익프로그램을 선보이며 지역사회발전을 위한 역할을 확대하여 가고 있다고 할 수 있다.

〈국내 기업의 사회공헌 약사(略史)〉

○ 1940년대: 소규모, 단발적 수혜와 자선

○ 1950년대: 기업사회공헌의 일시적 소멸
- 해방 후 거듭된 내전으로 기업 형성과 자본 위축이 원인

○ 1960년대: 기업사회공헌의 이정표적 인물 탄생
- 유일한 박사의 재산 사회환원(1969)

○ 1970년대: 기업재단 설립 붐 - 31개의 기업재단 설립

○ 1980년대: 기업재단 설립과 기부의 증가

○ 1990년대: 전략적 사회공헌과 임직원 자원봉사 도입

○ 2000년대: 자원봉사 중심의 경쟁적 기업사회공헌활동

○ 2010년대: 진정성과 전략적 활동을 동시에 추구
활동분야 다양화, 활동의 Global화
ISO26000 발효에 따른 지역사회발전 책임 증가 전망

그리고 최근 국내 기업의 사회공헌활동의 트랜드는 다음과 같은 양상을 띠고 있는데, 전략화를 넘어 회사와 지역사회의 가치를 동시에 추구하고, 임직원의 봉사활동 참여가 활성화되어 있으며, 시장의 확대에 따라 사회공헌활동 또한 글로벌화되고 있다. 그리고 기부에서 투자 개념으로 바뀌면서 그만큼 사회공헌비용도 증가하고 있으며, 공익연계마케팅이 증대하고 있기도 하다. 그리고 최근의 가장 두드러진 특징은 기업사회공헌활동의 성과 평가에 대한 관심이다. 이는 사회공헌에 대해 투자 개념으로 바뀌면서 투자한 만큼 사회와 회사의 변화를 측정하고자 하는 욕구도 커진 탓이며 자연스러운 현상이라고 할 수 있다. 한편 기업사회공헌활동에 대한 정부 차원의 관심과 지원도 증가하고 있는데, 자칫 지나친 간섭과 압력으로 작용할 수 있어 언제나 그렇듯, 정부의 노력은 수위조절이 매우 중요하다.

II. 기업의 사회봉사에 대한 이해

1. 기업 사회봉사활동의 정의와 가치

기업 임직원들의 봉사활동을 자원봉사활동으로 표현하느냐, 아니면 사회봉사활동으로 표현하느냐에 대한 논란이 한동안 있었다. 이러한 논쟁은 임직원들의 봉사활동은 민간의 봉사활동과 달리 회사의 정책적인 지원하에서 이루어지고, 궁극적으로 회사 경영에도 기여하는 활동이기 때문에 '자원(self-)'의 성격이 약하므로 '사회봉사활동'이라는 표현이 더 적절하다는 논리 때문이었다. 하지만 임직원들의 봉사활동이 회사의 지원을 받는다고 해서 '자원'의 성격이 없어지는 것은 아니며, 회사의 지원이 있다고 해도 개인의 자발적인 의사가 없이는 임직원 봉사활동도 없다는 논리도 이에 맞섰다. 따라서 이러한 논쟁은 별 의미가 없다고 판단되어 멈추어졌고, 현재는 양쪽 모두를 사용하는 추세이다.

기업의 사회봉사활동은 민간의 자원봉사활동과는 달리 정의되고 있는데, 다음과 같이 세 명의 전문가가 정의하는 것을 소개하고자 한다. 세 가지 정의의 공통점은 회사 차원의 정책적이고 체계적인 지원이 따르는 것이라고 할 수 있다.

> 기업 경영진의 격려와 지원 또는 제도화된 정책과 절차에 따라 사원들이 자발적인 의사에 의해 집합적으로 그들의 시간과 노력을 업무 이외의 지역사회 활동에 투입함으로써 사회에 봉사하는 행위
>
> – 성민선(가톨릭대 교수)

> 기업이 자원봉사활동을 하고자 하는 자사의 전, 현직 임직원과 그들의 가족을 위해 공식적이고 체계적인 프로그램 및 지원체계를 마련, 자원봉사하는 것. 퇴근 후와 주말은 물론 회사가 허용하는 일정 시간의 범위 내에서 근무시간 중에 자원봉사활동을 하는 것도 해당
>
> – 이강현(세계자원봉사협의회 회장)

> 자신들의 시간과 기술을 지역사회에 환원하고자 하는 임직원들과 퇴직자들을 위한 공식적 혹은 체계화된 회사의 지원
>
> – Ken Allen(미국 촛불재단 이사장)

기업은 사회봉사활동을 왜 하는가? 기업의 사회봉사활동은 사회와 회사에 어떤 가치를 안겨 주는가? 활동의 가치는 다음과 같다.

- 지역사회 발전에 직접 기여
- 복지 사각지대의 욕구 실현에 기여
- 지역민과의 인적 네트워크 강화

- 공익사업 성과제고에 기여
- 임직원의 사회적 욕구 실현 기회 제공
- 임직원의 회사에 대한 자긍심 제고

그리고 활동의 효과도 함께 소개하면 다음과 같다.

- 애사심과 생산성 제고(노동생활의 질 향상)
- 팀워크 강화와 리더십 능력 배양
- 낮은 비용으로 지역사회 기여도 제고(기부, 공익사업 대비)
- 노사협력관계 구축에 기여
- 기업에 대한 친밀감과 긍정적 여론을 형성
- 기업과 지역사회와의 관계 강화
- 사원들의 직무능력과 기술을 향상(봉사개발효과)

제품과 서비스로 경쟁관계에 있는 기업들이 사회공헌활동을 통해 좋은 평판을 얻고 매출확대로 이어지는 현상을 보면서 가치와 효과를 인지하고 확신을 갖게 된 우리나라의 많은 기업들이 점차 임직원 봉사활동을 확대해 나가고 있는 것이다.

2. 기업 사회봉사활동의 성공 조건

우리나라 기업 임직원 봉사활동이 체계적으로 회사의 지원에 의해 활성화되기 시작한 시점은 1994년 10월 삼성사회봉사단이 창단되면서부터라고 할 수 있다. 이전에도 많은 회사 내에서 봉사활동이 이루어지고 있었으나, 회사의 지원 없이 개인이나 동아리 차원의 활동이 조용히 이루어지고 있었다. 하지만 1994년 삼성사회봉사단 창단이 발표되고 활동이 사회적으로 큰 반향을 일으키자 많은 기업들이 삼성을 벤치마킹하여 따라가게 된다. 하지만 1997년 말의 외환위기로 이러한 열기가 한 풀 꺾이더니 2000년대 들어와서 다시 활성화되기 시작하였다. 2000년대에는 2007년 미국발 금융위기로 우리나라 기업들도 봉사활동을 포함한 사회공헌활동 위축을 우려했지만 별 영향을 받지 않고 지금까지 계속 양적으로 질적으로 활동이 발전되고 있는 추세이다.

이러한 기업사회봉사활동의 성공조건은 무엇일까? 많은 기업들이 봉사활동을 장려하고 있지만, 홍보용으로 전락하는 안타까운 회사도 간혹 있는데 봉사활동으로 인해 회사가 사회로부터 존경을 받고자 한다면 다음과 같은 점에 유의할 필요가 있다.

먼저 '진정성'이다. 임직원들의 봉사활동이 홍보수단으로만 이용되어서는 안된다. 홍보에만 몰입하여 직원들의 신뢰나 흥미를 감소시키면 내부의 불신이 커지고, 이는 회사에 대한 사회의 불신으로 이어진다. 다음은 '지속성'인데, 지속적으로 시행하는 자체가 사회로부터의 인정과 신뢰를 받게 된다. 다음은 '자발성'인데, 자발적 참여를 유도해야 생명력을 가질 수 있다. 네 번째는 '지역사회의 욕구수용'으로, 욕구수용을 통해 사원과 지역주민의 만족도를 높일 수 있다. 마지막으로 '경영진의 확고한 의지 표현'이다. 특히 초기에 CEO, 임원의 관심과 참여 정도가 성공 여부를 좌우한다.

3. 임직원 봉사활동 활성화를 위한 방법

임직원들의 사회봉사활동을 활성화하기 위해 기업들은 다양한 지원제도를 시행하고 있는데, 자원봉사 보험가입, 매칭 그랜트, 자원봉사 유급휴가제도, 봉사마일리지 제도, CEO의 우수활동자 격려, 자원봉사 관련 정례 시상, 사원가족 봉사활동 지원, 인사가점 부여와 같은 것이 있다.

10년 전, 토요일 반일 근무가 있을 당시에는 토요일 오전 근무를 마치고 오후에 봉사활동을 하고 귀가하는 형태가 많았지만, 주 5일제 근무로 바뀌면서 이러한 봉사활동 시간은 사라져 버렸다. 대신 봉사활동이 활성화되면서 가족봉사활동, 주말을 이용한 볼런투어(봉사활동을 겸하여 클라이언트와 함께 여행을 즐기는 것)의 형태로 발전하기도 한다. 그래서 최근에는 퇴근 후 귀갓길에 할 수 있는 봉사활동을 찾고, 점심시간, 비번일, 업무시간 중 일정시간을 정해 봉사활동을 하는 모습을 보이고 있다.

봉사활동의 활성화를 위해, 그리고 봉사활동 분위기를 유지하기 위하여 다음과 같은 회사 차원의 이벤트를 개최해 나가고 있는데, 이는 봉사활동 뿐만 아니라, 즐거운 직장 분위기를 만드는 데에도 기여를 한다. 먼저 헌혈캠페인인데, 헌혈은 쉽지 않은 만큼, 하고 나면 성취감이 매우 크다. 고통을 감수하고 자신의 피를 나눔으로써 여러 생명을 살리는 가치 있는 활동이기 때문이다. 많은 회사들이 자원봉사주간을 운영하여 임직원들이 봉사활동에 집중할 수 있는 기회를 주고 있다. 그리고 명절 전에는 주변의 어려운 이웃을 돕는 활동을 하도록 하며, 어버이날, 스승의 날과 같은 기념일에 나눔 활동을 장려하고 지원하고 있다. 그리고 소외이웃을 돕기 위한 모금활동도 많이 이루어지고 있는데, 바자나 자선호프데이, 자선마라톤 등을 함으로써 모금도 하고 직장 분위기도 활기차게 만들고 있다.

III. 주목받는 기업사회공헌 프로그램

1. '우리강산 푸르게 푸르게' 사례

유한킴벌리의 '우리강산 푸르게 푸르게'의 성공은 모든 대한민국 기업들이 부러워하며 벤치마킹을 하고 있다. 이렇게 성공한 캠페인도 결국은 진정성과 지속성에서 그 성공요인을 찾을 수 있다. 그러나 많은 기업들이 성공의 결과만 보고

1~2년도 지나지 않아서 사업의 성과 - 주로 이런 기업들은 홍보의 결과만 성과라고 인정한다. - 가 없다며 다른 사업으로 바꾸어 버린다. 그러다 보니 10년이 지나도 뚜렷한 공헌활동의 성과를 얻지 못하는 것이다. 유한킴벌리의 '우리강산 푸르게 푸르게'는 1984년 시작되었다. 당시 문ㅇㅇ 사업부장(이후 사장이 되어 2006년까지 재직)이 이 사업을 기안했을 때 사내의 수많은 반대가 있었다고 한다. 1988년 라디오를 통해 캠페인 광고를 시작하는 한편, 산림녹화를 대주제로 몇 가지의 지속적이고 진정성 있는 이벤트를 10년 이상 이어 나가자 서서히 국민들이 알아주기 시작했으며 이제는 대한민국 성인 중 이 캠페인을 모르는 사람이 없을 정도이고, 이로 인해 유한킴벌리의 이미지 제고와 매출 증대에도 큰 기여를 했다고 분석하고 있다.

이러한 시련과 인내의 시간이 있었기 때문에 유한킴벌리의 '우리강산 푸르게 푸르게'는 성공할 수 있었음에도, 그 결과의 외형만 보고, 진정성과 지속성은 보지 않고 프로그램 자체가 잘못되었다며 계속 이것저것 시도를 해 보는 우를 범하는 기업을 보자면 안타까운 마음이 든다. 종이를 제조하는 기업으로서 나무를 베는 반환경적 기업이미지를 뒤집어 보자는 전략이 있었을지도 모르나, 유한킴벌리는 1980년대 중반 당시 산림녹화가 여전히 절실하다는 사회문제에 접근하였다. 이에 회사는 물론 많은 이해관계자들을 캠페인에 참여케 하여 지원세력을 얻고, 사회이슈화하여 회사의 공익사업을 국가적인 사업으로 확대해 나가는 등 성공을 이루어 냈다. 이러한 여러 가지 눈에 보이지 않는 성공요인들을 배워야 할 것이다.

2. SKT의 'Sunny' 봉사단

SK그룹의 전신은 선경이다. 선경은 과거 MBC 장학퀴즈의 메인스폰서로서 1973년부터 장학퀴즈라는 프로그램을 통해 전국의 우수한 고교생에게 장학금을 지급하였다. 장학퀴즈는 1973년부터 1996년까지 MBC에서 24년간 방송되다가 현재는 EBS로 채널을 옮겼다. 게다가 중국에서도 '장웬방'이란 제목으로 중국의 우수한 학생들에게까지 장학금을 지원하고 있다.

이는 단순히 경연에서 이긴 학생에게 상금을 주는 것에서 그치지 않고 장학퀴즈 출신 우수 자원을 지속적으로 관리함으로써 SK에 도움이 되는 지원세력으로 만들어 갔다는 것에 의의가 있다. 우수한 인재 양성을 위하여 장학금을 지급한다는 것이지만, 그 이상의 효과를 SK는 충분히 누리고 있는 것이다.

2000년대 초 많은 기업들은 미래의 잠재적인 고객이고, 사회의 지도자가 될 우수한 대학생들을 사회공헌활동에 끌어들이려는 노력을 경주하였다. 그래서 대학생들의 국토대장정, 환경캠프 등의 이벤트가 많이 생겨났고, 기업들이 대학생 봉사단을 지원하는 경우가 많았다. 이런 와중에 SKT는 'Sunny'라는 역대 가장 대규모의 대학생 봉사단체를 만들었으며, 파격적인 지원을 하였다. 봉사활동 프로그램과 활동경비를 지원하고 간부들에게는 해외 봉사활동 관련 연수나 회의 참가를 지원하였다. 이 때문에 많은 대학생들이 'Sunny'에 가입하기를 원하였다.

SKT의 경우, 제조업이 아니기 때문에 직원의 수가 4천 명 내외라고 한다. 따라서 임직원들만으로는 지역사회 봉사활동을 펼치기에 수적으로 부족하다는 문제에 착안하여, 대학생들을 끌어들였던 것이다. 대학생들 또한 봉사활동에 대한 욕구가 강하기 때문에 양측의 욕구가 맞아떨어졌음은 물론, SKT의 대대적인 지원으로 짧은 시간에 활성화가 되었다. 지금은 'Sunny'의 대학생 봉사자들 스스로 자발적이기를 원하고 기업 의존적인 활동을 원하지 않는 변화에 맞추어 SKT가 지원을 축소하고 있지만 여전히 'Sunny'는 자가발전하고 있다.

여기서도 한 기업의 지속적이고 진정성 있는 노력이 성공의 요인임을 알 수 있다. SK그룹은 장학퀴즈 시작 3년 후에는 한국고등교육재단을 만들어, 본격적인 인재양성 공익사업에 뛰어들게 된다. 그 결과 한국을 이끄는 고급인재들 중 상당수가 SK그룹의 지원 아래 양성되는 결과를 가져왔고, 이는 결국 SK의 기업경영활동에도 큰 이익으로 작용하게 되었다.

3. 아모레퍼시픽의 핑크리본 캠페인

아모레퍼시픽은 알다시피 주로 여성용 화장품에 주력하는 기업이다. 대부분의 고객층이 여성인 만큼 아모레퍼시픽은 여성들이 건강상 가장 우려하는 유방암에 집중하기로 하였다. 그런데 유방암 관련 캠페인은 선진국이 오래전부터 핑크리본 캠페인이라는 형태로 진행하여 왔고 국제적으로 이미 인지도와 호감도가 높은 캠페인이었다. 아모레퍼시픽은 한국에서 이 캠페인을 시작하며, 여타 병원들이나 기업들이 소규모로, 이벤트성으로 하고 있는 사업을 대규모로 지원하기로 하였다. 무료검진, 유방암 예방과 조기발견을 위한 대국민 강좌, 핑크리본 콘서트, 마라톤 등 다양한 행사를 펼침은 물론, 재단까지 만들어 체계적이고 규모 있는 지원을 이어 나갔다. 그럼으로써 여성들의 마음을 얻고 국민들의 존경을 받는 프로그램으로 발전하게 된 것이다.

그 외 CJ의 도너스캠프, 교보의 다솜이 간병봉사단, 삼성의 희망의 문화클럽, 한화그룹의 문화예술 관련 공익사업 등 성공적인 사회공헌활동 사례들의 성공요인을 보면, 진정성, 지속성, 전략적, 기업과 사회의 가치추구라는 4가지의 공통점을 발견할 수 있다.

4. 해외 존경받는 기업들의 사회공헌활동

2010년 Business week & 헤이그룹이 선정하고 발표한 최고의 리더십 기업을 보자. 이들 기업들은 모두 사회공헌활동으로 주목을 끌고 있는데, P&G의 경우,

아프리카에 학교를 설립하고, 아프리카 여학생에게 여성 위생용품을 지원함으로써 미래의 잠재된 대규모 시장에서 좋은 기업 이미지를 만들어 가고 있다. GE의 경우는 지진으로 큰 피해를 입은 아이티에 GE의 기술력으로 개발한 태양광 정수대와 의료기기를 지원함으로써 소비자, 투자자로부터 호감을 사는 것은 물론, 자사 신제품을 홍보하는 기회를 얻었다. PHILIPS는 브라질과 같은 큰 시장에서 자사가 개발한 제품을 이용하여 의료지원 체제를 구축하는 일을 도움으로써 브라질이라는 큰 시장에서 우위를 점하게 되었다.

이웃 일본의 아사히 맥주는 주류를 생산하는 회사임에도 불구하고, 올바른 음주를 위한 Guidebook을 대학 신입생에게 배포한다. 그리고 음주예방 교육용 비디오를 제작하여 5,800개 중 · 고교에 배포하고, 미성년자 음주예방 기금을 창설하여 지원을 아끼지 않고 있다. 또한 술의 가장 중요한 재료는 물이므로 깨끗한 물을 위하여 아사히숲을 조성함으로써 맥주원료인 수자원을 보호하고 대기의 CO_2를 흡수하겠다는 환경운동까지 펼친다. 이러한 아사히 맥주의 역발상은 일본 국민들에게 신선하게 받아들여지고, 이런 이유 때문인지는 몰라도 종전 기린맥주에 이어 2위 업체이던 아사히가 1위로 올라서게 되었다고 한다.

이상 해외의 성공적인 사례에서 알 수 있는 성공의 경험치까지 더해서 기업사회공헌 성공조건을 정리해 보면 다음과 같다.

첫째, 지역사회 당면과제 해결 의지와 노력을 보인다.

둘째, 업과 연계된 공익사업이나 프로그램을 함으로써 효과를 높인다.

셋째, 고객을 참여시키고 고객과 꾸준히 소통해 나간다.

넷째, 지속적으로 해 나간다.

다섯째, 사업이나 프로그램을 바꾸기보다는 꾸준히 진화 · 파생 · 발전시켜 나감으로써 점차 성공에 가까이 간다.

Ⅳ. 기업사회공헌의 현황, 반성, 그리고 미래

1. 선진국을 뛰어넘는 사회공헌 규모와 활동

〈표 3-1〉 한 · 미 · 일 3국의 기업기부금 평균 비교(2004년 기준)

	1사 평균	매출 대비	세전이익대비
한국	58.3억 원	0.22%	1.83%
미국	0.2억 달러	0.17%	1.68%
일본	5.1억 엔	0.08%	1.39%

〈표 3-1〉에서도 볼 수 있듯이, 한국 기업의 기부금은 미국이나 일본 기업에 비해 월등히 많은 수준이다. 특히 매출과 경상이익을 기준으로 할 때, 기업이익의 많은 부분을 기부에 할애하고 있음을 알 수 있다. 그럼에도 불구하고 한국 기업들은 기부에 인색하다는 평을 듣는다. 그 이유는 사회에 만연한 반기업 정서 때문이기도 하지만, 한편으로는 기업들이 사회적 책임 부분에서는 여전히 약점을 갖고 있으며, 그것이 기업의 선행보다 더 크게 부각되는 때문이기도 할 것이다.

사회공헌 비용도 2000년대 들어 한 번의 꺾임도 없이 상승세를 타고 있다. 2009년 200여 개 대기업의 사회공헌 비용은 전년도보다 5,000억 원이 증가한 2조 6,500억 원에 이른다. 임직원의 자원봉사활동도 횟수나 평균활동시간 모두 꾸준히 증가하고 있으며 경상이익 대비 사회공헌활동 비용 역시 그 비율이 높아지고 있다. 하지만 이러한 수치는 대기업에 국한된 수치이며, 유감스럽게도 중소기업의 사회공헌은 여전히 활성화되지 못하고 있다. 그런데 중소기업의 사회공헌활동이 최근 활성화되는 기운을 느낄 수 있다. 지역의 사회공헌정보센터가 속속 생기고, 기존의 자원봉사센터도 가세하여 지역사회 내의 중소기업 사회공헌활성화

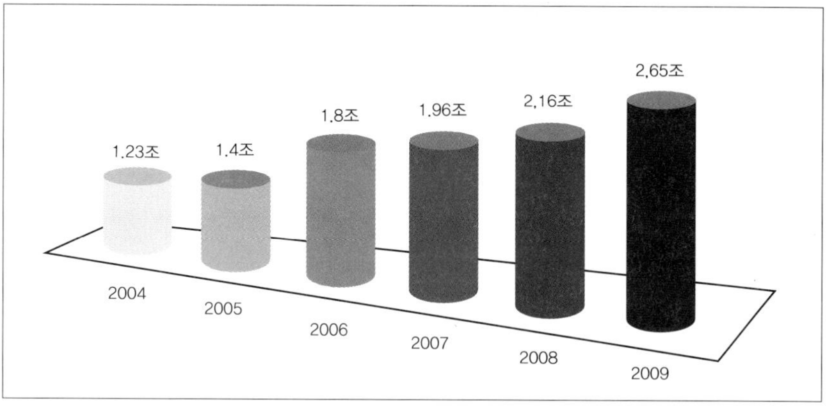

〈그림 3-6〉 기업사회공헌 지출액 추이
(출처: 2010 전경련 사회공헌백서)

를 위해 많은 노력을 기울이고 있다. 필자가 소속된 사회공헌정보센터 주관의 다양한 교육과 워크숍에 중소기업이 많이 찾아오고, 중소기업으로부터의 사회공헌 문의가 증가한 것을 보면, 향후 중소기업의 사회공헌활동도 활성화되어 대한민국 사회공헌의 상향평준화가 기대된다.

〈표 3-2〉 봉사활동 평균 건수 추이

구분	2004	2005	2006	2007	2008
기업당 평균 건수	572	727	1,094	1,205	1,615

출처: 2009 전경련 사회공헌백서

〈표 3-3〉 봉사활동 평균 시간 추이

구분	2004	2005	2006	2007	2008
기업별 인당 평균 시간	3	6	7	11	11

출처: 2009 전경련 사회공헌백서

2. 실패하는 사회공헌

이상의 데이터를 보면 우리나라 기업의 사회공헌활동은 국민들로부터 찬사를 받아야 함에도 불구하고 기대 이하의 평가를 받고 있다. 그 이유는 기본이 되는 사회적 책임(CSR: Corporate Social Responsibility)을 소홀히 한 측면도 있으며, 한편으로 사회공헌을 하는 활동방법에도 문제가 있기 때문이다. 문제의 근원은 역시 진정성과 지속성의 부재인데, 구체적으로 보면 다음과 같다.

일부 기업이지만 어떤 기업은 사회공헌을 홍보수단으로만 생각한다. 그래서 홍보지상주의하에 사회공헌 홍보에만 매달린다. 하지만 아무리 훌륭한 사회공헌 프로그램이나 이벤트, 사업도 언론의 주목을 지속적으로 받기는 어려우므로 언론의 관심이 식어 홍보 대상으로의 가치가 감소하게 되어, 그다지 홍보가 되지 않는다. 그렇게 되면 그 회사는 다른 사회공헌 프로그램으로 전환하게 된다. 홍보가 되지 않는다고 담당자를 질책하고 새로운 프로그램을 만들라고 다그친다. 대부분 그런 회사는 사회공헌으로 인한 대상자의 변화, 사회의 발전은 염두에 두지 않는다. 차가운 심장을 가진 이러한 기업 간부나 임원이 가끔 있어, 전체 기업사회공헌에 먹칠을 하기도 한다. 이러한 회사는 항상 언론의 주목을 받는 새로운 프로그램을 시도하며 홍보가 잘 되어서 회사의 명예가 올라갔다고 생각하지만, 결과는 정반대로 가게 된다. 즉 기자들이 알고, 대상자가 알고 대상자 주변의 이해관계자들이 진정성 없이 오로지 홍보만 추구하는 그 기업의 행태를 목도하면서 뒤돌아서서는 손가락질을 하게 되는 것이다.

이러한 경우는, 장기간 사회공헌활동을 하여도 성과는 거의 나오지 않는다. 홍보 아이템만 좇아서 사회공헌활동을 하느라, 장기간 시행으로 국민들에게 뚜렷하게 각인시킨 사회공헌프로그램이 전혀 없기 때문이다. 그리고 어느덧 방향성을 상실한다. 이런 회사의 공통적인 특징은 시대가 바뀌고 담당 임원이나 간부가 바뀌면, 기존의 사회공헌 프로그램은 부정하고 자신이 선호하는 분야나 활동을 내

세우고 자신의 실적으로 삼고자 한다. 이는 외부 이해관계자들에게는 방향성 없이 갈팡질팡하는 모습으로만 보일 뿐이다.

이러한 회사의 사회공헌 담당자는 무척 힘들다. 이들은 대상과 사회의 발전을 위하여 기존의 프로그램을 더 진화시키고 필요에 따라 파생 프로그램을 만들어 프로그램을 발전시켜 나가기보다는, 지금껏 다듬어 온 프로그램을 버리고 새로운 것을 만드는 데 많은 시간을 허비하고 있다. '작년에 했던 프로그램', '누구나 하는 일반적인 프로그램', '임원이 싫어하는 프로그램'은 버려야 하기 때문이다. 그들은 대중의 주목을 받지 못하는 그들만의 이벤트로 돈과 시간을 낭비하는 경우가 많다.

3. 사회공헌으로 사회적 책임을 덮을 수는 없다

이렇듯 사회공헌활동을 제대로 하지 못하는 회사가 대부분 그렇듯이 사회적 책임 부문에서 큰 문제가 생겨 회사의 이미지가 실추되면, 사회공헌을 질책한다. 즉 주가조작, 비자금, 담합, 환경오염, 노동권탄압 등 사회적 책임 문제가 불거지면 큰 사회적 비난에 직면하고 심지어는 회사가 위기에 직면하기도 한다. 이때 본질적인 사회적 책임의 잘못에 대해서는 관행이나 재수 없음을 거론하며, 사회공헌활동이 회사의 위기대응에 전혀 도움이 되지 않고 사회공헌의 효과가 없었다며 사회공헌 무용론을 주장한다. 그러나 사회공헌은 사회적 책임을 무마하거나 사회적 책임의 잘못을 덮는 용도가 절대 아님을 분명히 알아주기 바란다. 사회적 책임은 반드시 지켜야 할 의무이지만, 사회공헌은 사회적 책임의 일부분으로서 재량적 책임, 즉 해도 되고 안 해도 되는 책임이다. 1980년대 이후 사회공헌을 거의 기업의 의무행동으로 굳어지고 있다. 그렇다고 해서 사회공헌이 경영의 기본이 되는 사회적 책임과 혼동하여(동일한 의미로 착각하는 경우가 의외로 많다.) 자원봉사활동과 기부를 많이 한다고 사회적 책임을 다했다 생각하면 큰 착각이 아닐 수 없다.

4. 사회공헌과 사회적 책임의 조화

앞서 언급하였듯이 사회공헌 event로 CSR의 약점을 덮을 수는 없다. 이는 지속성, 진정성 있는 사회공헌활동을 포함하여 사회적 책임을 준수할 때만이 시민의 신뢰와 존경을 얻을 수 있다는 뜻이다. 사회공헌의 세속적인 목적은 기업이미지 제고를 통한 기업이익에 기여하는 것이며, 바람직한 사회공헌의 목적은 지역사회의 발전이 추가되어야 한다. 혹 세속적인 목적만 추구한다 하더라도 소위 '홍보'만 추구하면 기업이미지 제고는 전혀 기대할 수 없음을 알아야 한다. 지속성, 진정성으로 인정받는 사회공헌활동이 되어야 하며, CSR경영의 기본 위에서 사회공헌활동이 이루어지면 큰 시너지효과를 얻을 수 있다.

5. ISO26000 SR Guidance 제정 의의와 우리의 자세

2010년 11월 1일부로 사회적 책임 가이던스인 ISO26000이 발효되었다. 참고로 ISO9000 시리즈는 제품생산, 유통과정 전반에 걸친 국제규격이며, ISO14000 시리즈는 환경 관리 관련 표준군, 환경 관리 체제, 환경 감사, 환경 표지, 환경 영향 평가, 제품 생명 주기 평가(LCA), 관련 용어의 정의 등에 관한 표준 규격이다. 지금까지 많이 통용되고 있는 CSR 관련 주요 국제적 표준[4]이 없는 것은 아니지만, 유럽 중심의 국제표준이 제정되었다는 데 의의가 있다. ISO26000이 제정된 배경은 여러 가지가 있지만, 선진국 각 나라의 이익을 위한-예를 들면 무역장벽용으로-

4 대표적인 CSR 관련 국제표준은 GRI(Global Reporting Initiative)와 UN Global Compact이다. GRI는 현재 가장 일반적인 지속 가능 보고서의 guideline이며, 기업의 경제, 사회, 환경적 측면을 기본으로 경영활동을 공개하고 이에 대한 의지를 공유하고 있다. UN Global Compact는 1999년 코피아난이 제안하여 2000년 출범하였는데, 인권, 노동, 환경, 반부패 등 10개 원칙을 정하고, 사회정의 구현을 강조하며, 특히 노사관계의 중요성을 강조하고 있다.

〈그림 3-7〉 SR준수조직 6분류

규제용이고 특정 국가의 이익을 위하여 만들어진 측면이 있기 때문에 가급적 세계인이 공감하는 규정을 만들 필요성을 가지게 되었다. 또한 ISO26000은 기업의 사회적 책임이 아닌 기업을 비롯한 6개 핵심조직의 사회적 책임을 묻고 있으며, 제6항에는 ISO26000의 핵심이슈 7개가 포함되어 있다.

ISO26000의 발효에 따라서 기업들은 다소 긴장을 하고 있다. 미국, 일본, 한국과 같은 나라들의 노력에 의하여, 기업의 사회적 책임에 국한하지 않고 6개 조직의 사회적 책임을 규정하고는 있지만, 글로벌화에 의하여 권력이 강화되고, 그래서 권력의 남용에 따른 폐해가 가장 우려되는 기업에 초점이 맞추어져 있기 때문이다. 예상되는 압력과 대응방안은 다음과 같이 정리할 수 있지만 절대적이고 확정적인 것은 아니다.

○ 예상되는 압력

- 지침의 제6항 7개항 관련 전문성을 갖춘 다양한 국내외 NGO의 지속적인 감시와 개선압력
- NGO의 주관적이고 반기업적 정서에 기반한 해석

주제	내용
지배구조	· 사회적 책임을 감안한 의사결정 과정 및 구조 · 이사회 및 고위 경영진에 소수 집단 참여 · 양방향 의사소통 구조의 마련
소비자	· 공정한 마케팅, 공정한 계약 관행, 소비자의 보건 및 안전 · 지속 가능한 소비, 소비자에 대한 지원과 분쟁 해결 · 고객정보 보호와 Privacy, 전기 등 필수서비스 접근 보장
환경	· 폐수/ 폐기물 재활용, 공해 방지, 지속가능한 자원 사용 · 기후변화 대응, 배출가스 삭감, 친환경기술의 개발 · 자연환경의 보호와 복구, 생물 다양성
인권	· 차별 금지와 취약집단 배려 · 인류에 대한 범죄 및 고문 금지 · 인권 위험상황에 관리, 범죄의 공모를 회피, 불만 해소 · 시민권, 정치권, 경제권, 사회권, 문화권, 근무관련 기본권리 등
노동관행	· 채용시의 차별 금지, 고용조건, 고용관련 기본권리 · 고용시의 보건안전, 단결권, 단체교섭권 · 경력개발과 교육훈련 · 비정규직의 기준, 개도국 협력업체의 아동노동 금지
공정운영	· 거래에 있어서 부당한 차별 금지 · 부패 방지, 책임 있는(투명한) 정치 참여, 공정 경쟁 · 개도국에서의 약탈적 임금 및 약탈적 구매가격 금지 · 영향권 내에서 사회적 책임 촉진(예: 조달청의 녹색구매)
지역사회	· 지역공동체에의 참여, 지역사회에서의 교육과 지역문화 기여 · 지역사회에서의 고용창출과 능력개발, 기술개발 · 재산과 소득의 창출, 지역주민의 보건, 지역에의 재투자

〈그림 3-8〉 사회적 책임의 7대 기본주제
(출처: 현대경제연구원, 2009)

○ 대응방안

- 거세질 사회적 감시와 압력에 사전 대비하는 자세 필요
- 장점의 부각과 단점의 보완

- 대응전담반의 구성 및 자발적인 도입 자세로 선점전략 추구

그리고 기업 입장에서는 다음과 같은 파급효과가 예상되는데, 분명한 것은 기업 경영에 중장기적으로는 좋은 영향을 미칠 것이고 한국 기업이 사회적 책임 부문에서 한 단계 도약하는 데도 영향을 끼칠 것이라고 본다.

- 기업의 이미지와 사회적 가치 제고
- 기업 경영시스템의 변화 촉발
- 기업의 윤리경영이 중요 이슈로 부각
- 기업사회공헌활동의 지평과 agenda 확대
- 사업과 연관된 전략적 사회공헌의 강화
- 지역사회투자 방식의 사회공헌활동 전개
- CSR 관련 유관산업 발전의 가속화

마지막으로 강조하고 싶은 것은 기업이 어렵게 생각하는 사회적 책임 부문이 홍보로서의 매력도 충분히 가지고 있다는 것이다. 더구나 우리나라에서는 사회적 책임 부문에서 아직은 부족하기 때문에 '먼저' 함으로써 선점 효과를 충분히 거둘 수 있음을 인지하고, 어차피 해야 할 사회적 책임 부문을 하나씩 하나씩 완성해 나가고 이를 대내외에 알림으로써 회사의 경영에 기여하기를 바란다. 다음과 같은 항목에 대해 회사가 다른 전체 기업들보다 우위에 있다고 판단될 때, 노력하고 있는 정도를 발표한다면(가급적이면 계량화하는 것이 좋다) 좋은 성과를 기대할 수 있을 것이다.

- 매출(경상이익) 대비 R&D투자 비율
- 우수한 인적자원 개발을 위한 회사의 노력

- 건전한 Supply Chain
- 지적소유권 개발 및 이를 지키기 위한 노력
- 뇌물/부패 방지를 위한 회사의 노력과 성과
- 친환경 상품개발을 위한 노력과 실적
- 에너지 절감을 위한 회사와 임직원들의 노력과 성과
- 공해/쓰레기 처리 시설과 성과
- 환경보고서 발행 사실
- 근로자 건강과 안전을 위한 회사의 차별적인 노력
- 지속 가능 보고서 발행 사실 및 의의
- 사회투자보고서 발행

이상에서 보듯이 사회적 책임을 수행하기 위한 노력들을 사회공헌활동으로 연계할 수 있음도 알 수 있다. 사회적 책임 없는 사회공헌은 의미가 없다. 지금까지 우리나라의 기업사회공헌은 기본적인 사회적 책임의 기초가 부실한 가운데 실행함으로써 본말이 전도된 면이 없지 않았다. 하지만 이러한 것이 반드시 나쁜 것만은 아니다. 사회공헌활동을 함으로써 '사회적 책임의 중요성'에 대해 제대로 깨달은 것이 큰 성과라고 볼 수 있다. 이제부터는 사회공헌과 사회적 책임이 조화롭게 동시 발전하며 두 활동이 상호 시너지를 내어 진정으로 기업의 경영에 도움이 되기를 바란다.

이웃 일본은 우리나라의 역동적인 사회공헌활동에 대해 부러운 시선을 던지고 있다. 짧은 시간 안에 경제성장을 이룬 대한민국의 역동성에도 감탄하지만, 배고픔만큼 절실한 문제도 아닌 사회공헌에서조차도 급성장을 하며 선진적인 면모를 보여주고 있는 것 때문이다. 우리나라 기업들에 대한 부정적인 말들을 많이 듣는다. 그러나 한국만의 독특한 기업가 정신이 있었기에 기아에서 탈출하고 세계 10위 수준의 경제규모를 갖추게 된 공과에 주목을 해주기 바란다. 또한 지금 현재 어느 선진국보다도 사회적 책임과 사회공헌활동을 제대로 수행하기 위한 노력을 쏟아붓고 있다. 이러한 대한민국의 기업에 주목하기를 바라며, 몇 년 후 여러분들의 직장이 될 기업을 더욱 발전케 하기 위하여 대학생 여러분들은 자원봉사활동도 열심히 하고 한편으로 우리나라 기업의 장점들도 깊이 연구하며 미래를 준비하기 바란다.

네 번째 강의

사회적 나눔 2

사회적 기업: 취약계층과의 일자리 나눔

문순영 경북대학교 사회복지학과 교수

I. 사회적 기업의 등장배경

최근 한국사회의 화두는 단연 '일자리 창출'이다. 이와 더불어 다소 생소한 '사회적 기업'이라는 말이 주목을 받고 있다. 그 이면에는 선진국뿐만 아니라 우리나라가 직면하고 있는 '고용 없는 성장'으로 인한 대규모 실업과 빈곤의 문제가 자리하고 있다.

유럽은 1970년대의 경제위기를 신자유주의 이념에 입각한 자유 시장 경제의 강화로 해결하면서 그 부작용으로 실업과 빈곤의 사회 양극화라는 더욱 심각한 문제에 부딪치게 되었다. 그러면서 이 문제의 해결 방안을 기존의 국가나 시장이 아닌 이웃과 공동체에서 찾게 되었고 이 과정에서 사회적 경제가 주목을 받게 되었다. 사회적 기업은 사회적 경제의 한 부분으로, 일자리 창출과 더불어 그 역할의 중요성이 점점 부각되고 있다.

사회적 기업은 급격한 시장의 팽창과 국가 기능의 축소로 사회 · 경제적으로 양극화된 사회에서 발생하는 빈곤, 범죄, 의료, 교육 분야에서 고통 받는 사회적 약자들을 보호하기 위한 새로운 형태의 시민사회 조직을 일컫는 말이다. 기존의 시민사회 조직들은 정부의 감시자 역할을 하거나 정부의 지원하에 사회적 서비스를 제공하는 제3섹터로서의 본질을 유지한 반면에 이 새롭게 생겨난 조직들은 제3섹터의 경계를 벗어난 특성을 지니게 되었다. 또한 나라와 지역마다 그 모양새와 역할도 달랐다. 협동조합이나 공제조합의 형태로 존재하기도 하고, 영리기업으로 활동하기도 하며, 무료로 사회적 서비스를 제공하는 비영리 시민단체의 틀을 그대로 가지고 있기도 하였다. 어떤 나라에서는 사회, 교육, 보건 등의 기초적인 사회적 서비스를 빈곤층과 낙후된 지역 구석구석에 전달하는 새로운 복지전달체계의 축으로 활동하고, 또 다른 나라에서는 빈곤과 실업에 대해 혁신적인 해법을 제시하고 사회적 약자를 끌어안음으로써 사회적 자본(social capital)을 확충하는 사회통합의 대안으로 활동하고 있다.

우리나라에서 사회적 기업에 대한 관심은 2000년도 도입된 기초생활보장제도의 자활사업과 깊은 관련이 있다. 1990년대 중반 생산 공동체 운동을 주도하고 있던 시민단체들이 자활지원 사업에 참여하면서 자활사업의 수익성과 공익성을 동시에 담보해 낼 수 있는 발전방향을 모색하는 과정에서 외국의 사회적 경제(social economy), 사회적 기업(social enterprise), 제3섹터(the third sector) 등을 주목하게 되었고, 외국의 이런 경험을 아우르는 한국적 개념으로 '사회적 일자리'라는 용어가 언급되기 시작하였다(문순영, 2008 재인용). 그러나 이 용어의 본격적인 사용은 2003년에 발생한 고용시장의 충격[1]으로 정부가 73억 원의 추경예산을 급히 편성하여 공공부문에서 일자리를 창출하는 '사회적 일자리 사업'을 시작하면서부터였다. 2004년에 교육부, 복지부, 여성부, 문화부, 환경부가 사회적 일자리 사업

1 외환위기 이후 우리나라 노동시장은 기간제 및 간접고용 근로자가 늘어 고용 불안감이 확산되고 있었는데, 2003년 지표상 경제성장률이 2%로 여전히 성장하고 있음에도 전체 취업자 수가 줄어드는 상황이 발생하였다.

을, 2005년엔 산림청에서도 숲 가꾸기 사업을, 2006년에는 국가청소년위원회에서 청소년동반자 프로그램이 실시되었다. 2007년에는 일자리 창출 가능성을 사회서비스 분야로 확대하고자 '사회서비스 일자리 사업'으로 명칭을 변경하여 진행하였고, 보건복지부의 독거노인 도우미 파견, 노인 돌보미(바우처), 지역복지서비스 혁신(바우처), 교육인적자원부의 깨끗한 학교 만들기, 방과후학교, 문화관광부의 도서관 등 문화시설 연장 운영 등의 신규사업이 포함되어 총 11개 부서에서 12,945억 원, 39개 사업으로 급속히 확장되었다.

그러나 공공부문 중심의 일자리 창출 사업의 확대는 다른 한편에서 정부 재정에 의한 저임금의 단기적 일자리를 양산한다는 비판을 불러왔다. 당시 일자리 사업은 정부가 신규 고용에 대하여 전액 인건비를 지원하는 형식으로, 정부의 지원이 끊어질 경우 일자리가 지속되기 어려운 구조를 가지고 있었다. 또한 이들 일자리의 임금과 노동여건도 매우 열악하였다. 이러한 비판에 정부는 사회적 일자리 사업이 수익성과 안정성을 겸비하도록 기업의 참여를 유도하는 노력을 기울였으나 일자리의 질은 개선되지 않았고, 지속 가능한 일자리 창출 구조에 대한 문제제기도 계속되었다. 그러한 논란의 한가운데서 노동부가 사회적 기업을 대안으로 생각하게 되었고, 이를 검토하기 위한 Task Force가 꾸려졌다. 그 후 사회적 기업 육성을 위한 법적 · 제도적 기반 구축에 대한 논의를 거쳐 2007년 1월 마침내 「사회적기업육성법」이 제정되고, 같은 해 7월부터 시행되었다.

「사회적기업육성법」에 의하면 "사회적 기업(Social Enterprise)은 비영리조직(NGO, NPO)과 영리기업의 중간 형태로 일반 회사처럼 근로자를 고용하여 영리활동을 수행하고, 기업의 목적은 취약계층에 대한 일자리와 사회서비스 제공 등 사회적 목적에 있으며, 창출된 이익은 사회적 목적을 위해서 재투자하고, 의사결정도 주주 이외에 이해관계자가 참여하는 민주적으로 결정하는 조직"으로 정의되고 있다. 그리고 이러한 성격들을 충족하면 노동부에 설치된 '사회적기업육성회'로부터 '사회적 기업' 인증을 받고 분야에 따라 2~4년간 정부지원[2] 하에 육성되는 체계이다. 사회적 기업에 대한 노동부의 지원은 2007년 사회적 일자리 사업의 2.9%에 그쳤던 것이 2008년에는 사회적 일자리 사업의 16.7%로 전년 대비 6.6배 증가하였고, 2009년에는 41.5%까지 확대되었다(노동부, 2008, 2009).

이렇게 중앙 정부 주도로 짧은 시간 내에 사회적 기업이 급속히 증가하고 있는 가운데, 2010년 새롭게 선정된 민선 5기 지방자치단체장들은 지역 경제를 활성화하기 위하여 지역사회에 특화된 사회적 기업 육성 발굴 사업을 추진하겠다고 나섰다. 서울시는 2012년까지 사회적 기업 1,000여 개를 만들겠다고 발표하였고(서울신문, 2010. 7. 9.), 충청남도도 2014년까지 충남형 사회적 기업 200개를 육성하고 일자리 2,000개를 창출할 것이라고 밝혔으며(대전일보, 2010. 8. 20.), 전라북도도 사회적 기업 육성 지원 조례를 10월 중으로 개정 완료하여 2014년까지 지역 밀착형 사회적 기업 100개를 육성해 일자리 2,500개를 창출할 계획이라고 발표하였다. 대구시와 경상북도도 지속적인 인구유출과 급속한 고령화에 따른 지역사회 해체로 다른 지역보다 더 큰 위기를 맞고 있다고 판단하여 사회적 기업 육성 등 지역활성화 방안 마련에 속도를 내고 있다(영남일보, 2010. 6. 18.). 그 결과 2008년 4월까지 9개였던 사회적 기업이 2010년 27개로 3배수 늘어난 데 그친 대구 · 경북의 경우에도, 대구시가 2012년까지 사회적 기업 120개 육성과 사회적 기업 육성지원 조례 제정을 추진하고 있으며, 경북의 경우에도 2012년까지 사회적 기업 120개를 육성하겠다는 방침이다.

「사회적기업육성법」 제정 이후 비교적 짧은 시간 동안 전국적 차원에서 일자리 창출 사업으로 추진되던 사회적 기업 육성에 지방정부들이 참여하면서 지역경제 활성화와 지역사회의 실업 문제를 해결하는 방향으로 전환되는 국면에 접어들고 있다.

2 경영컨설팅은 총 3년, 세제지원은 4년, 재정지원 중 일자리 창출 사업과 전문 인력 지원은 1년간 지원 후 평가를 통해 1년 연장이 가능하다.

II. 사회적 기업의 개념과 역할

본래 사회적 기업이란 용어는 1981년 Spreckley가 사회적 회계(social audit)를 사용하는 기업을 표현하기 위하여 처음 사용하였다고 한다. 이후 1994년 King Baudouin Foundation보고서에 사회적 기업을 '실업상태에 있는 소외집단의 노동복귀를 위한 기업 활동과 관련된 모든 시도들'이라는 의미로 사용하면서 보편화되기 시작하였다(Pearce, 2003).

그러나 아직까지 사회적 기업에 대한 통일된 정의는 없다(OECD, 1999). 사회적 기업은 "공익을 위한 민간기업"(OECD, 1999: 10), "영리 목적의 사회사업"(Dees and Anderson, 2003), "사회적 목적을 가진 기업"(Wallace, 1999) 등으로 사회적 목표달성을 위하여 상업거래를 통해 안정적인 재원을 확보하는 독립된 조직으로 정의되기도 하고, 또 다른 한편에서는 "지역사회에서 필요로 하는 재화 및 서비스를 생산하고 부족한 재원을 지역사회에 대한 지원 활동을 통해 얻고, 발생한 보편적인 이윤을 지역사회에 환원하는 기능을 갖는 조직"(Campbell, 1998), "지역사회 전체 이익보호 차원에서 사회적으로 유용한 서비스의 제공 기능을 수행하고 있는 기업형태"(Laville, 2003), "사회적 목적을 우선으로 하는 사업체로서 기업의 잉여금은 주주와 소유자의 이윤을 극대화하기 위하여 운용되기보다는 그 사업체 또는 지역사회를 위해 재투자되는 기업"(DTI, 2002) 등으로 지역사회와 관련지어 정의되기도 한다(문순영, 2010). 이와 같은 다양한 정의에도 불구하고 사회적 기업은 사회적 목표달성을 위한 사회적 · 경제적 목적을 가지고 상업거래를 통해 안정적인 재원을 확보하는 독립된 조직을 말하는 것으로 어느 정도 합의가 이루어진 것으로 보인다(DTI, 2001).

비록 사회적 기업이 나라와 지역마다 그 모양새가 다르고, 형태도 협동조합이나 공제조합의 형태에서 영락없는 영리기업의 형태를 띠기도 하고, 무료로 사회적 서비스를 제공하는 시민단체의 틀을 고수하기도 하는 등 다양하지만 드푸르니(Defourny, 2004)에 의하면 활동영역에 따라 크게 세 가지 유형으로 구분된다. 첫 번째 유형은 사회 및 공동체 보호 서비스 제공을 주목적으로 하는 대인 서비스 사회적 기업, 두 번째는 빈곤 및 사회적 배제의 극복을 목적으로 노동시장에서 심각한 어려움을 겪고 있는 사람들의 직업 통합에 초점을 맞추고 있는 노동통합 사회적 기업, 마지막으로 지역경제 발전에 많은 관심을 보이고 있는 지역 개발 사회적 기업 유형이다(Borzaga, C. & Defourny, J., 2001: 351~352; Defourny, J., 2004: 13~14). 이와 유사하게 김경휘 · 반정호(2006: 44~45)도 사회적 기업의 목적이나 포괄하는 대상층에 따라 사회적 기업 유형을 공공부조형(Public Assistance Type), 지역사회친화형(Local Friendly Type), 시장친화형(Market Friendly Type)으로 재정리하고, 개인 및 지역사회의 발전을 위한 역할을 담당하는 형태를 지역사회친화형으로 정의하였다. 여기서 지역사회친화형은 유럽식 사회적 기업으로서 사회적 기업이 속한 지역사회를 위한 목적을 갖고, 구성원들의 빈곤탈피뿐 아니라 그 지역사회에서 필요로 하는 재화와 서비스를 생산하는 기능을 담당한다(Social Firms Scotland, 2004). 또한 부족한 재원을 지역사회에 대한 지지적 활동을 통해 얻고, 발생한 보편적인 이익을 다시 지역사회에 환원하는 기능을 수행한다(Campbell, 1998). 이 형태는 빈곤자 및 저소득층뿐만 아니라 그들이 속해 있는 지역사회의 문제를 함께 해결할 수 있는 장점을 갖는다.

결국 위에서 살펴본 사회적 기업의 정의와 형태, 유형에서 나타나는 사회적 기업의 역할 혹은 기능은 다음과 같이 세 가지 정도로 요약될 수 있다.

첫째, 복지제도의 기능이다. 사회적 기업을 통한 사회서비스의 제공은 일정 수준에서 복지 제도의 역할을 수행할 수 있다. 전통적인 복지국가와 영리기업은 사회서비스를 제공하는 경우 많은 한계를 보인다. 정부 기관이 모든 사회서비스를 제공하는 전통적인 복지국가는 정부의 재정 부담을 악화시킬 수 있으며 영리기업은 사회적 서비스 부문의 낮은 수익성으로 인해 소극적인 입장을 보인다. 이에 비해 사회적 기업은 사회에서 부의 재분배 효과를 추구할 수 있으며, 정부의 정책이 담당하지 못하는 사회적 욕구를 가진 한계집단의 수요를 위한 사회서비스를 제공할 수 있다. 또한 사회적 기업은 국가와 기업의 지원, 지역사회의 기부, 자원 봉사를 통해 자원과 서비스를 마련하여 저소득층, 취약계층에게 무료로 또는 서렴하게 서비스를 제공할 수 있다.

둘째, 우리나라가 사회적 기업을 육성하게 된 계기를 만든 고용 창출의 기능이다. 사회적 기업은 전통적인 비영리조직과 달리 사회적 기업가의 역할을 강조하기 때문에 부의 재분배 기능과 함께 새로운 고용 기회의 확대를 위해 긍정적 역할을 수행한다. 특히 영리기업이 고용할 가능성이 거의 없는 범죄자, 마약중독자, 장애인 등의 근로 집단을 채용하는 사회적 기업은 새로운 고용을 창출할 수 있다. 노동 통합의 기능을 가진 사회적 기업은 취약 계층의 고용을 통해 노동 보호, 사회보장의 기능성을 높일 수 있다. 사회서비스를 제공하는 사회적 기업은 장기적으로 고용 창출의 가능성이 높은 서비스 경제의 역동성을 강화하여 지속적인 고용 가능성의 기반을 강화할 수 있다. 이러한 기능은 우리나라에서 다른 어떤 기능보다 강조되고 있다.

셋째, 사회통합의 강화이다. 사회적 기업은 사회서비스의 제공 이외에도 환경의 개선, 문화, 교통 등 다양한 사업을 통해 지역사회의 통합에 기여할 수 있다. 이와 같이 사회적 기업은 지역사회에 기반을 두고 자원봉사와 시민 참여를 통해 사회적 연대와 상호부조를 강조하여 사회적 신뢰를 강화하고, 사회통합을 위한 사회적 자본을 창출한다.[3]

III. 한국 사회적 기업의 고용 규모와 일자리의 질

우리나라 사회적 기업의 형태는 등장배경에서 설명되었듯이 '일자리 제공형'

3 임혁백 · 김윤태 · 김철주 · 박찬웅 · 고형면, 사회적 경제와 사회적 기업, 송정문화사, 2007.

이 가장 많다. 사회적 기업들의 인증 회차에 따른 목적별 유형들의 추이를 살펴보면, 2007년「사회적기업육성법」 시행 초기 56개의 사회적 기업들 중 '일자리 제공형'이 16%, '사회서비스 제공형'이 13%, 이 둘의 '혼합형'이 35%, '기타' 25%였던 것에 비하여, 2008년 인증된 기관은 총 108개로 늘어났으며, 이들 중 '일자리 제공형' 33%, '사회서비스 제공형' 19%, '혼합형' 29%, '기타' 19%로 '일자리 제공형'이 2배 이상 증가하였다. 더하여 2009년 1차 인증을 받은 기관들을 포함하여 총 244개의 사회적 기업들 중에 '일자리 제공형'은 41%, '사회서비스 제공형'은 28%, '혼합형'은 32%, '기타'는 16%로 '일자리 제공형'이 가장 빠른 증가세를 보이고 있다(박가열 외, 2009: 29~32).

이들 사회적 기업이 창출하는 고용 규모를 살펴보면, 2007년 52개의 사회적 기업에서 2,349명의 유급근로자를 고용하였고, 2008년 166개 기관에서 총 4,216명을 고용하였다. 2009년 1차 인증기관 34개소에서 663명이 고용되어 인증 받는 기관 수의 증가에 비례하여 총 고용 규모도 증가하고 있다. 그러나 사회적 기업 평균 고용 근로자 수는 점차 줄어들고 있다. 2007년에 평균 유급고용 근로자 수가 45명이었던 것에 비해, 2008년에는 25.4명이었고, 2009년 1차 인증기관들의 평균 유급 근로자 수는 19명이었다. 이는 새로 인증 받는 사회적 기업들이 영세하다는 의미이다. 사회적 기업의 고용 분포에 따른 사회적 기업 분포를 살펴보면 이러한 특성은 더욱 명확해진다. 2008년까지 인증 받은 사회적 기업 252개를 대상으로 한 사회적 기업 성과분석 자료에 의하면, '10인 이상~20인 미만'을 고용한 사회적 기업이 32.1%로 가장 많았고, '5인 이상~10인 미만'이 17.1%로 그다음, '20인 이상~30인 미만'이 15.5%로 총 30인 미만의 영세사업장이 68.7%에 이르는 것으로 나타났다(곽선화, 2009).

사회적 기업의 고용 구조를 들여다보면, 약 2/3에 해당하는 사람들이 지역사회 내의 취약계층이다. 2010년 8월 말 현재 대구 · 경북의 사회적 기업 27개소에서 고용하고 있는 총 인원은 563명이었으며, 이들 중 청년실업자를 포함한 일반인의 비율은 32%였다. 나머지 68%는 저소득층, 고령자 및 노인, 장애인, 다문화 가족 여성, 경력 단절 여성이나 장기실업자, 새터민 등이었다(문순영, 2010). 따라서 사회적 기업은 일단 일사리를 찾기 힘든 사회 취약계층들을 고용하는 효과를 나타낸다고 볼 수 있다. 그러나 이러한 일자리가 소규모이긴 하지만 지속적으로 일자리 창출의 기제로 확대되기 위해서는 사회적 기업에서의 고용이 안정적이며, 적정하고 생활 가능한 임금, 작업장의 안정성, 직업 교육 등이 제공될 뿐만 아니라 사회보험제도가 적용되는 등 일자리의 질이 보장되어야 한다. 그 여부에 따라서 사회적 기업의 성과와 영향력의 의미가 달리 평가될 것이다.

아직까지 우리나라의 사회적 기업 역사가 짧아서 일자리의 질에 대하여 단정적으로 논하기는 어렵지만, 그래도 현재 인증 · 설립되어 있는 사회적 기업의 일자리 질을 고용안정성, 임금, 사회보험, 작업환경, 교육훈련 등의 분야에서 나누어 살펴보면 첫째, 고용안정성 측면은 사회적 일자리나 비정규근로직보다는 점차 나아지고 있었다. 한국노동연구소의 사회적 기업 종사자 노동실태연구(2009)에 따르면 사회적 기업 종사자들의 93.3%가 주 40시간의 법정 노동시간을 일하고 있는 것으로 나타났고, 이는 2008년 전 산업 주당 평균 근로시간 39.5시간과 별 차이가 없었다. 또한 고용형태의 경우 응답 근로자 855명 중 정규직은 27.2%로 228명에 불과하였고, 72.7%(116명)가 비정규직이라고 답하였지만, 특별한 사정이 없는 한 재계약으로 이어지는 경우가 78.6%여서 고용에 안정을 느끼고 있는 것으로 답하였다.

둘째, 사회적 기업 임금의 경우, 동 조사에서 정규직 평균임금은 123만 8천 원, 비정규직 평균임금은 88만 9천 원으로 나타났는데, 2008년 최저임금 78만 7천 원과 비교하면 정규직은 약 45만 원, 비정규직은 약 10만 원 더 높았다. 그러나 일반 산업의 임금과 비교하면 같은 해 전체 산업의 월평균임금은 260만 원, 사회서비스업은 255만 원, 보건 · 사회복지도 255만 원이어서 사회적 기업 임금이 이들의 절반에도 미치지 못했다.

셋째, 사회보험 적용률은 같은 조사에서 정규직 68.3%, 비정규직 71~72%로 나타나서 사회적 기업 종사자의 1/3가량은 사회보험 혜택을 받지 못하는 것으로 확인되었다.

넷째, 같은 조사에 따르면 사회적 기업의 산재율이 일반 사업장보다 높게 나타났다. 사회적 기업의 산재율은 0.44%로 전체 일반 사업장 0.05%보다 0.39% 높았다. 이는 사회적 기업 대부분이 규모가 영세하고 재정이 취약하여 안전한 작업환경을 만들 수 있는 여건이 못 되기 때문이다.

다섯째, 같은 조사의 결과에서 나타난 바에 의하면 사회적 기업 종사자 중 지난 1년 동안 본인의 업무와 관련하여 기관에서 지원되는 교육 훈련을 받은 사람은 61.2%(정규직 68.5%, 비정규직 54.8%)였다.

이와 같은 결과들을 종합해 보면, 사회적 기업은 고용안정성에 있어서는 아직은 계약직이라는 불안정한 요소가 존재하고, 임금도 최저임금을 상회하는 낮은 수준이며, 사회보험이 적용되지 않는 일자리가 1/3에 달한다. 이뿐만 아니라 작업환경의 안정성이 떨어지고 종사자의 약 1/3이 교육훈련을 받지 못하고 있어, 향후 사회적 기업이 괜찮은 일자리를 제공하는 기업으로 자리매김하고 우리 사회의 실업과 일자리 문제를 해결하기 위해서는 고용의 질을 개선하는 데 더욱 노력을 기울여야 할 것으로 보인다.

IV. 결론: 나눔 기업의 발전을 위하여

결국 우리나라에서 사회적 기업은 저소득층이나 장애인 등 사회적 약자에게 일자리를 제공해 실업률을 줄이고 이들이 사회의 건강한 일원으로 살아갈 수 있도록 돕고 있다. 자선봉사 단체와 다른 점은 기업인 만큼 영속성을 위해 영리를 목적으로 하고 발생한 이익은 더 많은 일자리를 만들어 사람들을 돕는 데 쓰인다는 것이다. 따라서 이익 창출이 절실하기 때문에 미국, 유럽 등 선진국의 사회적 기업들은 대기업 후원 외에 외부 펀드 투자 등 다양한 자금 확보책을 마련해 자생적 사업 모델을 가져간다. 그러나 국내의 경우 사회적 기업의 자생력이 약하다 보니 여러 가지 제약이 따른다. 이를 극복하기 위해서는 다양한 사회세력들의 협력이 필요하다. 현재와 같이 정부가 몇 년간 인건비를 지원하고 지자체 등을 통해 사무실 정도를 제공해 주는 주변적인 노력만 가지고서는 사업에 성공할 수 없다. 또한 인적 · 물적 자원과 경영전문성을 보유한 기업들의 사회공헌 차원에서의 참여가 중요하다. 물론 이미 삼성, 현대 · 기아자동차, SK, 포스코 등 일부 대기업들이 나눔 기업으로 나서 사회적 기업을 적극 후원하고 있다. 이들 대기업은 직접 사회적 기업을 만들거나 후원하는 등 사실상 일자리를 만들고 이익을 나누는 행위에 참여하고 있다. 취약계층에게 일자리를 제공하고 있는 사회적 기업이 지속가능하게 발전하기 위해서는 안정적 수익기반의 확보와 직업능력 및 파생 수익사업 개발 등이 필수적이다. 그러나 현재 사회적 기업은 사업기획이나 전략은 물론 조직관리, 마케팅 또는 판로 개척 등 사업현장에서 실질적인 도움을 줄 수 있는 전문 기업이나 네트워크가 전무하다고 해도 과언이 아니다. 따라서 이러한 조건에서 사회적 기업의 성공을 기대하는 것은 낙타가 바늘구멍 들어가는 것보다 어려울 수 있으므로 이미 시장에서 성공한 대기업이나 기업들의 노하우, 자원의 나눔이 연결되어야 한다.

사회적 기업의 성패에서 또 하나 중요한 요인은 사회적 기업가 정신을 발휘할 인력의 확보이다. 사회적 기업의 입장에서 본다면, 사회적 기업은 시장실패 영역과 비영리조직 실패 영역의 문제점을 모두 해결해야 하기 때문에 '혁신'에 대한 필요성이 더욱 요구된다. 그리고 이러한 혁신은 '혁신적 아이디어'의 적용을 통해서만 가능하다. 왜냐하면 사회적 기업에게는 기술과 돈, 사람 등이 모두 부족하기 때문에 아이디어에 있어서의 혁신이 없다면 눈앞에 놓인 높은 벽을 넘을 수 없다. 따라서 사회적 기업에 있어서 사회적 문제 해결과 경제적 제약 극복을 동시에 할 수 있는 '혁신적 · 창조적 비즈니스 모델'의 구축은 다른 어떠한 기준보다 중요하다. 따라서 시민운동가로서의 문제 분석과 대안 제시 능력뿐 아니라 사업 개발 및 자원네트워크를 활용한 리스크 관리 능력을 갖추고, 혁신적 아이디어를 낼 수 있는 능력 있는 사회적 기업가가 발굴 양성되어야 한다.

참고문헌

곽선화, 「2008 사회적 기업 성과분석」, 노동부, 2009.

김경휘 · 반정호, 「한국 상황에서의 사회적 기업의 개념과 유형에 관한 소고」, 『노동정책연구』 6(4): 31-54, 2006.

노동부, 『2007, 2008, 2009 회계연도 예산 · 기금 운영계획 개요』

문순영, 「돌봄노동 일자리의 일자리 질(quality of job)에 대한 탐색적 연구」, 『사회복지정책』 33: 207-237, 2008.

______, 「대구 · 경북 사회적 기업들의 지역사회와의 관계에 관한 연구: 지역밀착성을 중심으로」, 『사회과학연구』 26(4): 147-173, 2010.

한계레경제연구소, 『새로운 미래 사회적기업: 사회적기업가 정신과 경영사례전략』, 2008.

한국노동사회연구소, 『사회적기업 종사자 노동실태 연구』, 2009.

한국노동연구원, 『제1차 사회적기업 육성 기본계획 수립을 위한 공청회』, 2008.

한국조세연구원, 『사회적일자리창출사업의 성인지적 평가』, 2009.

Borzaga, C., Defourney, J.(ed.), *The Emergence of Social Enterprise*, London: Routledge, 2001.

Campbell, M., *The Third System Employment and Local Development-Volume 1 Synthsis Report*, Policy Research Institute, 1998.

Dees J. G. and B. B. Anderson, "For-Profit Social Ventures", In *Social Enterpreneurship*, (eds), M. L. Kourilsky and W. B. Walstad Binningham, UK: Senate Hall Academic Publishing, 2003.

Defourny, J. & Nyssens, M., "Defining Social Enterprise", *Social Enterprise*, London: Routledge, 2006.

Defourny, J., "Social Enterprise in an Enlarged Europe: concept and realities", Social Conference on Social Economy in the Central and Easteneuropean Country, Krakow: Poland, 27-28, 2004.(http://www.emes.net/fileadmin/emes/PDF_files/Articles/Defourny//Defourny_Soc.ent.CEE.3.06.pdf)

Defourny, J., "Introdution:from the Third Sector to Social Enterprise", Borzaga, C. and Defourney, J. eds., *The Emergence of Social Enterprise*, Routelege, 2001.

DTI, *Social Enterprise:A Strategy for Success*, 2002.

Jencks, C., L. Perman, and L. Rainwater, "What is a Good Job? A New Measure of Labor-Market Success", in *American Journal of Sociology* 93(6): 1322-1357, 1989.

OECD, OECD Employment Outlook: Towards More and Better Jobs, 2003.

Pearce, J., Social Enterprise in Anytown, London: Calouste Gulbenkian Foundation, 2003.

| 제2부 |

우리 안의 그들을 생각하며

다섯 번째 강의

세계시민 의식

한국의 다문화가족 통합정책과 거버넌스

설동훈 전북대학교 사회학과 교수

I. 이민 현황과 정책

한국은 2005년까지는 해외로 떠난 한국인 수가 한국으로 온 외국인 수보다 많은 '순유출국'이었으나, 2006년 이후 역전되어 '순유입국'이 되었다. 수많은 한국인이 삶의 기회를 좇아 미국 · 중국을 비롯한 세계 각국으로 진출하지만, 그보다 많은 수의 외국인들이 한국에 와서 삶의 터전을 마련하고 있다. 국내에 거주하는 외국인 수가 늘어나면서 동질적 종족 구성을 유지했던 한국사회는 급격히 다종족 · 다문화사회로 그 모습을 바꾸어 왔다(Seol, 2010).

동질적 사회가 이질적 문화를 아우르는 다문화사회로 바뀐 직접적 원인은 이민자의 유입에서 찾을 수 있다. 1980년대 후반부터 이주노동자가 들어왔고, 1990년대 초부터는 결혼이민자가 그 대열에 합류하였으며, 2000년 무렵부터는 외국인 유학생의 수도 크게 증가해 왔다. 외국인 주민이라고는 19세기 말부터 이 땅에 존재해 왔던 화교밖에 없던 나라에 다양한 이민자 집단이 유입됨에 따라 한국사회는 그 성격이 바뀌었다.

외국인 주민 구성을 자세히 살펴보면, 2011년 기준 약 120만 명에 달하는 외국계 주민 중 20만 명 정도만 정착이민자고, 나머지는 교체순환원칙에 기초하여 받아들인 외국인근로자이거나 유학생 등 일시 체류자다. 한국정부는 일정 기간 경과 후 귀국할 이주노동자와 유학생과는 달리, 한국 땅에 정착할 것이 확실한 결혼이민자에 대한 특단의 대책을 서둘러 마련하였다. 다문화가족지원법의 제2조(정의)에서는 다문화가족과 결혼이민자를 다음과 같이 규정한다.[1]

1. "다문화가족"이란 다음 각 목의 어느 하나에 해당하는 가족을 말한다.
   가. '재한외국인 처우 기본법' 제2조 제3호의 결혼이민자와 '국적법' 제2조부터 제4조까지의 규정에 따라 대한민국 국적을 취득한 자로 이루어진 가족
   나. '국적법' 제3조 및 제4조에 따라 대한민국 국적을 취득한 자와 같은 법 제2조부터 제4조까지의 규정에 따라 대한민국 국적을 취득한 자로 이루어진 가족
2. "결혼이민자 등"이란 다문화가족의 구성원으로서 다음 각 목의 어느 하나에 해당하는 자를 말한다.
   가. '재한외국인 처우 기본법' 제2조 제3호의 결혼이민자
   나. '국적법' 제4조에 따라 귀화허가를 받은 자

'외국 국적 결혼이민자', '한국 국적 혼인귀화자', '외국계 주민의 미성년 자녀', '결혼이민자의 배우자 등'을 아울러 다문화가족으로 파악할 수 있다. 〈표 5-1〉은 그 기준을 적용하여 다문화가족 인구를 파악한 것이다. 2011년 1월 1일 기준 다

1 2011년 4월 4일 개정되어 같은 해 10월 5일부터 시행된 개정법의 조문이다.

문화가족 인구는 574,070명인데, 결혼이민자 등 211,458명, 결혼이민자의 배우자 등 가족 211,458명, 결혼이민자의 자녀 151,154명으로 구성된다. 다문화가족의 구성원 중 '외국계 주민의 자녀'와 '결혼이민자의 배우자 등'은 한국인으로, 외국인도 아니고 이민자도 아니다. 그러한 점에 한국의 다문화가족 개념에는 다른 나라에서는 보기 힘든 독특한 성격이 존재한다.

〈표 5-1〉 한국의 다문화가족 인구(2006~2011년)

(단위: 명, %)

구분	2006년	2007년	2008년	2009년	2010년	2011년
다문화가족 인구	216,174	298,168	346,777	441,869	485,277	574,070
총인구 중 비율	0.4	0.6	0.7	0.9	1.0	1.1
결혼이민자	95,464	126,955	144,385	167,090	181,671	211,458
외국 국적	65,243	87,964	102,713	125,673	125,087	141,654
한국 국적	30,221	38,991	41,672	41,417	56,584	69,804
자녀(미성년자)	25,246	44,258	58,007	107,689	121,935	151,154
외국인 부모	-	-	-	4,205	6,971	9,621
외국인-한국인 부모	25,246	44,258	58,007	88,485	98,531	126,317
한국인 부모	-	-	-	14,999	16,433	15,216

주: 1) 조사기준시점은 2006~2009년은 5월 1일 0시고, 2010~2011년은 1월 1일 0시다.
2) 다문화가족 인구는 '결혼이민자(혼인귀화자 포함)와 그 가족'이라는 다문화가족지원법 상의 정의를 고려하여, 결혼이민자와 같은 수의 한국인 배우자가 있는 것으로 가정하여 산출한 값이다.
3) 2006년 한국 국적 결혼이민자 수는 추정 값이다.
출처: 행정자치부(행정안전부의 각 연도 자료를 이용하여 필자 설동훈이 계산한 것임)

한국에서 독특한 다문화가족 개념이 자리 잡은 것은 '결혼이민자'의 성격이 다른 나라와 다르기 때문이다. 한국에서는 2000년대 이후 국제결혼이 부쩍 늘어났는데, 그것은 국제결혼중개업체에서 국제결혼 희망자를 모집하여 단체관광식으로 외국에 건너가 집단 맞선-결혼을 알선하고 있는 것과 관련이 있다. 그러한 유형의 국제결혼은 대만 · 일본 · 중국 등 동아시아 나라들에서 광범위하게 시행되고 있지만, 유럽이나 미주 등지에서는 보기 힘든 현상이다. 유럽, 미주의 '가족이민'은 시민권자 또는 영주권자들이 본국의 가족을 초청하는 형태가 주류를 이룬다면, 아시아의 결혼이민은 외국으로 건너가 결혼하여 배우자만 데리고 오는 형태가 대부분이다. 물론, 유럽이나 미주 국가 등에서도 한국사회와 유사한 형태의 결혼이 이루어지기는 하지만 그 수가 매우 적다. 그 나라 정부에서는 이민자 가족에 대해서는 정책적으로 관심을 기울이지만, '자국인과 외국인 부부'로 이루어진 다문화가족에 대해서는 특별한 정책을 취하지 않는다. '가족 탄력성(family resilience)'에 의해, 결혼이민자들이 현지 사회에 성공적으로 적응하고 있기 때문이다. 달리 말해, 서구 선진국에서는 가족이 결혼이민자를 통합하는 데 핵심적인 역할을 수행한다.

한국사회의 현실은 어떠한가? 외국인 부부 가족은 극히 드물고, 다문화가족이 압도적 다수를 차지한다. 외국과 마찬가지로, 외국출신 부부 가족보다는 다문화가족의 한국사회 적응 수준이 높다. 외국에서는 자국인의 배우자를 취업과 복지 등 모든 면에서 내국인처럼 처우하지만, 한국사회에서는 그들을 이방인으로 대우한다는 점이 상이하다.

세계에서 가장 동질적인 종족 구성을 유지하고 있는 한국인들은 자신과 결혼이민자의 특성이 약간 다르기만 해도 신기하게 여기고 특별하게 대우한다. 딱히 끄집어내어 그 차이를 부각하려는 의도가 없는 경우가 대부분이기는 하지만, '특별 처우'를 받은 당사자들은 그것을 속상해 한다. 외모나 문화 차이가 차별대우의 근거가 되며, 그것은 그 자녀들에게도 계승된다. 다문화가족 자녀들은 또래 아이들 사이에서 종종 집단 따돌림의 희생자가 되고 있다. 그러한 차별과 집단 따돌림이 지속되어 마음에 상처를 입은 결혼이민자와 다문화 아이들이 늘어난다면, 그것은 장래 한국사회의 심각한 갈등의 씨앗이 될 것이다.

한국정부는 한국사회가 발전을 구가하는 한 필연적으로 맞이할 수밖에 없는 구조적 변화 추세로 '다문화사회의 도래'를 이해한다. 그래서 다문화사회를 적극적으로 만들어 나가면서 사회문제를 미연에 방지하려는 정책을 추진하고 있다. 국회에서는 재한외국인처우기본법, 다문화가족지원법 등 국내 외국인 또는 이민자를 지원하기 위한 법률을 제정해 정부 정책의 법적 근거를 마련했다. 한국정부는 과거 경제개발 5개년 계획 또는 경제사회발전 5개년 계획을 수립 · 추진한 것과 마찬가지 방식으로 다문화사회로 성공적으로 이행하기 위한 5개년 계획을 마련해 실행에 옮기고 있다. 정부는 2008년 12월 17일 외국인정책위원회를 개최하여, '재한외국인 처우 기본법'에 따라 수립되는 외국인정책에 관한 5년 단위 국가계획인 '제1차 외국인정책 기본계획'(2008~2012)을 심의 · 확정하였다.[2] 또한 정부는 다문화가족 관련 정책을 총괄 · 조정하기 위하여 2009년 12월에 '다문화가족정책위원회'를 구성하고, 2010년 5월 7일에 열린 제2차 다문화가족정책위원회에서는 '다문화가족정책기본계획'(2010~2012)을 논의 · 확정하였다.[3]

정부 주도 다문화사회 이행 정책을 활발히 추진하다 보니, 정부와 지방자치단체뿐 아니라 기업 · 언론 · 학교 · 종교기관 · 사회단체 등 시민사회의 참여도 활발하다. 그렇지만 한국인이 외국인 · 이민자를 대하는 태도는 별로 달라지지 않았다. 2009년 5월 교육방송 다큐프라임 '인간의 두 얼굴' 시즌2 제2부 '아름다운 세상'에서는 서울 강남역 근처 가두에서 서양인과 동남아시아인 각각 한 사람이 행인에게 길을 묻는 실험 영상을 보여 주었다. 한국인들은 서양인에게는 한없이 친절했지만, 동남아시아인의 요청은 거부하거나 외면했다. 그 실험은 일부 한국인이 깊숙이 간직하고 있는 심리를 보여 주었다. 한국인들 중 일부는 외국인 · 이민자의 겉모습을 근거로 선진국과 저개발국, 백인과 유색인, 전문직과 생산직 종사자, 부유층과 빈곤층 등으로 사람을 구분해 달리 처우한다.

2 '외국인과 함께하는 세계 일류국가'를 외국인정책의 비전으로 정하고, 4대 목표와 13대 중점과제를 설정하여 추진하고 있다. http://multiculture.dibrary.net/posts/list/202/40/6949/ko_KR.do?topics_per_page=10

3 '열린 다문화사회로 성숙한 세계국가 구현'을 다문화가족 지원정책의 비전으로 설정하고, '다문화가족의 삶의 질 향상 및 안정적인 정착 지원'과 '다문화가족 자녀에 대한 지원 강화 및 글로벌인재 육성'을 목표로 추구한다. 다문화가족에 대한 지원을 강화하고, 결혼 및 입국과정을 엄격히 관리하는 것이 핵심 내용이다. http://multiculture.dibrary.net/html_contents/htmls/2010_ko_KR/2010m_mp000002.html

〈표 5-2〉 한국의 이민 현황, 2000~2009년

이민 유량(migration flows; 외국인) 나라별 정의(주민 천 명당 인원)	2000	2005	2008	2009	평균 2000–2004	평균 2005–2009	단위(천 명)
이입	3.9	5.5	6.4	5.0	3.8	6.0	242.8
이출	1.9	5.5	4.4	4.8	2.6	4.4	236.4

유형별 이입(외국인) 허가 기준 통계치(표준화)	(단위: 천 명) 2008	(단위: 천 명) 2009	(단위: %) 2008	(단위: %) 2009
취업	157.6	104.1	81.0	74.9
가족(가족 동반 포함)	32.8	29.8	16.8	21.4
인도적 기준	0.0	0.1	0.0	0.1
자유이동				
기타	4.2	5.1	2.2	3.6
전체	194.7	139.0	100.0	100.0

이입자 출신국 중 상위 10개
전체 이입자 중 %

단기 이민(단위: 천 명)	2005	2008	2009	평균 2005–2009
유학생	9.0	15.1	15.8	13.6
연수생	4.4	13.6	11.4	10.4
워킹 홀리데이	0.3	0.3	0.3	0.3
계절 근로자				
기업 내 전근자	8.4			8.4
기타 단기 취업자	24.7	32.6	27.2	30.7

난민 신청자 유입(주민 천 명당 인원)	2000	2005	2008	2009	평균 2000–2004	평균 2005–2009	단위(명) 2009
	0.0	0.0	0.0	0.0	0.0	0.0	324

이입 저량 (stocks of immigrants; 총인구 중 %)	2000	2005	2008	2009	평균 2000–2004	평균 2005–2009	단위(천 명) 2009
외국 출생 인구	–	–	–	–	–	–	–
외국인 인구	0.4	1.1	1.8	1.9	0.7	1.6	921

귀화(외국인 인구 중 %)	2000	2005	2008	2009	평균 2000–2004	평균 2005–2009	단위(명) 2009
	–	3.3	1.7	–	–	–	–

거시경제지표	2000	2005	2008	2009	평균 2000–2004	평균 2005–2009	단위(명) 2009
실질GDP(연평균 증가율 %; 미국 달러)	8.8	4.0	2.3	0.2	5.5	3.3	
1인당GDP(연평균 증가율 %; 미국 달러)	7.9	3.7	2.0	–0.1	4.8	3.0	23,407
취업자 수(연평균 증가율 %; 천 명)	4.3	1.3	0.6	–0.3	2.2	0.8	23,506
실업률(노동력 중 %)	4.4	3.7	3.2	3.6	3.8	3.4	

출처: OECD, 2011: 297

2009년 7월 10일 서울의 시내버스 안에서 술 취한 한 한국인 남성이 인도인 남성에게 더럽고 냄새난다고 모욕하며 욕설을 퍼부은 사건이 발생했다. 그는 형법상 모욕죄 혐의로 약식 기소되어 벌금형을 선고받았다. 2011년 9월 25일 부산의 한 사우나 업주와 종업원은 우즈베키스탄계 한국인 주부의 외모가 다른 한국인과 다르다는 점을 근거로 업소 입장을 거부하였다. "에이즈에 걸렸을 수 있는 '외국인 여성'은 받지 않는다."는 게 그 이유였다. 그 두 사건의 피해자는 각각 전문직 종사자, 귀화 한국인이었지만 인도와 우즈베키스탄이라는 저개발국 사람의 외모를 갖고 있었기 때문에 그러한 봉변을 당했다. 한마디로 말해, 한국사회는 경제발전과 민주화를 이루었지만, 문화적 다양성에 대한 한국인의 태도는 '은둔 왕국' 시절의 그것과 거의 변화가 없다. 여러 나라 · 종족 출신 사람들이 유입되는 인구학적 변동에 따라 나라의 외관이 변화하는 상황에서 '문화적 시대착오' 현상이 끊임없이 발생하고 있다.

한국사회 내부에서는 한국사회가 '역동적 한국: 아시아의 허브(Dynamic Korea: Hub of Asia)'를 지향해야 한다는 주장이 인기를 끌고 있다. 물류 허브, 재정 허브, 동북아시아 허브 등 한국이 맡기를 바라는 여러 가지 허브에 대한 담론이 있다. 허브라는 표현이 단지 정책의 목표를 가리키는 게 아니라 현실을 기술하는 의미를 담고 있다면, 현재의 한국은 갈 길이 한참 멀다. 국제학교, 영어 사용자가 접근할 수 있는 의료 서비스나 정부 서비스 등, 수많은 외국인이 몰려올 경우 필수적으로 제공되어야 할 사회적 기반구조가 빈약하다. 시설과 제도 등 하드웨어 문제는 대규모 투자가 동반될 경우 단기간에 그 문제점을 개선할 수 있다. 그렇지만 다문화사회에서 통용할 수 있는 문화적 도구가 빈약하다는 점은 쉽게 극복하기 힘든 장애물이다. '한국사회에서 한국인과 외국인의 공존'이라는 개념은 한국인이 갖고 있는 집합 정서의 근원까지 들어와 자리 잡지 못하고 있다. 한국사회에 있는 외국인근로자의 대다수는 "어렵고 지저분하며 위험한 일"에 종사하는 저숙련근로자이고, 극소수의 전문직 종사자조차 학원에서 어린이들에게 영어와 중국어 등 외국어를 가르치는 강사들로 채워져 있다. 한국인 대학생들은 같은 대학에 다니는 유학생들과 교류를 하지 않은 채 지내고, 결혼이민자 부부들도 유사한 처지의 사람들과 교류하기보다는 전통적 가족의 틀 안에 안주하는 경향이 강하다.

한국정부 역시 '한국인의 배우자'(결혼이민자)의 사회통합을 우선적으로 지원하고, 다른 외국인은 적극적 사회통합의 대상으로 설정하지 않고 있다. 영주권자조차도 공공부조제도는 적용하지 않는 게 그 단적인 현실이다.

그렇지만 한국정부가 추진하고 있는 '외국인 · 이민자 사회통합정책'이 '외국인의 한국사회 정착 지원'과 '한국인의 외국인에 대한 폐쇄적 태도의 극복'을 동시에 추구하고 있음을 고려하면, 미래조차 암울한 것으로 볼 수는 없다. '경제 발전'과 '정치적 민주화'를 달성한 한국사회가 '사회적 다양성이 존중되어 문화적으로 풍요롭고 살기 좋은 나라'로 한 단계 더 업그레이드하기 위해서는, '사회적 소수자와의 공존'이 한국인의 기본자세로 자리 잡아야 함을 분명히 지적하고 있다. 한국인의 태도를 어떻게 바꾸는가가 관건이다.

II. 결혼이민자의 법적 지위

출입국관리법령에 의하면, 외국에서 생활하는 '한국인의 배우자'는 '결혼이민'(F-6) 사증을 발급받을 수 있다.[4] 베트남, 필리핀 등에 거주하는 외국인이 한

4 출입국관리법시행령에서는 '국민 또는 영주(F-5)자격을 가지고 있는 자의 배우자 및 그의 미성년 자녀' 또는 '국민과 혼인관계(사실상의 혼인관계를 포함한다)에서 출생한 자와 그를 양육하고 있는 부 또는 모로서 법무부장관이 인정하는 자' 등에게 '거주' 사증을 발급할 수 있음을 규정하고 있다. 2011년 10월 25일 국무회의를 통과한 '출입국관리법시행령' 일부개정법령에는 기존에 통용되던 '국민의 배우자' 대신 폭넓은 범위를 수용하기 위하여 '결혼이민'(F-6) 체류자격을 신설한다는 내용이 있다. '결혼이민' 체류자격은 ① 국민의 배우자, ② 국민과 혼인관계(사실상의 혼인관계를 포함)에서 출생한 미성년 자녀를 양육하는 부 또는 모로서 법무부장관이 인정하는 사람, ③ 국민인 배우자와 혼인한 상태로 국내에 체류하던 중 그 배우

국인과 결혼할 경우, 그 부부는 다음과 같은 서류를 재외 한국공관에 제출해야 한다.

- 양국의 결혼증명서
- 혼인당사자의 범죄경력증명서
- 한국인 배우자의 초청장
- 한국인 배우자의 신원보증서
- 한국인 배우자의 재정입증 관련 서류
- 한국인 배우자의 신용정보조회서
- 혼인당사자의 건강진단서
- 국제결혼 프로그램 이수증(한국인 배우자)
- 기타 혼인관계 입증자료

재외공관장은 한국인의 배우자에게 '거주' 항목의 '유효기간 90일의 단수사증'을 발급한다. 한국인의 배우자는 사증 발급일로부터 3개월 이내 1회에 한하여 한국으로 입국할 수 있다. 그는 한국 입국 후 90일 이내에 '결혼이민'(F-6) 체류자격으로 외국인등록을 해야 한다. 국민의 배우자 체류자격으로 외국인등록을 한 경우 출국한 날로부터 1년 이내 입국하고자 하는 경우에는 재입국 허가가 면제되고, 출국한 날로부터 1년 이후 2년 이내 입국하고자 하고자 하는 경우에는 당사자의 신청에 의하여 복수재입국 허가를 발급받을 수 있다. 그 경우 그 허가기간은 최장 2년, 체류기간 범위 내에서 부여한다.

자의 사망이나 실종, 그 밖에 자신에게 책임이 없는 사유로 정상적인 혼인관계를 유지할 수 없는 사람으로서 법무부장관이 인정하는 사람에게 발급된다. 그 이전에는 '거주'(F-2) 사증이 발급되었다. 세부항목은 '국민의 배우자'(F-2-1)였다.

'결혼이민' 사증을 가진 외국인은 재한외국인처우기본법, 다문화가족지원법 등에 의한 사회통합프로그램의 대상이 된다. 또한 그가 한국인 자녀와의 사이에서 태어난 미성년 자녀를 양육하면서 해당 요건을 충족할 경우 '국민기초생활보장법'의 적용을 받을 수 있다.

'결혼이민' 체류자격으로 외국인 등록이 된 상태로 한국에 2년 이상 거주했을 경우 '영주'(F-5) 사증을 신청할 수 있다. 2년 거주요건은 외국인 등록이 된 상태로 한국에 체류한 기간을 통산한다. 일정요건을 갖춘 영주자격 소지자는 '공직선거법', '주민투표법', '주민소환에 관한 법률' 등을 통해 주민(住民)으로서의 자치권을 가진다.[5] '출입국관리법 제10조에 따른 영주 체류자격 취득일 후 3년이 경과한 외국인으로서 같은 법 제34조에 따라 해당 지방자치단체의 외국인등록대장에 올라 있는 사람'은 '지방선거의 선거권자'가 될 수 있다. 외국인 영주자를 '주민'으로 인정하여 선거권과 주민투표권 및 주민소환권을 부여한 나라는 한국이 아시아 최초다. 그것은 외국인 차별 금지라는 대원칙을 실천에 옮긴 선진적 정책으로 평가된다.

한편, 대한민국 국적을 취득한 사실이 없는 외국인은 귀화 허가를 받아 대한민국 국적을 취득할 수 있다. '국적법'에 의하면, 귀화는 일반귀화 · 간이귀화 · 특별귀화가 있는데, 대한민국 국민인 배우자와 적법하게 혼인신고를 한 외국인의 경우 간이귀화를 통해 보다 쉽게 대한민국 국적을 취득할 수 있다. 일반귀화는 최소 '5년'의 거주 요건이 필요하지만, 간이귀화는 '2년 거주, 또는 혼인 후 3년 경과 1년 거주'로 거주 요건이 훨씬 짧다('국적법' 제5조 제1호, 제6조 제2항). 대한민국 국민인 배우자와 혼인신고를 하고 정상적인 결혼생활을 하고 있는 외국인이 간이귀화 허가를 신청하려면 귀화허가 신청서('국적법 시행규칙' 별지 제2호 서식)에

5 한국의 출입국관리법 제17조 ②는 "대한민국에 체류하는 외국인은 정치활동을 하여서는 아니된다."라고 규정하여 외국인의 참정권을 인정하지 않는다. 그러나 주민자치권은 다르다.

다음 서류를 첨부해서 출입국관리사무소장 또는 출입국관리사무소 출장소장에게 제출하여야 한다('국적법 시행령' 제3조, '국적법 시행규칙' 제3조 제2항 및 '국적업무 처리지침').

- 외국인임을 증명하는 서류
- 본인 또는 생계를 같이하는 가족이 독립하여 생계를 유지할 능력을 갖추고 있음을 증명하는 서류로서 다음의 어느 하나에 해당하는 서류: ① 본인 또는 생계를 같이하는 가족 명의의 3천만 원 이상의 예금잔고증명, ② 3천만 원 이상에 해당하는 부동산등기부 등본 또는 부동산전세계약서 사본, ③ 재직증명서, ④ 취업예정사실증명서
- 대한민국 배우자의 가족관계기록사항에 관한 증명서. 다만, 외국에서 혼인하고 대한민국 국민인 배우자의 가족관계등록부에 혼인사실이 기재되어 있지 않은 경우에는 혼인한 사실을 증명하는 서류를 대신 제출할 수 있다.
- 귀화허가의 통보('가족관계의 등록 등에 관한 법률' 제94조) 및 가족관계등록부의 작성 등에 필요한 '국적업무처리지침' 제17조에서 정하는 다음의 서류: ① 귀화 신청자의 부모, 배우자, 자녀, 혼인 또는 미혼, 입양 등의 신분사항에 관한 소명자료 각 1부, ② 귀화 신청자가 조선족인 경우 성명을 원지음이 아닌 한국식 발음으로 기재할 때 조선족임을 소명하는 중화인민공화국 발행의 공문서, ③ 귀화 신청자가 출생 월일을 새로이 특정할 경우 원국적 대사관 또는 영사관에서 발급한 증명서 등 출생 월일에 관한 소명자료, ④ 귀화 신청자가 자필로 작성한 '국적업무처리지침' 별지 제18호 서식의 가족관계통보서

III. 이민자 사회통합정책 추진체계

1. 법제

국내 외국인 또는 이민자에게 적용되는 법령은 아홉 가지 유형으로 구분할 수 있다. 첫째, 외국인의 지위를 보장하는 규정은 '대한민국헌법'에서 제공한다. '근로기준법'과 '국가인권위원회법' 등은 국적에 따른 차별 금지를 규정한다. 둘째, 외국인이 국내에서 입국하고 체류할 수 있는 자격을 규정한 '출입국관리법'과 한국인으로 귀화할 수 있는 요건을 규정한 '국적법'이 있다. '출입국관리법'은 난민인정 절차 등을 규정하고 있기도 하다. 셋째, '재한외국인처우기본법'은 국내에서 생활하는 외국인의 처우에 관한 포괄적 규정을 담고 있다. 넷째, 결혼이민자 가족을 중심으로 한 '다문화가족지원법'과 관련 법령이 있다. '결혼중개업의 관리에 관한 법률', '국민기초생활보장법', '한부모가족지원법' 등이 중요하다. 다섯째, 국내에서 취업하고 있는 생산직 이주노동자에 관한 '외국인근로자의 고용 등에 관한 법률'과 관련 법령이 있다. 여섯째, 한국인의 해외 이주, 외국 거주 재외동포, 그리고 국내 방문 재외동포에 관한 법률로 '해외이주법', '재외동포재단법', '재외동포의 출입국과 법적 지위에 관한 법률'의 세 가지가 있다. 일곱째, '초 · 중등교육법 시행령'은 불법체류자의 미성년 자녀를 포함하는 모든 이주 청소년의 교육권을 보장한다. 여덟째, 정부는 '북한이탈주민의 보호 및 정착지원에 관한 법률'을 통해 북한이탈주민의 사회통합정책을 펴고 있다. 아홉째, 주한미군은 '대한민국과 아메리카 합중국 간의 상호방위조약 제4조에 의한 시설과 구역 및 대한민국에서의 합중국 군대의 지위에 관한 협정', 즉 약칭 '한미주둔군지위협정'(SOFA: Status of Forces Agreement)에 의하여 규율된다.

그중에서 다문화가족 사회통합정책과 직접적 관련을 갖는 것은 '재한외국인처우기본법'과 '다문화가족지원법'이다. 재한외국인처우기본법은 "재한외국인에 대한 처우 등에 관한 기본적인 사항을 정함으로써 재한외국인이 대한민국 사회에 적응하여 개인의 능력을 충분히 발휘할 수 있도록 하고, 대한민국 국민과 재한외국인이 서로를 이해하고 존중하는 사회 환경을 만들어 대한민국의 발전과 사회통합에 이바지함을 목적으로" 제정되었다. 다문화가족지원법은 "다문화가족 구성원이 안정적인 가족생활을 영위할 수 있도록 함으로써 이들의 삶의 질 향상과 사회통합에 이바지함을 목적으로 한다."

2. 추진체계

한국의 다문화가족 사회통합 관련 업무는 법무부와 여성가족부가 보건복지부, 교육과학기술부, 고용노동부, 행정안전부 등과 협조 관계를 맺으며 추진한다. 행정부처 이외에 대통령 소속 사회통합위원회에서 다문화가족 현안을 다루고 있고, 기타 외국인정책위원회, 다문화가족정책위원회 등 국무총리실에 설치된 위원회에서도 정책 조정 기능을 일부 수행한다.

'대통령소속 사회통합위원회'(www.harmonykorea.go.kr; Presidential Committee on Social Inclusion)는 계층 · 이념 · 지역 · 세대 등의 갈등 완화로 사회통합을 제고하기 위해 설치된 대통령 자문 기관이다. 대통령 소속 사회통합위원회에서는 결혼이민자, 외국인노동자, 북한이탈주민 등 다양한 문화적 배경을 가진 사람들이 함께 살아가면서 발생하는 갈등 현상을 진단하고, 한국인들과 소수자 집단이 자유롭게 소통하고 함께 공존할 수 있는 방안을 마련하기 위해 노력하고 있다. 다양한 문화적 배경을 가진 사람들의 성공적인 정착 지원 방안을 마련하는 작업을 수행해 왔다.

1) 법무부

검찰, 보호처분 및 보안관찰처분의 관리와 집행, 행형, 청소년의 보호와 보호

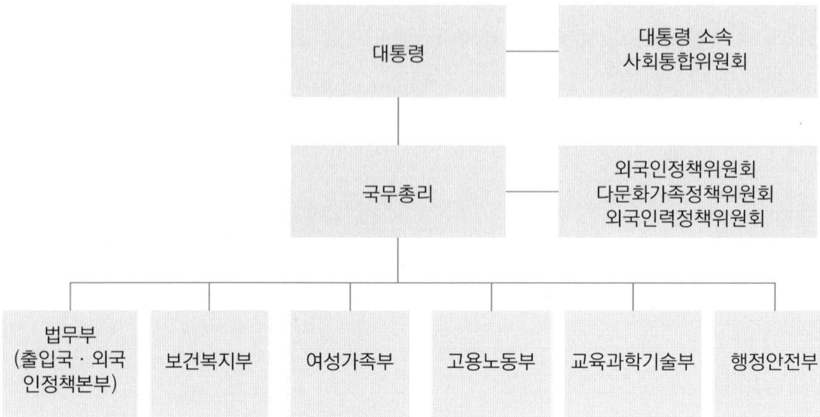

〈그림 5-1〉 한국의 이민자 사회통합정책 추진체계

관찰, 갱생보호, 국가보안사범의 보도, 사면, 인권옹호, 공증, 송무, 국적의 이탈과 회복, 귀화, 사법시험 및 군법무관 임용시험, 법조인양성제도에 관한 연구 · 개선, 법무에 관한 자료조사, 대통령 · 국무총리와 행정 각 부처의 법령에 관한 자문과 민사 · 상사 · 형사 · 행정소송 및 국가배상관계법령의 해석에 관한 사항, 출입국관리사무 기타 일반 법무행정에 관한 사무를 수행한다.

출입국 · 외국인정책본부는 법무부 내부 조직으로 내 · 외국인의 출입국관리에 대한 사무와 외국인 등록, 사회통합정책 등 외국인정책을 관장한다. 출입국 · 외국인정책본부장은 외국인정책위원회의 간사를 맡는다(재한외국인처우기본법 시행령 제10조).

외국인정책위원회는 외국인정책에 관한 주요 사항을 심의 · 조정하기 위하여 국무총리 소속으로 설치한 기관으로(재한외국인처우기본법 제8조), 외국인정책의 기본계획 수립에 관한 사항, 외국인정책의 시행계획 수립, 추진실적 및 평가결과에 관한 사항, 사회적응에 관한 주요 사항, 그 밖에 외국인정책에 관한 주요 사항을 심의 · 조정한다.[6] 국무총리가 위원장이다. 법무부에 외국인정책실무위원회를 두고, 법무부차관이 그 위원장을 맡는다.

2) 보건복지부

보건 위생과 식품 및 방역, 의정과 약정 따위의 국민 보건에 관한 사무와 의료보험 및 국민 연금, 극빈 소외 계층에 대한 지원 따위의 사회 복지 증진에 관한 사무 및 여성 복지에 관한 사무를 수행한다. 이민자 사회통합정책과 관련해서는 외국인 대상 사회보장제도 등을 관장한다.

3) 여성가족부

여성정책의 기획 · 종합, 가정폭력 · 성폭력 · 성매매 방지 및 피해자 보호, 여성의 권익 증진 등 여성의 지위향상, 가족정책의 수립 · 조정 · 지원 및 영유아 보육에 관한 사무를 수행한다. 다문화가족정책의 주무부처다. 여성가족부 청소년가족정책실장은 다문화가족정책위원회의 간사를 맡는다(다문화가족지원법 시행령 제5조).

다문화가족정책위원회는 다문화가족의 삶의 질 향상과 사회통합에 관한 중요사항을 심의 · 조정하기 위하여 국무총리 소속으로 설치한 기관으로(다문화가족지원법 제3조의4), 다문화가족정책에 관한 기본계획 수립 및 추진에 관한 사항, 다문화가족정책의 시행계획 수립, 추진실적 점검 및 평가에 관한 사항, 다문화가족과 관련된 각종 조사, 연구 및 정책의 분석 · 평가에 관한 사항, 각종 다문화가족 지원 관련 사업의 조정 및 협력에 관한 사항, 다문화가족정책과 관련된 국가 간 협력에 관한 사항, 그 밖에 다문화가족의 사회통합에 관한 중요 사항으로 위원장이

6 '재한외국인처우기본법'과 '재한외국인처우기본법 시행령.' 과거 자료는 '외국인정책위원회 규정'(제정 2006. 5. 22. 대통령훈령 제171호) 참조. http://likms.assembly.go.kr/law/jsp/law/Law.jsp?WORK_TYPE=LAW_BON&LAW_ID=E0437&PROM_NO=00171&PROM_DT=20060522&HanChk=Y

필요하다고 인정하는 사항을 심의 · 조정한다. 국무총리가 위원장이다. 여성가족부에 다문화가족정책실무위원회를 두고, 여성가족부차관이 그 위원장을 맡는다.[7]

4) 고용노동부

근로조건의 기준, 노사관계의 조정, 노동조합의 지도, 산업안전보건, 근로자의 복지, 고용정책, 고용평등 및 고용보험, 직업능력개발훈련, 산업재해보상보험, 기타 노동에 관한 사무를 수행한다. 최장 체류기간 4년 10개월의 '외국인근로자' 도입 및 관리 업무, 결혼이민자와 영주자 등 정착 외국인의 고용 관련 업무를 관장한다.

외국인력정책위원회는 외국인근로자의 고용관리 및 보호에 관한 주요 사항을 심의 · 의결하기 위하여 국무총리 소속으로 설치한 기관으로(외국인근로자의 고용 등에 관한 법률 제4조), 외국인근로자 관련 기본계획의 수립에 관한 사항, 외국인근로자 도입 업종 및 규모 등에 관한 사항, 외국인근로자를 송출할 수 있는 국가의 지정 및 지정취소에 관한 사항, 그 밖에 대통령령으로 정하는 사항을 심의 · 의결한다. 국무총리실장이 위원장이다. 그리고 외국인력정책위원회에 '외국인력정책실무위원회'를 두고, 고용노동부차관이 그 위원장을 맡는다(외국인근로자의 고용 등에 관한 법률 제4조).[8]

5) 교육과학기술부

인적자원 개발 정책의 수립 · 총괄 · 조정, 학교 교육 · 평생 교육 및 학술, 과

7 '다문화가족지원법'과 '다문화가족지원법 시행령.' 과거 자료는 '다문화가족정책위원회 규정'(제정 2009. 9.17. 국무총리훈령 제540호) 참조. http://www.law.go.kr/nwRvsLsInfoR.do?lsNm=&cptOfi=&searchType=&lsKndCd=&p_spubdt=&p_epubdt=&p_spubno=&p_epubno=&pageIndex=1&chrIdx=8&sortIdx=0&lsiSeq=106378

8 외국인력정책위원회는 다문화가족 사회통합정책과는 직접적 업무 연관이 없다. 그렇지만 외국인근로자가 한국인과 결혼하여 정착하는 사례가 증가하고 있어 관련 정부 기구로 포함하였다.

학기술 혁신 정책의 수립 · 총괄 · 조정 · 평가, 원자력 및 과학기술 협력과 그 밖의 과학기술 진흥에 관한 사무를 수행한다. 교육과학기술부에서는 장관을 위원장으로 하는 자문기구로 '다문화교육정책위원회'를 설치하여 운영하고 있다.

6) 행정안전부

국무회의의 서무, 법령 및 조약의 공포, 정부조직과 정원, 공무원의 인사 · 윤리 · 복무 · 연금, 상훈, 정부혁신, 행정능률, 전자정부 및 정보보호, 정부청사의 관리, 지방자치제도, 지방자치단체의 사무지원 · 재정 · 세제, 낙후지역 등 지원, 지방자치단체 간 분쟁 조정, 선거, 국민투표, 안전관리정책 및 비상대비 · 민방위 · 재난관리 제도에 관한 사무를 담당한다. '지방자치단체 외국인주민 현황' 조사를 매년 수행하여 기초 통계 작성을 담당하고, 지방자치단체에서 다문화가족정책을 수행하는 것을 지원한다.

7) 농림수산식품부

식량, 농촌 개발, 농산물 유통 및 축산, 수산자원 관리, 수산업 진흥 및 어촌개발, 식품에 관한 사무를 담당한다. 농촌지역 다문화가족정책의 수립과 집행에 참여한다.

8) 문화체육관광부

문화예술의 창달, 전통문화의 보존, 전승 발전과 문화관광산업의 육성, 체육 진흥을 통하여 국민의 삶의 질을 높이고 국가 경쟁력 강화를 목표로 관련 정책과 시책을 수립 · 추진하는 일을 수행한다. 이민자 대상 한국어 교재 개발 등 한국어 관련 업무를 맡는다.

9) 외교통상부

국제결혼 대상국가와의 외교관계 지원 업무를 담당한다.

10) 기획재정부

다문화가족정책 관련 사업 예산 조정 및 지원 업무를 맡는다.[9]

Ⅳ. 이민자 사회통합정책

1. 이민자 대상 사회통합정책

'제1차 외국인정책 기본계획'에서는 '질 높은 사회통합' 정책으로 다음 네 가지를 제시하고 있다.[10] ① 다문화에 대한 이해 증진을 위해, 다문화 이해 교육 및 홍보를 강화하고, 지역별 다문화 프로그램을 기획한다. ② 결혼이민자의 안정적 정착을 위해, 한국어와 한국문화에 대한 교육을 확대하고, 보육서비스와 결혼이민자의 경제적 자립을 지원한다. ③ 이민자 자녀의 건강한 성장환경을 조성하기 위해, 이민자 자녀의 학습 및 학교생활을 지원하고, 사회적응력을 키워 준다. ④ 동포의 역량 발휘를 위한 환경 조성을 위해 동포의 법적 지위와 제도를 정비하고, 국내에 거주하는 동포의 처우를 개선한다.

'다문화가족 지원정책 기본계획'에서는 ① 다문화가족 지원정책 추진체계 정비: 다문화가족지원 관련 총괄 · 조정 기능 강화, 다문화가족지원 서비스 전달체계 효율화, 다문화가족지원 정책 추진 기반 확충, ② 국제결혼중개 관리 및 입국 전 검증시스템 강화: 국제결혼중개에 대한 관리 강화, 결혼이민 예정자 대상 사전 정보 제공 확대, 자립 가능한 이민자 유입을 위한 입국 전 검증시스템 강화, ③ 결혼이민자 정착 지원 및 자립역량 강화: 결혼이민자 한국어교육 및 의사소통 지원

9 http://multiculture.dibrary.net/posts/list/202/20/31968/ko_KR.do?topics_per_page=10

10 http://multiculture.dibrary.net/posts/list/202/40/6949/ko_KR.do?topics_per_page=10

강화, 결혼이민자 직업교육 및 취업지원 활성화, 안정적 사회통합을 위한 국적취득 합리화, 결혼이민자 생활적응 지원 및 사회보장 확대, 이혼 및 폭력피해 결혼이민자 인권보호 증진, 배우자교육 운영 및 다문화가족 간 네트워크 강화, ④ 다문화가족 자녀의 건강한 성장환경 조성: 글로벌인재 육성을 위한 맞춤형 교육지원 강화, 다문화가족 유아 등의 언어발달 지원 사업 확대, 다문화가족 학부모의 자녀교육 역량 강화, 학교 부적응 자녀 지원을 위한 인프라 확충, ⑤ 다문화에 대한 사회적 이해 제고: 다문화 이해 증진을 위한 사회교육 활성화, 다문화 이해 증진을 위한 학교교육 강화, 다문화 관계자(지방자치단체 일선 공무원 등)에 대한 교육 확대, 다문화 이해 증진을 위한 홍보활동 강화 등을 추진과제로 설정하고 있다.[11]

여성가족부에서는 다문화가족 생애주기별 맞춤형 서비스를 제공하고 있다. 다문화가족을 위한 가족교육 · 상담 · 문화 프로그램 등 서비스 제공을 통해 결혼이민자의 한국사회 조기적응 및 다문화가족의 안정적인 가족생활을 지원한다. 제1단계 '입국 전 결혼준비기'에서는 국제결혼 과정의 인권보호와 교육프로그램을 시행한다. 제2단계 '입국 초 가족관계 형성기'에는 '결혼이민자의 조기적응 및 안정적 생활지원'과 '다양한 매체를 통한 한국어교육' 및 '위기개입 및 가족통합교육 실시'에 주력한다. 제3단계 '자녀양육 및 정착기'에는 '다문화가족 자녀의 양육 · 교육 지원'에 집중한다. 제4단계 '역량 강화기'에는 '결혼이민자의 경제 · 사회적 자립 지원'에 초점을 맞춘다. 아울러, 모든 단계에 걸쳐 정책을 추진하면서 '다문화역량 강화' 정책을 추진하는데, '대국민 인식개선 및 홍보'와 '다문화가족 실태조사를 통한 정책 개발' 사업을 동시에 병행한다.[12]

한편, 여성가족부에서는 다문화가족의 안정적인 정착과 가족생활을 지원하기

11 http://multiculture.dibrary.net/html_contents/htmls/2010_ko_KR/2010m_mp000002.html

12 http://www.mogef.go.kr/korea/view/policyGuide/policyGuide06_04_01.jsp

위해 한국어 · 문화교육, 가족교육 · 상담, 자녀지원, 직업교육 및 다문화인식개선 등 다양한 프로그램을 통합적으로 제공 및 연계하는 원스톱 서비스 기관으로 '다문화가족지원센터'를 운영하고 있다. 다문화가족지원센터에서는 한국어 교육, 다문화사회 이해교육, 가족교육, 가족개인상담, 취 · 창업지원 등의 기본사업을 수행하는 한편, 통 · 번역 서비스 자조모임, 멘토링 · 자원봉사단 등 지역사회민간자원 활용프로그램, 다문화 인식개선사업, 지역사회 협력 네트워크 강화 사업 등을 진행하고 있다.[13]

2009년 SGI 이민자 사회통합 지표에서 한국은 10점 만점에 4점을 얻어 총 4등급 중 3등급으로 평가되었다.[14]

한국의 이민자 사회통합정책 평가: 4점(3등급)

최근까지 사회통합은 큰 문제가 아니었다. 그러나 1990년대 이후 이민자 인구가 급속하게 증가하기 시작하여 100만여 명에 이르게 되었다. 대다수의 이주노동자들은 다른 아시아 국가들에서 왔고, 국제결혼 또한 증가했다. 한국에서 급격한 사회변동에도 불구하고, 통합정책은 여전히 그러한 사회 변화에 대응하지 못한다. 이민자와 혼혈인에 대한 사회적

13 http://www.mogef.go.kr/korea/view/policyGuide/policyGuide06_04_02.jsp

14 '지속가능한 거버넌스 지표(Sustainable Governance Indicators)'로 번역할 수 있는 연구집단 SGI (2009)에서는 '안보와 통합'이라는 주제로 "정책이 이민자들을 그 사회에 통합하는 것을 지원하는가?"라는 질문을 던지고, OECD 회원국 30나라의 실적을 평가하여 1점(최하)부터 10점(최상)에 이르는 점수를 부여하였다. 그 점수는 원래 10점 척도이지만, 질적 평가를 통해 다음 네 등급으로 구분할 수 있다. 1등급(9~10점): 문화 · 교육 · 사회정책이 효과적으로 통합을 지원한다. 2등급(6~8점): 정책이 이민자들을 그 사회에 통합하려 하나, 효과적이지는 않다. 3등급(3~5점): 문화 · 교육 · 사회정책이 통합에 초점을 맞추지 않는다. 4등급(1~2점): 문화 · 교육 · 사회정책이 이민자 공동체를 격리시킨다.

차별이 존재한다. 사회통합정책의 난관은 규제적 특성이 강한 출입국관리법에 있는 게 아니라, 습득하기 쉽지 않은 언어를 가진 폐쇄적이고, 종족적으로 비교적 동질적인 사회로 이민자들을 통합시켜 나가는 데 있다.

그렇지만 시민사회와 미디어는 통합 관련 쟁점에 더욱 관심을 기울이면서 사회통합을 위한 전국적 캠페인을 벌이기 시작했다. 정부는 최근 이민자 통합을 위한 문화 · 교육 · 사회 프로그램을 시작했다.

한국에서 그 첫걸음은 2006년 3년 이상 한국에 거주한 외국인 영주권자에게 지방선거투표권을 부여하면서 시작되었다. 국무총리가 위원장인 '외국인정책위원회'에서는 여러 가지 정책을 제안하고 수립하였다. 결혼이민자를 지원하기 위한 새로운 프로그램들이 시행되고 있으며, 정치적 난민을 위한 행정적 절차가 간소화되었다.

또한 정부는 어려운 조건하에 놓인 수십만 명의 불법체류 외국인들의 상황을 개선하기 위해 노력하고 있다. 건강서비스, 자녀들을 위한 학교교육, 적정한 수준의 급여와 업무환경 등에 집중하고 있다. 여러 NGO들은 불법체류 외국인들의 건강과 법적 문제를 해결하기 위해 지원하고 있다.

북한이탈주민들은 국적과 언어 문제는 없지만 남북한이 문화적으로 너무 다르기 때문에 북한이탈주민들은 남한 사회에 동화되기가 쉽지 않다. 북한주민들은 남한에 도착하자마자, 관계기관으로부터 스파이일지도 모른다는 의심 어린 눈으로 조사를 받고, 하나원에서 재교육 프로그램을 의무적으로 이수하여야 한다.

출처: Sustainable Governance Indicators(2009: 18~19)

2. 시민 대상 사회통합정책

합법 체류 외국인에 대해 한국 국민과 동등하게 사회복지제도를 적용하는 것을 원칙으로 하고 있다. 사회보험은 외국인에게 한국인과 동등하게 가입자격을 부여하고 있으나, 외국인의 공공부조 수급권은 인정하지 않는다. 영주권자나 '거주' 사증을 가진 결혼이민자도 그 점에서는 예외가 아니다. 한국의 시민 대상 주요 사회통합정책은 다음과 같다.

1) 사회복지정책

국민기초생활보장법은 2005년 12월 법 개정을 통해 외국인에 대한 특례조항을 도입하였다. 그 조항을 통해 외국인 중 대한민국 배우자와 결혼 중이거나 이혼·사별한 결혼이민여성으로서 한국인 미성년 자녀를 양육하고 있는 빈곤층은 수급권을 가질 수 있게 되었다. 긴급복지지원제도 또한 원칙적으로 외국인을 적용대상에서 제외하고 있지만, 한국인 자녀를 양육하거나 임신 중인 결혼이민여성은 예외적으로 긴급지원대상에 포함하고 있다. 또 장애수당·기초노령연금·근로장려세제 역시 대한민국 국적을 가진 자와 혼인한 자 즉, 결혼이민자에 한해서만 적용하고 있다.

2) 가족정책

한국정부는 『2015 가족행복 더하기: 제2차 건강가정기본계획, 2011~2015』에서 '다양한 가족의 역량 강화'를 추구한다고 밝혔다. 다문화가족만을 대상으로 한 정책보다는 한부모가족·조손가족·장애인가족·입양가족·북한이탈주민가족 등 다양한 가족 유형을 고려하여 정책을 추진한다는 것이다. 다양한 가정이 처한 상황과 욕구에 부합하는 맞춤형 지원책을 모색하고 잠재적인 문제예방을 통해 가족역량을 강화하는 사업을 펼치고 있다. 가족정책은 다양한 가족의 특성을 파악할 수 있는 수행 · 평가 체계를 갖추어야 한다.

3) 고용정책

결혼이민자의 사회 · 경제적 자립 등을 지원하기 위하여 인력양성 및 취업연계 등 맞춤형 취 · 창업 지원 사업이 일부 시행되고 있고, 취 · 창업능력 향상 교육프로그램 제공, 해당지역의 일자리 제공기관과 결혼이민자 연계 활동 등이 이루어지고 있다. 그러나 그 포괄 범위가 매우 작아서 시범사업 정도로 파악하여야 한다.

4) 자녀교육정책

교육과학기술부에서는 ① 다문화교육 기반 구축: 다문화교육 지원 협의체 구성, 다문화교육 정책 평가 체계 구축, 다문화교육 전담조직 및 예산 확보, 다문화 존중 교육 과정 마련 및 제도개선, ② 지역별 다문화교육 역량 강화: 현장 중심의 연구 및 사업 관리, 교육감 중심의 다문화교육 지원 강화(시 · 도별 다문화교육 계획 수립 및 자체예산 확보), 지역 네트워크 구축, ③ 맞춤형 다문화 교육 실시: 다문화가족 학생 대상 보수교육 · 이중언어교육, 일반학생의 다문화 이해 · 수용성 제고 등의 사업을 진행하고 있다.

V. 결론

다른 나라의 이민자 통합정책 추진체계를 살펴보면, 정책 대상별 역할분담이 뚜렷하지만, 한국의 경우 이민자 전체를 대상으로 하는 정책과 다문화가족을 대상으로 하는 정책의 혼선이 존재한다. 그러므로 이민자 통합정책과 다문화가족 통합정책의 위상 설정이 필요하다. 전자가 다양한 외국인과 이민자를 포괄하는 개인들에 초점을 맞춘다면, 후자는 '결혼이민자를 중심으로 한 가족'(다문화가족)을 중심으로 한다. 언뜻 보면 그 두 정책은 동어반복처럼 여겨지지만, 자세히 들여다보면 정책의 대상 집단이 다를 뿐 아니라, 그 핵심 영역이 각각 이민정책과 가족정책의 하위 정책임을 알 수 있다. 그 지점을 고려하면, 이민정책의 주무부처인 법무부와 가족정책의 주무부처인 여성가족부의 전문화를 추구하여야 한다. 법무부에서는 외국인과 이민자의 출입국관리 · 체류관리 · 사회통합 업무에 초점을 맞추고, 여성가족부에서는 가족정책의 한 분야로서 다문화가족 통합정책을 자리매김하는 것이다. 그렇게 할 경우, 현재 두 부처에서 수행하고 있는 업무 중 일부분은 조정하는 게 필수적이라고 본다. 국제결혼중개업체 관리와 결혼이민자 가족 관련 사업 등 두 부처의 업무 영역이 중복되는 부분을, 원칙을 세워 재정비해야 한다.

외국인 · 이민자 수가 늘어나고 그에 따른 정책 수요도 증가함에 따라 한국에서도 독립적 이민정책 집행기관을 신설할 필요성이 제기되고 있다. '법무부 출입국 · 외국인정책본부'를 '이민청'으로 확대 · 재편하는 방식이 거론되고 있다. 법무부에서는 정책수립 기능만 수행하고, 이민청에서는 정책집행과 연구기능 등을 맡는 식으로 조직을 확대 · 재편하는 방안이다. 해외 사례에서 살펴보았듯이, 이민청의 업무 영역은 이민정책 관련 업무를 모두 포괄하는 것이라기보다는 외국인과 이민자 관련 사업에 초점이 맞춰진다.

한편, 여성가족부는 남녀평등정책과 가족정책을 담당하고 있는데, 그 업무 영역을 노르웨이 '아동 · 평등 · 사회포용부'나 스웨덴의 구 '통합 · 양성평등부'(2006~2010)처럼 사회갈등해소와 양성평등 및 가족정책을 동시에 추구하는 부처로 확대하는 방안을 검토할 필요가 있다. 현행 여성가족부의 업무에, 대통령 직속 사회통합위원회에서 수행하는 정책 기능을 더하여, 집행 기능을 추가하는 형태가 바람직할 것이다.

'이민자 대상 한국어 교육과 한국사회의 이해 교육'은 가족정책의 영역이라기보다는 이민정책의 영역으로 판단된다. '거주 사증'에서 '영주권'과 '국적 취득'으로 이어지는 일련의 체류자격 변화와 이민자 사회통합 교육이 연계되어 있음을 모든 해외 사례에서 발견할 수 있다.

여러 부처 간 분업이 필수적인 정책을 추진할 경우 통제탑(control tower)은 필수불가결하다. 이민정책의 통제탑은 법무부가, 가족정책의 통제탑은 여성가족부가 맡는 것처럼, 특정 업무의 주무정책부처가 그 역할을 수행하는 게 바람직하다. 위원회가 정책 통제탑 역할을 수행하는 나라는 없다. 그와 관련하여, 국무총리실에 설치된 외국인정책위원회와 다문화가족정책위원회의 위상에 대해서도 심각하게 고민할 필요가 있다. 독일의 '연방 이민 · 난민 · 통합 담당관실'이 유사한 위상을 가지고 있으나, 그 역할은 완전히 다르다. 독일의 '연방 이민 · 난민 · 통합 담당관실'에는 다섯 개의 태스크 포스가 존재하여 정책 연구 기능을 수행하지만, 한국의 두 위원회는 자체 조직 없이 부처 간 업무 조정 역할만 수행하고 있을 뿐이다. 더욱 심각한 문제는 외국인정책위원회와 다문화가족정책위원회 간의 업무 영역을 조정할 수 있는 방법이 전혀 없다는 점이다. 그러므로 여러 위원회들 간 위상 설정과 조정 방안을 마련해야 한다.

또한, 중앙정부부처와 지방자치단체 및 기업 · 사회조직 · 시민단체 등의 역할 분담 체계를 재정립해야 한다. '공동체의 화합과 사회의 안정'을 이루기 위해 사회의 각 주체가 적극적으로 참여하는 거버넌스 시스템을 마련해야 한다. 그 방향은 다음 세 가지가 핵심이다. ① 중앙정부와 지방자치단체 간 협력체계 구축: 한국의 다문화가족정책은 중앙 부처들과 광역 및 기초 지방자치단체들이 제 각각 정책을 수립하여 추진한 결과, 업무 영역의 중복과 사각지대가 발생하며, 예산 낭비와 효율성 저하 문제가 생기고 있다. 그러한 문제를 극복하기 위해서는, 정책수립을 위한 기반 연구로부터 정책수립을 거쳐 정책집행으로 이어지는 연결선을 따라 협력 체계가 구축되어야 한다. 중앙 부처들 간의 네트워킹이 활성화되어 장기적인 안목에서 정책 수립과 서비스 제공이 이루어져야 한다. 그러한 지원 서비스들은 지역사회에서 제공되므로, 중앙정부와 지방자치단체들 간의 연계 체계 구축도 필수적이다. ② 지방자치단체와 시민사회 간 협력체계 강화: 전국 각지에 설치되어 있는 다문화가족지원센터는 반관반민(半官半民)의 형태를 띤 조직이다. 설립은 민간에서 하되, 운영자금은 정부(여성가족부)가 제공하고, 실제사업은 지방자체단체와 밀접한 연계를 맺으며 추진한다. ③ 다양한 방식의 거버넌스 추진체계 구축: 다문화가족 지원 사업은 전형적인 휴먼 서비스이므로 포괄적이고 장기적인 정책지원을 요구한다. 그를 위해서는 다양한 방식의 추진체계가 활성화되어야 한다.

참고문헌

감사원, 『감사결과 처분요구서: 다문화가족지원사업 추진실태』, 감사원, 2011.

김승권 · 김유경 · 조애저 · 김혜련 · 이혜경 · 설동훈 · 정기선 · 심인선, 『2009년 전국 다문화가족실태조사 연구』, 보건복지가족부 · 법무부 · 여성부, 2010.

설동훈 · 강기정 · 이병하, 『다문화가족 사회통합 관련 정책과제 개발 및 발전방안 연구: 우리나라와 외국의 정책현황 및 추진체계 비교 · 분석을 중심으로』, 여성가족부, 2011.

설동훈 · 김윤태 · 김현미 · 윤홍식 · 이혜경 · 임경택 · 정기선 · 주영수 · 한건수, 『국제결혼 이주여성 실태조사 및 보건 · 복지 지원 정책방안』, 보건복지부, 2005.

설동훈 · 서문희 · 이삼식 · 김명아, 『다문화가족의 중장기 전망 및 대책 연구: 다문화가족의 장래인구추계 및 사회 · 경제적 효과분석을 중심으로』, 보건복지가족부, 2009.

설동훈 · 이혜경 · 조성남, 『결혼이민자 가족실태조사 및 중장기 지원정책방안 연구』, 여성가족부, 2006.

여성가족부, 『다문화가족지원정책 기본계획(2010~2012): 2011년도 시행계획』, 여성가족부, 2011a.

__________, 『'11년 서민생활안정 과제 추진실적: 사회통합을 위한 다문화가족 지원』, 여성가족부, 2011b.

이혜경 · 설동훈 · 김명아, 『다문화가족 실태조사 및 사회통합도 측정』, 법무부, 2009.

春木育美 · 薛東勳, 『韓國の少子高齢化と格差社會: 日韓比較の視座から』, 東京: 慶應義塾大學出版會, 2011.

Castles, Stephen, and Mark J. Miller, *The Age of Migration: International Population Movements in the Modern World*, 4th Edition, London: The Guilford Press, 2009.

Cornelius, Wayne, A., Takeyuki Tsuda, Philip L. Martin and James F. Hollifield (Eds.), *Controlling Immigration: A Global Perspective*, 2nd Edition, Stanford, CA: Stanford University Press, 2004.

Huddleston, Thomas, and Jan Niessen, *Migrant Integration Policy Index III*, Brussels: British Council and Migration Policy Group, 2011.

Lee, Yean-Ju, and Dong-Hoon Seol, "Does Time Cure All?: The Role of Duration of Residence in Successful Integration for Foreign Wives in Korea", *Population and Society* 4(1): 29-65, 2008.

Lee, Yean-Ju, Dong-Hoon Seol, and Sung-Nam Cho, "International Marriages in South Korea: The Significance of Nationality and Ethnicity", *Journal of Population Research* 23(2): 165-182, 2006.

Niessen, Jan, Thomas Huddleston, and Laura Citron, *Migrant Integration Policy Index* 2006-2007, Brussels: British Council Brussels, 2007.

OECD, *International Migration Outlook: SOPEMI* 2011, Paris: Organization for Economic Co-Operation and Development, 2011.

Pieterse, Jan Nederveen, *Ethnicities and Global Multiculture: Pants for an Octopus*, Lanham, MD: Rowman & Littlefield Publishers, Inc., 2007.

Seol, Dong-Hoon, "Women Marriage Immigrants in Korea: Immigration Process and Adaptation", *Asia-Pacific Forum* 33: 359, 2006.

______________, "Which Multiculturalism? Discourse of the Incorporation of Immigrants into Korean Society", *Korea Observer* 41(4): 593-614, 2010.

Sustainable Governance Indicators (SGI), *Security and Integration: Integration Report* 2009-*Do Policies Support the Integration of Migrants into Society?*, Gütersloh, Germany: Bertelsmann Stiftung, 2009.

여섯 번째 강의

우리 안의 그들 1

새로운 시민의 참여와 인정투쟁
북한이탈주민의 정체성 구성에 대한 구술 사례연구*

이희영 대구대학교 사회학과 교수

I. 문제제기

남한사회에 정착하는 북한이탈주민들[1]이 의미 있는 소수자 집단[2]이 되고 있다. 무엇보다 전쟁을 치르며 분단된, 남과 북의 정치적 경계를 넘어 횡단하는 삶을 살고 있다는 점에서 그러하다. 지난 세기 냉전의 산물인 이념적 적대관계를 경험해 온 행위자들이 정치적 경계의 반대편인 남한사회에서 만들어 가는 삶(biographies)이야말로 개인과 사회가 상호적으로 구성하는 현실(social reality)이라는 점에서 중요한 사회이론적 의미를 갖는다.

현재 법률적으로 이들의 정치적 소속(political belonging)은 대한민국 국민

---

* 이 장은 2010년 『한국사회학』 제44권 1호에 개재된 같은 제목의 학술논문 중 일부 형식만을 수정한 것이다.

1 탈북자, 탈북이주민, 북한이주민, 새터민 등 다양한 명칭으로 불린다. 이 장에서는 현재 공식적인 법률 용어인 북한이탈주민이라는 용어를 사용할 것이다. 그러나 맥락에 따라 새터민, 탈북인 등의 용어를 같은 의미로 사용할 것이다.

2 소수자는 집단의 규모나 숫자로 정의되지 않는다. 오히려 사회적 '권력'과의 관계로 이해된다. 또한 사회의 변화과정에서 '소수성'은 새롭게 구성되는 개념이다(박경태, 2008: 12~64).

이다. 그런데 개인의 사회, 정치적 체험과 이에 기초한 정체성은 법률적 소속으로 환원되지 않는다. 특히 한국전쟁을 배경으로 남한사회와 적대관계를 유지하고 있는 북한사회에서의 역사, 문화, 정치적 사회화를 체험한 북한이탈주민들이 남한사회의 '일반화된 타자(generalized others)'와의 상호작용을 통해 어떤 사회, 정치적 체험을 하며, 이를 통해 형성되는 행위지향의 특성이 무엇인지는 중요한 사회이론적 질문이 아닐 수 없다. 이는 곧 남한사회의 '인정의 정치(politics of recognition)'에 대한 문제제기이다. 그러나 북한이탈주민에 대한 기존 연구에서는 이들의 사회, 정치적 정체성에 대한 문제가 심층적으로 다루어지지 못하고 있다. 이와 같은 연구경향의 배경에는 '북한을 이탈'하였다고 하는 이들의 선택이 곧 반(反)북한, 친남한이라는 정치적 입장으로 해석되는 정치적 프레임이 전제되고 있다. 뿐만 아니라 여전히 국가보안법이 존재하는 남한사회에서 개인의 정치적 입장을 자유롭게 표명할 수 없는 것은 남북한 출신의 개인 모두에게 예외가 아닐 것이다. 더구나 정치적 경계를 넘어서 남한사회로 온 이들에게 정치적 태도에 대한 남한사회의 이분법적 규범은 더욱 강력하게 작용할지도 모른다. 이것이 북한이탈주민과 연구자들 모두에게 이들의 사회, 정치적 정체성 혹은 지향에 대하여 침묵하게 하는 주요한 배경일 것이다.

이와 같은 문제의식에서 이 연구는 한국사회 일상체험 속에서 (재)구성되는 북한이탈주민의 사회, 정치적 정체성을 고찰하고자 한다. 즉, 반북이냐 친북이냐의 흑백논리에 의해 재단된 정치적 태도나 혹은 적응과 통합의 관점에서 본 '일탈현상'이 아니라, 서로 다른 생애체험을 배경으로 남한사회의 다양한 상호작용의 영역에 참여하고 실천하며 (재)구성되는 북한이탈주민들의 사회, 정치적 정체성을 이해하는 것이 중요한 연구목적이다. 구체적으로 이 연구에서 제기된 중요한 연구 질문은 다음과 같다. 첫째, 구술자들은 어떤 생애사적 배경을 가지고 한국사회로 이주하였나? 둘째, 구술자들이 '의미 있게' 체험하는 한국사회에서의 일상적 상호작용의 내용은 무엇인가? 셋째, 이를 통해 (재)구성되는 구술자들의 사회,

정치적 정체성은 어떤 특성을 가지며, 이것이 갖는 사회학적 함의는 무엇인가? 이를 위해 다음에서는 정체성 개념을 '인정투쟁'에 대한 기존의 논의(Honneth, 1992; Taylor, 1995)[3]와 연관하여 비판적으로 검토할 것이다. 나아가 질적 연구 방법론에 기초하여 북한이탈주민의 생애체험을 재구성하여 소개한다. 마지막으로 사례 연구 결과가 갖는 사회학적 함의를 살펴볼 것이다.

II. 이론적 논의와 연구방법론

1. 기존연구 검토와 함의

북한사회의 경제적 어려움을 계기로 국경을 넘어 한국사회에 정착하기 시작한 북한이탈주민들의 수가 지속적으로 증가하고 있다. 연도별 북한이탈주민의 수를 나타내는 다음 표에 의하면, 1990년대 중반 이후 이들의 숫자가 급증하여 최근에는 연간 2천여 명의 북한주민들이 남한으로 오고 있다.

〈표 6-1〉 북한이탈주민의 정착 현황

연도	1996	1997	1998	1999	2000	2001	2002	2003	2004	2005	2006	2007	2008
남자	43	56	53	90	179	294	506	469	626	423	509	570	609
여자	13	30	18	58	133	289	632	812	1268	960	1509	1974	2200
총계	56	86	71	148	312	583	1139	1281	1894	1383	2018	2544	2809

출처 : 2008년 통일부 자료실

3 '인정의 정치'에 대한 테일러의 문제제기는 1992년의 논문에서이지만 이 글에서 인용한 문헌은 1995년 판이다. 헤겔의 '인정' 개념에 대한 논의는 하버마스의 재해석 이후 호네스와 테일러 등에 의해 이어지고 있다.

특히 2000년대에 들어서면서 '고난의 행군'이라는 북한의 국내 요인 이외에 다양한 정보매체의 발달로 인한 '경계허물기'의 효과[4]가 겹쳐지면서 북한의 국경을 넘는 목적도 달라지고 있는 것으로 보인다. 식량위기를 피하기 위한 목적만이 아니라 '보다 나은 미래'를 위해 생사를 건 선택을 하는 북한주민들이 증가하고 있다는 조사연구(김인성, 2005)는 북한이탈주민의 생애 체험이 갖는 역동적 변화를 시사한다.

1990년대 중반 이후 북한의 국경을 넘는 이주민들의 현황과 실태를 파악하기 위한 조사연구[5]뿐만 아니라, 한국사회에서의 생활 경험에 대한 다양한 연구들이 이루어지고 있다. 이러한 기존 연구는 대부분 서로 다른 성별, 연령별, 집단별 '동화(assimilation)' 혹은 '적응(adaptation)' 양태를 고찰하고 있다는 특징을 갖는다.[6] 연구 결과에 의하면 북한과 다른, 남한사회의 남녀 역할 및 지위 변화에도 불구하고 북한이탈주민 가족 내에서는 여전히 남성 중심적인 역할구조와 관계가 유지되고 있다. 여성들의 경우 북한에서의 생활과 비교하여 상대적으로 가족 내에서의 역할과 영향력이 증가함에 따라 부부관계에 대한 문제의식이 높아지고 있으며(윤인진 외, 2007), 이로 인해 다양한 일상의 문제에 직면하고 있음을 보여 준다(조영아 · 전우택, 2005). 뿐만 아니라 청소년들의 경우 부족한 사회적 지지가 남한사회 적응에 어려움으로 작용하고 있다(박윤숙 · 윤인진, 2007).

그러나 연구주제의 측면에서 북한이탈주민의 사회, 정치적 정체성과 연관된

4 구술증언에 의하면 2000년대 이후 국경지역에서는 한국 드라마를 담은 비디오를 시청하는 북한주민이 증가하고 있으며, 이 영향으로 한국의 대중가요나 문화가 상대적으로 친숙해지고 있다고 한다. 뿐만 아니라 대중매체를 통해 접하게 된 한국사회에 대한 '환상'도 커지는 것으로 짐작된다(김열란 구술녹취록, 2008).

5 초기의 대표적인 조사연구로 '(사)좋은 벗들'이 1999년 발간한 자료 『북한 '식량난민'의 실태 및 인권보고서』가 있고, 2005년 '탈북자 현황'을 정리한 연구(김인성, 2005)가 있다.

6 북한이주민에 대한 기존 연구 중 '적응의 관점'에 대한 이론적 논의로는 '태도변용이론'을 검토한 연구(윤여상, 2002)가 있다. 최근의 대표적인 사례연구로는 심리학적 관점에서 '탈북여성'의 남한사회 적응에 대하여 고찰한 연구(조영아 · 전우택, 2005), '가족'의 적응문제를 고찰한 연구(윤인진 외, 2007), '탈북청소년'의 남한사회적응(박윤숙 · 윤인진, 2007)을 고찰한 연구를 들 수 있다.

연구 성과는 소수에 불과하다. 예를 들어 탈북주민의 '가치정향'에 관한 연구(독고순, 2001)는 북한이탈주민이 남한주민에 비해 권위와 서열을 받아들이는 정도나 성취지향적인 성격과 관련된 '수직적 개인주의'의 성향이 높다는 양적 연구결과를 보여 준다. 다음으로 북한이탈주민의 사회적응 실태에 관한 연구(윤인진, 2007)는 이들이 자신들의 정치성향을 보수(13.8%)보다 진보(27.6%)에 가깝다고 인식하고 있으며, 비록 한국에서 생활하지만 정서적으로는 북한과 좀 더 친근한 감정을 가지고 있음을 보여 준다. 이와 같은 연구 결과는 북한이탈주민의 남한사회 적응의 양태를 이해할 수 있는 중요한 정보를 제공한다. 그러나 상호작용의 한쪽 행위자인 북한이탈주민이 겪는 적응의 어려움과 갈등의 양상을 기술하는 것만이 아니라, 그러한 문제의 상호적 발생의 기원과 변화의 동력에 대한 고찰은 여전히 남겨진 연구과제이다. 즉, 남한사회의 일반화된 타자와 북한이탈주민이 어떤 상호작용을 하고 있으며, 이러한 일상체험에 기초하여 어떤 특성을 갖는 사회, 정치적 행위지향이 구성되고 있는가에 대한 심층적인 연구 성과는 상대적으로 일천하다.[7] 이러한 연구의 경향성은 먼저 이주민에 대한 초기연구에서 자주 지적되었던 '적응'에 초점을 둔 연구관점이 가진 한계와 연관된다. 아무리 확장된 정의(definition)를 차용한다 해도 '적응'의 관점은 비교의 틀인 어떤 '중심'을 전제하고 있으며, 그것이 해당 사회의 상대적으로 단일한 가치와 규범이라는 점에서 사회적 차별과 배제의 기제로 작동한다. 남한사회에 존재하는 북한이탈주민에 대한 다양한 형태의 편견은 이러한 중심의 문화를 '구별짓기'의 잣대로 삼는 상호작용의 결과이다.[8]

다음으로 연구방법론의 관점에서 북한이탈주민의 사회, 정치적 정체성에 대한 기존연구의 한계를 지적하지 않을 수 없다. 앞에서 소개한 소수의 기존연구들

7 다양한 연구방법에 의해 북한이탈주민의 복합적인 삶을 고찰한 연구 성과(정병호 · 전우택 · 정진경 엮음, 2006)와 '탈북청소년'의 사회화 과정을 고찰한 연구(이정우, 2006)는 이러한 문제의식을 공유하고 있다.

8 남한사회에서 북한이탈주민을 타자화하는 다양한 기제를 심층 분석한 연구(강주원, 2002) 결과는 이와 관련하여 중요한 시사점을 제공한다.

(독고순, 2001; 윤인진, 2007)은 양적접근 방법에 의해 이들의 사회, 정치적 정체성에 접근하고 있다. 이 연구들은 한국사회의 자유민주주의적 질서와 자본주의 문화를 '기준'으로 이에 대한 적응의 정도를 계량적 지표에 의해 기술하는 양적 접근방식을 취함으로써, 연구자가 설정한 적응의 범주를 넘어 행위주체의 역동적인 정체성의 구성 과정을 고찰하는 데 한계를 갖는다. 반면 소장연구자들에 의해서 수행된 다양한 북한이탈주민의 정체성에 대한 연구들[9]에서는 질적 연구방법에 기초한 심층적 고찰을 시도함으로써 이들의 남한생활에 대한 새로운 해석과 이해의 가능성을 모색하고 있다. 요컨대 지금까지의 논의는 향후 북한이탈주민에 대한 연구가 '적응'의 관점을 비판적으로 성찰하고, 양적 연구의 지평을 심화하고 확장해야 할 필요성을 제기한다.

2. 인정투쟁과 정체성

이 절에서는 이 연구의 중요한 이론적 개념인 사회, 정치적 '정체성'을 '인정투쟁'에 대한 기존의 논의와 연관하여 비판적으로 살펴본다. 이 연구에서 정체성과 인정투쟁을 논의하게 된 것은 사례연구에 대한 가설추론적 과정(abduction)의 결과이다. 즉, 북한이탈주민의 일상체험에 대한 구술사례를 분석하는 과정에서 사회, 정치적 정체성의 변화가 주요한 체험의 내용으로 등장하였으며, 사례의 특성을 좀 더 잘 설명해 줄 수 있는 이론적 모색의 하나로 인정투쟁의 함의를 고찰하게 되었다.

정체성(identity) 개념은 이주 혹은 소수자 연구에서 빈번히 언급되지만 많은

9 대부분 석사과정 연구자들에 의해 수행된 경험 연구로, 탈북여성의 정체성(김정미, 1999), 탈북아동의 정체성(김윤영, 2002), 북한이탈주민의 자아정체성(박성애, 2002), 탈북이주민 대학생의 정체성(권나혜, 2006)에 관한 연구들이 있다.

비판에 직면해 있는 개념이다.[10] 본질론적이며 고정된 실체로 이해되는 정체성이 사회적 배제의 기제로 작동한다는 비판이 그 주된 내용이다(Riegel, 2004: 124). 이에 비해 헤겔과 미드의 '상호인정' 이론에 기초하여 개인의 정체성을 설명하는 인정투쟁에 관한 논의(Honneth, 1992; Taylor, 1995)는 차이의 정치학이라는 관점에서 북한이탈주민의 삶을 이해할 수 있는 생산적인 단초를 제공한다.

호네스는 인간 주체들이 자신의 정체성을 상호주관적 '인정'이라는 경험으로부터 형성한다는 미드의 고전적인 테제가 헤겔의 상호주관성에 대한 논의를 형이상학의 틀로부터 구제하였다고 평가한다. 미드에 의하면 "공동체에서 유지될 수 있는 개인의 자기정체성은 바로 그것이 타인을 인정하는 것일 때 인정된다." (Mead, 1963: 194) 즉 일반화된 타자의 관점에서 자신을 규정할 수 있는 개인들의 자기이해는 상호인정의 과정에 의한 것임을 뜻한다. 이처럼 개인은 사회화의 과정에서 사회가 부여하는 책임과 의무뿐만 아니라 자신에게 부여된 권리를 경험하게 된다. 각 개인은 이러한 권리를 통해 자신의 요구가 사회공동체 내에서 합법적으로 존중되고 있음을 이해함으로써 '자기존중(Selbstachtung)'에 이르게 된다. 사회구성원들이 개인에게 부여된 권리인정을 통해 개인을 하나의 특수한 인격체로 인정함으로써 개인은 자기긍정의 정체성을 가질 수 있게 되는 것이다(Honneth, 1992: 127~128).

이때 호네스는 사회적 권리의 상호인정을 가능하게 하는 개인의 심리적 기제를 '목적격 나'(Me)로 완전히 포섭되지 않는 '주격 나'(I)의 열정과 충동이라는 미드의 고전적 테제로 설명한다. 어떤 상황에서 '목적격 나'의 존재는 주체로 하여금 '주격 나'를 위해 새로운 형태의 인정 형태를 모색하게 함으로써 스스로의 도덕적 갈등을 적극적으로 해소할 수 있는 가능성을 열어 놓는다. 테일러의 표현을

10 특히 니트함머는 집단적인 정체성은 배타적인 특성을 갖는 인위적인 개념(Plastikbegriff)에 불과하다고 비판한다(Niethammer, 2000).

빌리면, '자기 스스로를 해석하는 동물'인 인간은 타자와의 상호작용 속에서 자신의 희망과 행위를 재평가하며 이를 통해 자신의 해석적 지평을 확대해 가는 것이다(Taylor, 1976). 즉 '주격 나'의 충동과 열정이 일반화된 타자로서의 '목적격 나'에 의해 타당성을 획득하기 위해서 주체들은 현존하는 일반화된 타자 속에 구현된 규범들을 지속적으로 해체할 수밖에 없다. 호네스는 이처럼 개인이 권리인정관계의 확장에 전력을 다하게 되는 행위기제에 기초한 사회적 실천 양식을 '인정투쟁(Kampf um Anerkennung)'으로 정의한다(Honneth, 1992: 136). 결국 인정투쟁의 과정은 개인의 정체성 구성(construction)의 다른 표현인 것이다.

호네스에 의하면 사회적 인정의 형태는 사회적 상호작용이 이루어지는 영역에 따라 사랑, 권리, 연대로 구별되며, 이에 따라 개인은 자기믿음(Selbstvertraun)으로부터 자기존중(Selbstachtung)과 자기가치부여(Selbstschaetzung)의 정체감을 형성하게 된다. 이에 비해 개인의 존엄성(Dignity)에 대한 어떤 형태의 무시와 모욕, 즉 사회적 인정의 철회는 개인의 정체감을 무너뜨릴 수 있는 파괴의 위험을 동반한다는 점에서 주목해야 한다. 신체적 불가침성을 무시하는 학대나 폭력 등의 경험, 개인의 사회적 불가침성으로서의 권리를 훼손당하는 차별과 배제의 경험, 나아가 어떤 사회적 가치의 위계질서가 특정한 생활방식과 신념을 열등하고 결함이 있는 것으로 평가 절하함으로써 겪게 되는 사회적 동의의 부재에 대한 경험은 개인의 정체성 구성에 중요한 갈등요소로 작용하게 된다. 호네스는 이와 같은 무시와 굴욕, 수치 등의 경험에 기초하여 갖게 되는 '부정의 도덕적 감정'을 개인이 정체성을 침해당하는 체험이자, 사회적 인정투쟁의 동력을 형성하게 되는 매개로 파악한다(Honneth, 1992: 150쪽 이하). 이와 같은 문제의식에서 테일러는 개별성이나 보편성에 대한 인정뿐만 아니라 특수성에 대한 특권적 인정을 요구하는 '인정의 정치'를 주장한다. 그는 일반화된 타자와의 대화를 통해 개인의 정체성이 형성되며, 사회적 인정의 유보는 억압의 한 형태가 될 수 있다고 강조한다(Taylor, 1995: 1~230쪽).

지금까지의 논의에 기초하여 이 연구에서는 개인의 사회, 정치적 정체성의 구성을 개인과 일반화된 타자와의 상호작용에 의해 변화하는 인정투쟁의 과정으로 이해할 것이다. 인정과 차이의 정치라는 관점에서 개인의 정체성을 이해하는 이와 같은 논의는 소수자와 다문화주의 논의에서 중요하게 비판되는 '획일적 보편주의 혹은 절대주의'의 한계를 넘어 북한이탈주민의 삶을 이해할 수 있는 가능성을 제공한다. 즉 북한이탈주민의 행위만이 아니라 남한사회의 일반화된 타자를 상호작용이라는 관점에서 동시에 고찰할 수 있게 한다. 또한 남한사회의 문화에 일방적으로 적응해야 하는 대상이 아니라, 스스로 삶의 창조적 행위자인 북한이탈주민이 만들어 가는 사회, 정치적 정체성, 즉 인정투쟁의 과정을 고찰할 수 있는 관점을 제공한다.

3. 질적 연구방법론과 연구과정

앞에서의 이론적 논의에 기초하여 이 연구는 질적 사회연구의 전통에 서 있는 생애사 재구성 방법론(Rosenthal, 1995; 이희영, 2005)을 통해 북한이탈주민의 생애체험을 재구성하고자 한다. 생애사 재구성 방법론은 과거, 현재, 미래의 생애시간을 통해 이루어지는 개인의 정체성이 서사성(Narratives)을 매개로 하고 있음에 주목한다. 유형, 무형의 언어적 상징[11]을 매개로 한 타자와의 대화는 상호인정을 통해 자신을 새롭게 구성하는 과정이다. 생애사 재구성 방법론은 서사적 인터뷰를 통해 정리된 구술자료를 이야기(talk)와 체험(experiences)이라는 서로 다른 차원에서 비교분석하여 심층적으로 일상체험을 고찰하고자 하는 하나의 시도이다. 이와 같은 접근 방식은 북한연구 방법에 대한 논의에서 고전적으로 지적되어 온

11 구술자료를 매개로 한 연구방법론에서 '광의의 텍스트'는 녹취록뿐만 아니라 음성화되지 않은 다양한 신체언어 및 문헌자료(자서전, 편지, 메모 등)를 포함한다.

자료의 특성과 연구자의 관점에 의한 '자의적 해석'의 문제를 중요한 연구과정으로 성찰한다(김근식, 2002; 경남대학교 북한대학원, 2003). 또한 이 방법론은 최근 북한이탈주민에 대한 연구에서 이들의 남한사회 적응양태, 혹은 생활경험을 이해하기 위해서 '탈북과정'에 대한 고찰이 필요하다는 문제의식(조영아 · 전우택, 2005: 19)을 담아 낼 수 있는 가능성을 제공한다. 즉 특정한 시기나 주제와 관련된 북한이탈주민의 체험을 전체 생애사적 지평에서 고찰하는 데 생애사 재구성 연구가 하나의 의미있는 방법론적 도구라고 할 수 있다.

이 연구에서 소개하는 구술자들과의 만남은 2006년부터 2008년 사이에 다양한 경로를 통해 이루어졌다. 2006년 여름, 지인의 소개로 북한이탈주민 관련 학술행사에서 김주희 씨(사례 3)를 만나게 된 것이 그 출발이었다. 당시 필자는 다양한 정치적 '경계'를 경험한 사회집단에 대한 현장연구를 하고 있었다. 필자가 만난 첫 북한이탈주민인 김주희 씨와의 수년에 걸친 대화를 통해 조금씩 간접체험을 하게 된 것이 이 연구의 기초가 되었다. 또한 북한이탈주민들을 위해 활동해 온 불교단체 '좋은 벗들'과 각 지역 탈북자 관련 단체들의 지원이 있었다. 이러한 세 가지 경로를 통해 다음의 구술자들에 대한 생애체험을 듣고, 기록하여 필자의 이해와 해석이 가능한 범위에서 체험의 지도를 그리고자 하였다. 구술자들의 약력을 소개하면 〈표 6-2〉와 같다.

〈표 6-2〉 구술자 약력[12]

사례 번호	이름 (성별)	출생 연도 (현재 나이)	고향/ 현 거주지	북한에서의 활동사항	북한 탈출	남한 도착	현재 활동
1	유지민 (여)	1983(25세)	함북/ 경북 안동	중학교 졸업	1999 (16세)	2003	대학생

12 구술자들의 신변 보호를 위하여 모든 인명과 지명을 가능한 한 익명으로 처리하였으며, 구술자에 따라 특정 사실을 부분 생략하거나 수정하였다. 괄호 안의 나이는 2008년을 기준으로 계산한 것이다.

사례 번호	이름 (성별)	출생 연도 (현재 나이)	고향/ 현 거주지	북한에서의 활동사항	북한 탈출	남한 도착	현재 활동
2	조명희 (여)	1977(31세)	함북/대구	학생	1997 (20세)	2002	전업주부
3	김주희 (여)	1959(49세)	평양/서울	작가동맹 시인	1998 (39세)	1999	박사과정학생 및 잡지 편집인
4	고순자 (여)	1951(57세)	함북/서울	식품공장 운영 책임자 등	1998 (47세)	2003	새터민 관련 단체활동
5	김열란 (여)	1941(67세)	함북/서울	교사, 노동	2006 (65세)	2006	연금 생활
6	박태수 (남)	1952(56세)	자강도/서울	경제관료/ 해외 근무 등	2002 (50세)	2002	학원 운영
7	조광모 (남)	1945(63세)	함북/대구	의사	1995 (50세)	2000	자서전 출판 등
8	김철남 (남)	1966(42세)	함북/ 경북 안동	의료분야	2003 (37세)	2004	서비스직

〈표 6-2〉를 통해 알 수 있는 구술자 약력의 특징을 살펴보면 다음과 같다. 먼저 성별을 고려하지 않고 눈덩이 굴리기 방식에 의해 인터뷰한 구술자는 전체 8명의 구술자 중 여성이 다섯 명, 남성이 세 명이다. 이는 최근 입국자들의 60~70%가 여성일 뿐만 아니라[13] 상대적으로 여성들이 한국사회에서 좀 더 적극적인 사회활동을 함으로써 각종 조직을 통해 접촉 가능성이 높은 현실을 반영한다. 실제 구술자들을 찾는 과정에서 북한남성들이 여성들과 비교하여 사회활동을 전개하는 데 어려움을 토로하는 경우가 많다는 평가를 접하게 되었다. 이러한 평가에는 복합적인 요인들이 있다. 하나의 예로 남성들이 가장 많이 하게 되는 육체노동의 경우

13 통일부 자료에 의하면 1990년대 말까지 매년 다수의 남성이 입국한 반면, 2003년 이후부터는 대략 남성의 두 배에 달하는 여성들(2003년 남성 468명, 여성 813명; 2004년 남성 626명, 여성 1,268명)이 입국하고 있다. 이러한 추세는 지금도 계속되고 있다(앞의 〈표 6-1〉 북한이탈주민의 정착 현황 참고).

오랫동안의 식량 부족을 겪은 북한남성들의 육체적 조건으로 견뎌내기가 쉽지 않은 것[14]도 한 조건이었다.

앞에서 소개한 전체 여덟 명 중 여섯 명의 구술자들은 가족과 함께 한국사회에서 살고 있다. 가족 구성원들과 함께 탈북하여 한국으로 온 경우(사례 3, 4, 6, 8)도 있고, 순차적으로 개별 탈북하여 한국에서 다시 만나게 된 경우도 있다(사례 2, 7). 예를 들어 조명희 씨는 조광모 씨의 딸로 아버지가 먼저 탈북하여 한국으로 온 뒤 중국을 거쳐 한국에 입국하였고,[15] 오빠와 어머니까지 전 가족이 한국으로 이주하였다. 현재 다른 가족 없이 혼자 살고 있는 두 명의 구술자(사례 1, 5) 중 김열란 씨는 북한 거주 당시 독신이었다. 젊은 시절 결혼한 남편과 이혼한 뒤 단신 노동으로 생활하였다. 이에 비해 유지민 씨의 경우 청소년의 나이에 가족을 두고 탈북한 경우이다.

대부분의 구술자들이 국경지역의 주민이었다. 이들은 모두 탈북안내자(일명 브로커)들의 도움으로 중국과 제3국을 거쳐 한국으로 이주하였다. 이에 비해 김주희 씨는 탈북 전, 거주하던 평양에서 추방 명령을 받고 청진으로 이주 후 중국으로 탈출하였다. 고위직 경제 관료로 해외 근무를 하던 박태수 씨의 경우 국외에서 한국으로 직접 망명, 입국하였다. 연령별로는 20대에서 60대까지를 포괄하고 있다. 구술자들은 1990년대 중반 북한사회가 직면했던 식량난, 즉 '고난의 행군' 시기에 생활상의 어려움과 이로 인해 가속화된 정치적 갈등을 계기로 중국 등으로 탈출하였다.

---

14 이와 같은 현실은 구술자 김철남(사례 8) 씨를 통해서도 확인할 수 있었다.

15 지금까지 알려진 탈북주민들이 중국에서 남한으로 오는 과정은 제3국(몽골, 베트남, 캄보디아, 태국 등)을 통해 입국을 하는 경우, 중국주재 외국기관을 통한 망명, 가짜 여권을 이용한 직항 입국 등으로 분류된다(정병호, 2006: 52).

III. 사례 재구성

이 절에서는 구술자들의 생애체험을 재구성하여 소개한다. 특정한 상황에서의 체험과 이에 대한 구술자들의 행위전략을 전체 생애사적 지평 속에서 이해하기 위해 가능한 한 생애사적 전개과정을 드러내기 위해 노력할 것이다. 그러나 제한된 지면으로 인해 주요 사례의 유형적 특성을 중심으로 소개한다. 구술사례의 유형적 특성은 사례가 가진 개별적인 특성에 대한 주제화 작업과정에서 상호비교의 관점과 분석(comparative perspective and analysis)을 통해 드러난다. 다음에서 소개될 네 사례는 전체 사례의 분석 및 재구성 결과에 기초하여 사회, 정치적 정체성 구성과정의 특성에 대한 최대비교와 최소비교의 관점에서 선택되었다.[16]

다음의 소개 내용 중 현재 남한사회의 시민으로 살고 있지만 북한에 두고 온 가족을 염려하여 자신의 신분이 공개되기를 꺼려하는 구술자들의 염려를 고려하여 중요한 구술의 내용이나 정보를 밝힐 수 없거나 수정한 경우도 있음을 밝혀 둔다.

1. 나를 인정하는 어디서나 헌신하는 사람: 고순자

1) 북한을 떠나는 "비(非)국민"

2008년 1월 양천구의 자택에서 고순자 씨를 만나게 된 것은 한 불교단체의 소개를 통해서였다.[17] 모두 세 차례의 만남을 통해 이루어진 인터뷰에서 고순자 씨

16 다음에서 사례의 구조적 특징이 상호 공통점을 보이는 경우를 최소비교의 사례라고 표현하고, 차이점을 보이는 경우 최대비교의 사례로 표현할 것이다. 이에 대한 자세한 내용은 다음을 참조하라(이희영, 2005: 143).

17 한 북한이탈주민 지원 단체의 실무자로 활동하는 구술자는 연구자와의 만남에서 북한이탈주민에 관한 사정과 정보를 최대한 '전문적으로' 전달하기 위해 노력하였으며, 연구자에게 북한이탈주민 사회로의 '문'을 여는 역할을 하였다.

는 '북한에서 30년간 정치적 박해를 받은 집안'의 딸로 살아온 자신의 체험으로부터 생애이야기를 전개하였다. 고순자 씨는 1951년 12월, 일곱 형제 중 여섯 번째로 출생하였다. 구술자는 초기 이야기에서 "1964년 9월 20일 추석날" 아버지가 어딘가로 잡혀가 돌아오지 않게 된 상황을 이야기하며 통곡하였다(고순자 구술녹취록, 2008 I/6~7).[18] 구술자료에 의하면 일제 치하에서 의사였던 조부가 해외 독립운동을 지원하느라 생계가 어렵게 되자 한때 구술자의 아버지는 일제가 국경지역 산림을 관리하던 일에 참여하였다고 한다. 그러나 1960년대 북한의 협동화 작업시기 이 경력이 근거가 되어 숙청된 것으로 보인다. 아버지의 체포 후 구술자의 가족은 공식적으로 "일제 지주이자 순사 집안"으로 분류되어 유형, 무형의 정치적 압박을 받았던 것으로 보인다. 1967년 구술자가 중등고등학교를 졸업할 때 지각 한 번 없는 개근상과 최우등의 성적을 받았으나 "토대가 나쁜 집안"이라는 근거로 대학진학은 말할 것도 없고, 대부분 가기를 기피하던 고등농업학교 진학도 거부되었다.[19] 이후 구술자는 1978년 결혼할 때까지 10여 년 동안 인근 농장의 인부로 일하였다.

> 북한에서는 저는, 좀 최하층이지만, 그래가 뭐-- 농장 일을 하면서도 저는 남한테 <u>뒤떨어지거나</u>- 어쨌든 그러자나니까-- 우리는 남이 한 발 한 걸음을 디딜 때 우리는 열 걸음을 디뎌야 하고, 남이 열 뭐- 열 발자국 디딜 때 뭐- 우리는 백, 거, 백 발자국 뛰어야지, 우리는 남, 남만큼 따라갈- 그런 게 됐거든요-[20]
>
> - 고순자 구술녹취록, 2008 I/15~16

18 이 글에서 녹취록을 인용하는 방식이다. 예를 들어 괄호 안의 표시는 구술자 고순자 씨의 2008년 1차 구술녹취록 중 6~7쪽에서 인용한다는 뜻이다.

19 이와 유사한 최소비교의 사례로 김열란 씨의 경우가 있다. 1947년 월남한 부모와 1970년대 말 숙청된 이모 때문에 구술자는 '요시찰 인물'로 분류되어 일상적인 어려움을 겪다가 탈북하였다.

20 구술의 내용을 최대한 반영하기 위하여 이 연구의 녹취록에서 다음의 기호를 사용하였다. (3)은 구술이 중단되고 있는 시간(초), (( )) 녹취자의 부연설명, --- 말 늘임표시, 고딕표시 큰 소리로 말하기, ___(밑줄) 또박또박 강조하여 말하기, (…) 생략된 인용.

위의 텍스트에서 구술자는 자신과 가족들이 주어진 조건에서 최선을 다했고, 할 수 있는 능력을 다해 활동하였음을 강조하고 있다. 즉 그는 토대가 좋지 못한 사회적 조건을 만회하기 위해 "남들이 열 발자국 디딜 때 백 발자국을 뛰는" 눈물겨운 노력으로 가족을 부양하였던 것이다. 결혼 후 지역의 각종 사회참여 활동에서 구술자의 이러한 성실성과 능력이 인정되어 1986년부터 탈북하기 직전까지 식품공장의 실질적인 책임자로 일했다.

다른 한편 일제 시기 독립운동에 대한 조부의 지원 활동을 밝히려고 했던 가족의 노력이 1990년대 중반 비로소 결실을 보아 "열사가족"으로 인정되었다. 그러나 당시 북한사회에서는 소위 '고난의 행군'이 공식적으로 시작되었다.[21] 평양 등의 대도시가 아닌 국경 지역의 경우 정상적인 식량배급이 이루어지지 않은 지 이미 오래되었지만 1990년대 중반의 식량부족은 점진적인 아사로 이어지고 있었다. 특히 조금이라도 이권을 가진 사람들은 '정복'을 입은 채로 뒷거래를 하고 있었다. 1998년 당시 선전대에 다니던 큰딸은 공식배급이 중지되어 아무런 임금과 배급을 받지 못한 채 일을 하고 있었다. 그러던 중 휴직을 받았다. 당시 주민들에게 휴직은 "일 안 하고 장사하든 뭘 하든 먹고 살라고 시간을 주는" 것이었으나 구술자의 가족은 장마당에 나갈 밑천이 없었다.[22] 결국 큰 딸은 장사 밑천을 마련하기 위해 구술자 몰래 중국행 브로커와 함께 국경을 넘었다. 일주일 뒤에 돌아오기로 한 딸이 돌아오지 않자 당시 나이 47세인 구술자는 "죽어도 같이 죽고 살아도 같이 살기 위해" 나머지 두 딸과 함께 1998년 6월 브로커를 따라 중국 국경을

21 북한의 배급제도에 의해 식량이 적절하게 공급되지 않은 것은 이미 제3차 7개년 계획의 실패 과정에서 여실히 드러났다. 이어 1994년의 냉해, 1995년 홍수 등을 겪으며 배급제도 자체가 무력하게 되면서 북한 당국은 1996년 신년 공동사설을 통해 "고난의 행군정신"으로 무장할 것을 촉구하였다(김상환, 1997).

22 1990년대 북한사회의 경제적 어려움이 증가하면서 집안에 있던 여성들이 장사를 통해 실질적인 가장의 역할을 하게 되었다. 가장 일반적인 경제활동으로는 다양한 형태의 장사이고, 다음으로는 가내작업반을 활용한 생계활동 및 외화벌이가 있다(이미경, 2006: 37 이하).

넘었다. 2008년 인터뷰에서 구술자가 북한을 떠나기 직전 언니에게 편지를 쓰던 상황에 대하여 이야기하는 다음 텍스트를 보자.

> 언니 이- 편지를 볼 때쯤이면 나는 여기- 안 있을 것이라고 그래- ○○이((큰딸 이름)) 찾으면 오고- 못 찾으면 내가 여기 못 온다 어쨌든--(3) 쯧((혀 차는 소리)) 그러면서도 속에 있는 소리 하죠-어- 원래 나는 그- 여기-이 나라를 위해서 진짜 성심껏 살았는데 나는 너무나도 지금 생각해보면 그렇다고서- 내가 주재소에 가면, 거기 가면 '인민을 위해 복무함'이라고 썼는데, '나'라는 사람은 그- 인민이라는 범주에 속하질 않는지 모르겠는데, 그 인민을 위해 복무한다는 사람이- 아무 근거도 없는 사람을 잡아넣고 이 간나 저 간나 하고 말할 수 있고 근거도 없이 와서 집을 다- 뒤져 가고--그렇게 할 수가 있는가--, (…) 이러면서 내가 그렇기 때문에 내가 이때까지 살아온 이- 나라에 대해서 별로 큰 애착을 못 느끼겠다고 내가 지금 썼거든요--그러면서도 어쨌든 그런-나라지만, 내가 자라나고 이때까지 살아온 땅이길래 내가 살던 이 나라가 잘 되기만을 빌면서 살겠다고- 그러면서 쭉 써 놓고 서리- 그 다음에 짐을 다 정리했어요-(4)
>
> - 고순자 구술녹취록, 2008 I/23~24

위의 단락에서 구술자는 먼저 자신의 월경이 자식을 둔 어머니로서 택할 수밖에 없는 절박한 선택임을 강조하고 있다. 동시에, 자신을 '인민'으로 인정하지 않은 북한사회를 떠나는 강한 심정을 토로하고 있다. 이 부분에서 이야기의 시제가 '현재'로 바뀌면서 구술자의 고조되는 목소리는 10년 전 탈북을 앞두고 편지를 쓰던 1998년 당시로 돌아가 있다. 구술자는 '나쁜 출신성분'이라는 정치적 낙인과 차별을 상쇄하기 위해 '10배'의 사회 헌신으로 살아온 자신에 대하여 북한 정권이 근거 없이 가족의 인신을 구속하거나 사생활을 침해하고, 뇌물과 비리로 가난한 자신을 착취한 이유가 자신을 인민으로 인정하지 않았기 때문임을 논증하고 있다. 사례 분석에 의하면 비록 구술자의 가족이 1990년대 중반 '열사가족'으로 정치적 복권이 되었으나, 일상생활 속에서는 여전히 존재적 무시와 권리의 침해를 겪어야 하는 '비(非)인민'으로서의 상황이 지속되었다. 나아가 흉흉해지는 민심 속에서 여성공동체인 자신과 딸들이 사회적 존재 가치를 위협받고 생존조차 지킬 수 없는 상황에 이르게 되자 북한의 국경을 넘게 된 것으로 보인다. 달리 말해 1990년대 중반 이후 북한정권은 스스로 '열사가족'으로 호명한, 최고 가치를 지닌 사회구성원들조차 배려하지 못하는 정치적 무능의 상태였으며, 이러한 과정에서 개인은 자신이 속한 사회에 대한 자부심과 정치적 연대감을 상실하고 떠나게 된 것이다. 그럼에도 불구하고 마지막 단락에서 구술자는 자신이 살아온 땅에 대한 '정서적 연대'를 표시하고 있다.

2) 신체적 학대와 남한으로의 이주

이 연구의 여성 구술자들은 많은 경우 북한을 탈출하여 짧게는 1년, 길게는 5~6년간 중국에서 생활하면서 다양한 형태의 신체적 학대를 경험하였다.[23] 불법체류자의 신분이 된 중국사회에서 다시 북송되지 않기 위해 매매혼, 인신매매를 거치며 성폭력을 비롯한 가혹한 신체적 학대에 직면하였던 것으로 보인다.[24]

고순자 씨는 중국체류 기간을 "아주 다시 정말 생각하고 싶지도 않은" 경험으로 표현하였다. 1998년 중국 각지에 팔려간 구술자의 가족들은 각고의 노력 끝에

23 김열란 씨의 경우는 2006년 탈북한 며칠 후 브로커와 함께 중국에서 비행기를 타고 인천공항에 입국한 경우로, 중국에서의 신체적 학대를 경험하지 않았다. 2000년대를 거치면서 탈북 후 한국으로 직접 입국하는 등 다양한 경로가 개발된 것으로 보인다.

24 한국으로의 입국 전 중국 및 제3국에서 난민으로 체험한 성적인 인권침해가 이후 한국에서의 정착과정에도 영향을 미친다는 연구결과가 있다(조영아 · 전우택, 2005: 19). 이 시기 중국 내 탈북 여성들의 일반적인 현황에 대해서는 다음을 참조하라(백영옥, 2002: 247~253).

다시 만나 북경주재 한국영사관을 통해 2003년 1월 한국으로 입국하였다. 중국에 머무는 동안 구술자와 딸들은 남한 라디오 방송을 통해 탈북자들에 대한 소식을 들으며 남한으로 갈 수 있는 길을 꿈꾸었던 것으로 보인다. 이미 북한사회에 대한 정치적 연대감을 상실한 구술자는 중국에서 신체적 학대까지 받으며 언제 잡혀갈지 모르는 불안 속에 있다가 "진짜 등 떠밀려서 한국에 왔다"고 평가하였다(고순자 구술녹취록, 2008 II/34). 사회주의 중국이 북한과의 정치적 관계 때문에 탈북자들에게 행사한 정치적 압력이 역설적으로 이들의 한국행을 결정하는 중요한 배경[25]이 되었던 것이다.

3) 나의 권리를 위한 헌신

구술자는 두 번째 인터뷰에서 자신이 대한민국에서 겪은 "실망스러운 일"을 소개하던 중 북한이탈주민 교육을 담당했던 공공기관 담당자의 차별과 비리에 대하여 구체적이고 생생하게 전달하였다(고순자 구술녹취록, 2008 II/43~44).[26] 사례분석에서 중요한 점은 담당자가 당시 구술자의 신변보호와 보안상의 목적을 위해 주어진 이 '권한'을 자신의 개인적 이익을 위해 행사했을 뿐만 아니라, 구술자가 직접 눈으로 보고 느낄 수 있는 상황 속에서 이와 같은 행위가 이루어졌다는 점이다. 달리 말해 당시 담당자들은 마치 구술자와 딸이 동일 공간에 존재하지만 자신들의 행위가 갖는 의미를 전혀 이해할 수 없는 존재로 전제하고 행동하고 있다는 점이다. 구술자가 인터뷰를 통해 항의하고 있는 것은 자신의 정당한 권리에 대한 무시와 함께 도덕적 존재로 인정받지 못함으로써 느끼는 굴욕감이다. 이를 통해

25 미국의 전문민간단체인 'Refugees International'의 2004년 보고에 의하면 조사대상자 65명 중 절대 다수는 체포와 강제송환 등의 문제만 없다면 고향인 북한과 가깝고 혹시라도 돌아갈 가능성이 있는 중국에 살기를 희망하였다. 나아가 북한과 관계를 단절하고 살기를 희망한 사람은 거의 없었다(정병호, 2006: 58에서 재인용).

26 신변보호를 위해 이에 대한 자세한 구술내용을 생략하였다.

구술자는 당시 자신이 비록 대한민국 국적을 얻었지만 실질적으로는 동등한 인지적 능력을 가진 도덕적 존재로서 인정받지 못하고 있는 사회적 처지를 체험할 수밖에 없었던 것으로 보인다.

이어지는 생애사적 자료에 의하면 구술자는 4~5년의 생활을 통해 북한이탈주민들의 자발적인 모임에서 비슷한 처지의 시민들과 정서적 교류와 상호지원을 나누는 과정에서 리더십을 인정받게 되었다. 이후 자연스럽게 북한이탈주민들의 멘토 역할을 하게 된 것으로 보인다. 사례 분석에 의하면 다른 물질적 · 사회적 자원이 없는 구술자는 자신이 할 수 있는 최대의 성실함과 노력을 바탕으로 현재 자신의 생활세계에 적극 참여하고자 한다.

> 저는 이 나이에 그렇게 저를- 내가 뭐- 열심히 글쎄 뭐- 맡겨주면 열심히 하기는 했지만은, 그렇게 해 준다는 게 저한테는 너무 고마운 거잖아요, 그래 어쨌든 최선을 다해서 나도 열심히 하면서(…) 지금 현재는, 저는 그저- 좌우명이 그렇습니다- 그냥 제- 그런-- 하루하루 그저 최선을 하는 것으로 그저 저는- 내 좌우명이에요. 매일매일을 그냥 최선을 다하는- 마지막에- 마지막 날처럼 최선을 다한다, 난 그게 좌우명이거든요.
>
> \- 고순자 구술녹취록, 2008 I/ 51~52

위의 텍스트에서 구술자는 자신에게 실무자의 역할을 맡겨 준 북한이탈주민을 위한 지원조직에게 감사하고 있다. 동시에 구술자는 짧은 텍스트에서 반복하여 “최선”을 다하는 자신의 노력과 성실성을 강조함으로써 암묵적으로 이에 대한 자부심과 사회적 인정을 강조하고 있다. 이 사례 분석의 과정에서의 중요한 점은 구술자가 북한사회에서 인정받기 위해 “열 배의 노력”을 경주했던 행위양식과 남한사회에서 실천하는 “최선”의 노력이 갖는 동형성이다. 즉, 친일지주 집안의 자식 혹은 탈북자라는 사회적 소수자의 위치에서 최소한의 사회적 인정을 획득하기 위해 구술자가 전유한 '헌신'하는 행위양식을 짐작할 수 있다. 지금까지 소개한 고순자 씨의 생애사는 북한사회주의 혹은 남한자본주의와 같은 현실 정치적 이념과 상관없이 자신이 현재 속한 사회의 도덕적 가치와 규범을 최대한 존중하고 '헌신(devotion)'함으로써 자신의 권리와 사회적 가치를 인정받고자 하는 생애사적 노력을 보여 준다. 이것은 구술자가 북한에서의 정치적 박해와 북한이탈주민에 대한 한국사회의 편견이라고 하는 일반화된 타자와 상호작용하며 평균 이상의 '헌신'으로 자기를 실현하는 정체성의 다른 모습이기도 하다.

2. 나는 대한민국 사회에 동화될 수 있는 능력을 가진 사람: 유지민

1) 독립적인 인생을 위하여

이 연구의 구술자 중 가장 어린 세대에 속하는 유지민 씨는 당원이 아닌 집안의 딸로 졸업 이후 마땅히 직장을 찾지 못하고 있던 중, 중국을 거쳐 한국으로 오게 되었다는 점에서 고순자 씨 사례에 대한 최소비교의 사례이다. 유지민 씨는 1983년 해외를 오가며 일하는 아버지와 전업주부인 어머니 사이에서 무남독녀 외동딸로 태어났다. 공부보다, 천식으로 고생하던 어머니의 병구완을 해야 하는 어려움이 있었으나, 아버지의 수완으로 고난의 행군 시기에도 큰 배고픔을 느끼지 못할 만큼 경제적으로 유복한 환경에서 성장하였다. 그러나 사춘기였던 1995년, 구술자가 15살 되던 해에 어머니가 전염병에 걸려 사망하고 다음해 아버지가 재가를 하자 상대적으로 깊은 정서적 어려움을 겪었던 것으로 보인다. 어린 시절부터 일상을 같이하던 어머니의 부재와 아버지의 재가는 형제 없는 구술자에게 "혼자라는" 존재적 자각과 '독립생활'에 대한 열망을 일깨웠던 것으로 보인다.

1998년 고등학교 졸업을 앞두고 당원이 되는 꿈을 이루기 위해 군에 입대하려 했으나 가족의 반대로 포기하였다. 그러던 중 중국으로 갔다가 북송되어 돌아온 동네의 '여자동생'과 친숙한 관계를 맺게 되면서 가보지 못한 하얼빈 등 미지의 사회에 대한 동경을 갖게 되었던 것으로 보인다. 결국 1999년 17살의 구술자는 "6개월 일해서 장사밑천"을 마련하여 돌아오기로 하고 중국으로 향한 국경을 넘었다. 처음 농사를 짓는 노부부의 노동인력으로 팔려간 구술자는 2001년 다른 지역에 살던 북한 출신의 아는 언니의 집으로 탈출하였다. 그곳에 머물며 가짜 중국인 호적을 사 한국인 관광회사에 보조 가이드로 취직하였다. 그러나 합법적인 체류허가 없이 불안정한 생활을 하던 구술자는 2003년 자신의 회사 사장이 탈북자의 한국행을 주선한다는 사실을 알고 도움을 요청하였다. 구술자는 2003년 겨울 북경주재 한국영사관을 통해 한국에 입국하였다.

2) 대한민국 '국민 되기'

2004년 하나원을 졸업하고 경북 지역에 임대주택을 배정받은 구술자는 혼자였다. 인터뷰에서 구술자는 "2004년이 제일- 눈물겨운 한 해"였다고 평가하였다. 무엇보다 자신에게 정서적 배려를 나누며 절대적인 지지를 해 주는 사람이 아무도 없다는 외로움이 컸던 것으로 보인다.[27] 뿐만 아니라 "뭐 아무것도 아는 것도 없고 컴퓨터, 컴퓨터 할 줄 몰라, 문화, 문화 몰라, 말투, 말투 적응 못 하는" 이방인으로서 "타지 사람인 (것) 자체가 낙인처럼 찍혀져 가지고 부끄럽고, 괜히 죄지은 사람처럼 수치심"을 느껴야 했던 것이 더 큰 어려움이었다. 이처럼 구술자에게 남한 출신이 아닌 것 자체가 '낙인'으로 체험되는 이유는 한국사회의 가치에 대한 위계질서가 북한이탈주민들의 생활방식과 신념을 '열등하고 문제가 있는 것'으로 평가절하하고 있기 때문일 것이다. 이를 통해 구술자는 자신이 가진 고유한 능력에 대하여 긍정적 가치를 부여할 수 있는 사회적 지지와 격려가 아니라 무

27 탈북청소년의 사회적 지지에 대한 연구(박윤숙 · 윤인진, 2007)는 남한청소년에 비해 이들의 지지기반이 부족한 반면, 긴밀한 지지관계가 생활에 중요한 역할을 하고 있음을 보여 준다.

시와 굴욕이라는 '인정의 철회'를 체험하였을 것이다. 이런 관점에서 구술자에게 컴퓨터 등을 사용하는 방법은 단순한 지식이 아니라 자신과 '남한 국민'을 구별하는 징표이기도 했다. 이런 경험을 하면서 구술자는 탈북자라는 자신의 신분을 밝혀 따가운 사회적 시선을 감수하느니, 차라리 자신을 구별하는 낙인의 징표들을 바꾸고 적극적으로 '대한민국 국민'이 되기 위해 노력한 것으로 보인다. 우선 컴퓨터 학원에 다니며 사용법을 익히고, 한국 관광회사에 다닌 경험을 살려 취직하기 위해 '적당한 정체성'을 만들었다. 탈북자가 아니라, 지역사회에 적당한 자신의 이력을 만들기 위해 말투와 고향을 강원도로 바꾸고 중국 체류 경력을 부분적으로 수정한 것이다(유지민 구술녹취록, 2008 I/19). 이렇게 만든 새로운 이력서와 '밝고 활발한' 인상을 가진 구술자는 첫 직장으로 화장품 매장에 취직하였다. 그러나 어떤 직종보다 외국어가 넘치고, 유행에 민감하게 대응하는 수많은 품종을 다루어야 하는 역할을 알고 큰 위기감을 느꼈다고 한다. 회사별 제품명은 커녕 스킨, 로션, 스프레이 등 외래어로 된 품종조차 알지 못하는 자신을 동료들이 이상하게 느끼기도 했기 때문이다. 결국 3일 만에 회사를 그만둘 것을 고민하던 구술자는 "내가 죽음과 삶의 기로에서 삶을 선택했는데, 이거 하나 못 해내랴"는 생각으로 버텼다(유지민 구술녹취록, 2008 I/20). 그러나 자신의 처지를 솔직히 밝히지 못하고 눈치와 짐작으로 매장 일을 배워야 하므로 자신의 능력보다는 주로 청소를 하면서 겪었던 어려움은 더할 수 없었던 것으로 보인다. 핫도그를 사오라는 사장의 주문에 핫도그가 먹는 것인 줄도 몰라 겪어야 했던 곤란함을 이야기하며 구술자는 탈북자로 커밍아웃을 해서 겪는 무시와 차별보다, 눈치와 짐작으로 한국의 주류문화에 동화되기 위한 노력을 할 수밖에 없었던 당시 심경을 피력하였다.

몇 달 후 매장을 방문한 중국유학생들에게 유창한 중국어로 화장품을 판 경험이 힘이 되어 구술자는 좀 더 나은 미래를 위해 대학진학을 결심하였다. 6개월간 "동시통역직업훈련학교"를 마치고 2004년 3월 지방에 있는 한 대학의 중국학과에 입학하였다. 중국에서의 생활경험이 중요한 생애사적 자원이 된 것이다. 구술자는 중국어를 원어민에 가깝게 할 수 있는 능력을 바탕으로 대학 동기들 사이에서 리더십을 인정받기 시작한 것으로 보인다(유지민 구술녹취록, 2008 I/24). 현재 다양한 동아리 활동과 함께 학과의 취업모임 회장으로 활동하는 구술자는 자신의 탈북경험을 밝히고 학생들에게 북한이탈주민 지원조직의 자원 활동을 권유하기도 한다.

3) 나는 누가 뭐래도 대한민국 국민

2004년 경북지역에 정착한 후 2008년 인터뷰 당시까지 구술자의 생애 이력은 20대가 할 수 있는 집중적인 생애사적 노력을 보여 준다. 자신이 일상적으로 직면하는 북한이탈주민에 대한 '따가운 시선'을 견디며 눈치와 짐작, 학습 등 자신만의 노력으로 소위 '대한민국 국민'으로서의 문화와 능력을 전유하게 된 것이다. 돈 버는 직장보다 미래를 위해 투자하고자 대학을 선택한 구술자는 현재 4학년 졸업반으로 "지금이 내 인생의 최고봉"이라고 평가하였다(유지민 구술녹취록, 2008 I/36). 전체 인터뷰에서 구술자는 비록 혼자 꾸려 가는 경북지역에서의 생활이 외롭고 고단하지만 북한을 떠났던 과거보다 나은 미래를 만들고 있다는 강한 자부심과 희망을 피력하였다.

다른 한편 구술자는 올림픽 등의 경기에 등장하는 북한선수들을 보면 너무 자연스럽게 눈물을 흘리고, 이기기를 기원한다. 또한 구술자는 북한에 두고 온 가족을 생각하며 눈시울을 적시기도 하였다(유지민 구술녹취록, 2008 I/31). 비록 떠나온 사회이지만 구술자에게 북한은 자신에게 무조건적인 지지와 격려를 보냄으로써 자기믿음(selbsttraun)을 갖게 하는 정서적 토대인 것이다. 동시에 구술자는 힘주어 자신을 대한민국 국민으로 정의한다.

> 누가 뭐라 그래도 제가 청진 사투리 써도 저는 대한민국 국민이에요. 법적

으로 저는 그렇게 돼 있고, 나는 그래서 이 나라에서 기여하면서 살 거니까. 제가 있으면서 물론 다른 사람들이 봤을 때, 기초생활수급자라고 저 사람은 짐이 될 거야라는 편견에 대해서 절대적으로 없다라고 얘기하죠. 물론 안 그런 사람도 있지만요. 내가 세금 내는 그 나라에 있을 때가, 내가 이 사회에 꼭 필요한 사람이 될 거야, 그런 사람이야, 나는. 나는 새터민들한테도 그런 말을 해요, 너희들은 다 필요한 사람이다, 필요하지 않은 사람이 어딨어요. 어떻게 그 사람들이 원하는 거만 필요한 건 아니잖아요.

–유지민 구술녹취록, 2008 I/ 39

위의 단락에서 구술자는 근대국가 구성원으로서의 법적 권리는 "북한 사투리"와 상관없이 개인에게 주어지는 권리여야 함을 강조하고 있다. 뿐만 아니라 '가난한 탈북자들은 여기에 와서 국가지원이나 받으며 사회의 짐이 될 거야'라는 편견에 대하여 구술자는 이 나라에 "기여하고", "꼭 필요한 사람"이 될 것임을 다짐하고 있다. 즉 구술자는 자신에게 부여된 법적 권리에 대한 대가로 사회적 기여를 약속하고 있는 것이다. 이것은 혈통이나 출생지 등에 의해 '자연적'으로 남한사회구성원의 자격을 가진 것이 아니라는 자신의 조건을 만회하고자 하는 시도이기도 하다. 나아가 스스로 무임승차한 개인이 아니라 사회에 꼭 필요한 사회적 가치를 가진 존재로 인정받으며, 상호 연대의 관계를 맺고자 하는 강한 바람이라고 할 수 있다.

지금까지 살펴본 유지민 씨의 생애사는 한국사회의 문화와 질서에 '동화'되고자 하는 적극적인 노력을 보여 준다. 이것은 사춘기의 나이에 국가 사이의 경계를 넘으며 정착한 한국사회에서 자신의 존재를 인정받기 위한 구술자의 각별한 생애사적 실천 양식이다. 또한 "누가 뭐래도" 스스로를 대한민국 국민으로 자리매김하려는 구술자의 정체성 (재)구성 과정이기도 하다.

3. 나는 국제적으로 단련된 자본주의 사업가: 박태수[28]

앞의 사례들이 북한사회의 비당원으로 헌신하거나 생활하던 중 1990년대 중반 '고난의 행군'을 거치며 북한 국경을 넘어 온 사례라고 한다면, 박태수 씨의 사례는 북한사회의 최고 엘리트로 생활하다가 1990년대 중반 정치적 숙청을 경험하며 북한사회를 탈출한 경우로 최대비교의 사례라고 할 수 있다. 구술자는 북한 경제관련 부서의 지도급 간부였던 경험을 바탕으로, 북한사회의 단면을 논리적이고 체계적으로 소개하였다. 뿐만 아니라 북한과 남한에서의 생애체험에 대해서도 명료하고 거침없이 표현함으로써 '통이 크고 호방한' 북한 경제 관료의 모습을 짐작하게 하였다.

1) 해외 무역 관료의 숙청과 망명

1952년 자강도의 노동자 집안에서 출생한 구술자는 2008년 인터뷰에서 성인이 될 때까지 자신의 삶을 "한 번도 배불리 먹지 못하고 지낸 삶"으로 요약했다. 일찍 부모님이 사망한 뒤 어린 구술자는 고아와 같은 생활을 하면서 1969년 중학교를 졸업하였다. 이후 10년간 군수공장의 조선사회주의노동청년동맹(이하 사로청) 간부로 활동하였다. 결국 기본계급 출신으로 10여 년간 충성한 점을 인정받아 27살이 되던 1979년, 북한 최고의 경제대학에 입학함으로써 30대 이후 무역 관료로 "인생의 전성기"를 보낼 수 있는 기반을 마련하였다(박태수 구술녹취록, 2008 I/4).

구술자가 처음 해외 무역활동을 시작한 것은 1986년으로, 30대 중반의 나이로부터 2002년 망명을 할 때까지 15년간 각 나라를 두루 경험했다. 특히 동유럽 사

28 구술자와의 인터뷰는 2008년 1~2월 중 2회에 걸쳐 이루어졌다. 구술자가 운영하는 학원 사무실에서 면담을 하는 동안 부인과도 간단한 인사를 나눴다.

회의 붕괴과정과 중국 사회의 개혁, 개방을 현장에서 지켜보았다. 뿐만 아니라 서구 자본주의 사회의 삶도 직접 체험하면서 북한 경제의 위기를 암묵적으로 느꼈던 것으로 보인다(박태수 구술녹취록, 2008 II/22~23). 인터뷰에서 구술자는 북한 최고의 경제 관료로 해외를 오가며 무역사업을 하던 당시 자신이 느꼈던 갈등을 "서러운 사회"에 살았던 무역인의 처지로 평가하였다. 북한사회의 기본계급 출신으로 최고의 대학을 나와 무역엘리트가 된 자신이 "거짓말"을 하지 않으면 사회적 삶을 유지할 수 없었던 '서러움'을 드러내는 것이기도 하였다. 이처럼 사회주의 체제의 공식적인 영역에서 강제되었던 사상과 규범이 일상적인 생활 경험과 눈에 띄는 괴리를 갖게 된 것은 동유럽 사회주의 체제가 붕괴할 수밖에 없었던 하나의 요인으로 지적되기도 한다(Niethammer et al., 1991). 이는 체제에 대한 자유로운 비판이 용인되지 않는 사회주의 사회에서 체제의 이상과 현실 사이의 괴리가 빚어낸 결과였던 것으로 평가된다.

사례분석에 의하면 각종 무역활동을 거쳐 1996년 1월부터 폴란드 경제대표로 나가 있던 구술자는 그해 여름 '고난의 행군' 중인 중앙당에 적극적인 충성을 표시하지 않았다는 이유로 일반 노동자로 강직되어 만 2년간 시골 농장에서 혁명화 사업을 수행해야 했다. 1996년 2월 공식적으로 배급제도가 중단됨으로써 체제의 무능이 공식화되자 권력의 중앙에서는 소위 '사상투쟁'을 강화함으로써 혹여 있을지 모르는 해외 근무자들의 사상적 이탈을 막으려 했던 것으로 보인다. 혁명화 사업을 수행하던 시기 구술자는 맨몸으로 가족과 함께 농장에서 막노동을 하며 생계를 유지하였다. 1999년 천신만고 끝에 중앙기관에 재발탁되어 활동하던 중 구술자는 무역능력을 인정받아 2000년 7월, 3년 임기의 해외 합작회사 사장으로 부임하였다. 그러나 2002년 2월 중앙당의 재숙청 움직임을 느끼고 그해 9월 부인과 막내만을 데리고 암스테르담을 거쳐 한국으로 망명하였다. 자신의 사회적 가치를 인정하지 않을 뿐만 아니라 생존까지 위협하는 북한사회를 등지고 "자신을 받아주기만 해도 좋은 곳"을 찾아 한국에 온 것이다.

2) 자본주의 사교육 시장에서 경쟁하기

하나원 교육 후 서울의 집을 배정받자 구술자의 부인은 ○○교육 영어교사 연수를 받기 시작하였다. 해외활동을 통해 자본주의 시장원리를 누구보다 잘 아는 구술자가 한국 사교육 시장에 주목한 것이다. 북한 최고 엘리트 집안의 딸로 "김정일의 자식들이 배우는 뭐 스위스에 나가 미국 아이들한테 직접 배우기도 하고 유학도 한"(박태수 구술녹취록, 2008 II/17) 부인은 영어 사교육 교사 자격증을 딴 후 방문 과외 교사로 활동을 시작하였다. 그러나 구술자가 살고 있는 지역의 학원 원장이 "북한 출신 교사를 받을 수 없다"고 거절하여, 다른 지역으로 배치를 받을 수밖에 없는 현실에 직면해야 했다. 뿐만 아니라 구술자의 부인이 담당하게 된 학부모들이 "우리가 뭐 모자라서 탈북자에게 배우겠나"라며 수강을 취소해 버리기도 하였다. 결국 중요한 사회관계 속에서 구술자의 가족은 개인성이 아닌 사회적으로 평가 절하된 '탈북자' 집단으로 환원되는 경험을 한 것이다. 그러나 원어민 영어 발음과 실력으로 남아 있던 학생들을 가르치기 시작하여 일 년 만에 인기 영어교사가 되었다. 구술자의 부인은 한국 사교육 시장이 선호하는 우월한 외국어 능력을 바탕으로 사회적 가치를 가진 개인으로 인정받게 된 것이다.

또한 구술자는 청계천 복구공사 등의 건설현장에서 노동하며 생활비를 벌었다. 구술자료에 의하면 구술자의 가족은 모든 정착금과 생활지원금을 쓰지 않고 모은 데다 매달 부인과 구술자가 번 돈을 최대한 저축하여 삼 년 만에 사업자금 일억 원을 모을 정도로 집중적인 생활을 하였던 것으로 보인다. '최대의 경제활동과 최소소비의 원칙'에 따라 생활한 것이다. 이를 기반으로 2006년 중반 구술자는 주변의 무시와 편견을 깨고 해당 영어교육기관 산하의 지역 학원을 개설할 수 있는 '권리'를 실현하였다. 뿐만 아니라 학원개소 일 년이 된 2007년, 전국의 600여 개 산하단체 학원 중 최우수학원의 하나로 선정되어 상을 받기도 하였다. 이처럼 구술자는 북한의 대외무역 간부로 활동한 자신의 생애사적 자원을 바탕으로 남한 사회의 유능한 사업가로 변신한 것이다. 나아가 구술자는 동유럽 사회주의의 변화를 지켜본 경험에 기초하여 북한이 통일될 무렵 북한 땅으로 들어가 "학원 사업"을 펼칠 계획을 밝히기도 하였다. 요컨대 구술자와 가족은 남한사회의 핵심 사교육시장의 경쟁에 참여하여 우월한 외국어 능력과 경영수완으로 경제적 기반을 마련함으로써 사회적 인정을 받게 된 것이다.

3) 사회적 명예의 상실과 절망

그러나 두 번째 인터뷰의 말미에 구술자는 자신의 최근 심경을 "절망감"으로 토로하였다. 지금까지 거침없이 자신의 생활과 입장을 이야기하던 태도와 달리 "못할 소리"를 풀어놓으며 자신의 심경을 피력하였다. 사례분석에 의하면 학원 경영을 책임지고 있는 구술자가 운영비를 절약하기 위하여 학원버스를 직접 운전하면서 어린이와 학부모들로부터 일상적인 '모욕'과 '무시'를 체험하지 않을 수 없는 것으로 보인다.

> 기니까 후들후들하니까 차를 아이들 태우고 밤에 가는데 어두운 데 가는 데 차가 갈 수가 있어요? 막 가슴에서 뛰는데. 차를 세우고 한- 사, 오 분 있다가 눈물이 쭈르르 나오는 기야요. 야- 이거 내가 정말 이게, 정말 조국을 버린 죄가 이렇게 크냐? 거기서 생각이 나는 거예요. 아니다, 이것도 참고 견뎌야 성공한다는데, 손바닥을 한 열 번 마주치고 가자 (…) 솔직히. 내가 이젠 정말 야- 내가 이러다 정말 죽겠구나. 아니 죽는 것보다도 고통 속에서 허덕이는구나 하는 게 절망감이 많이 나거든요.
>
> – 박태수 구술녹취록, 2008 II/33

위의 텍스트를 통해 남한사회에서 비록 경제적 기반을 가지기는 하였으나 '조국을 버림'으로써 상실한 '사회적 명예'와 탈북자에 대한 눈에 보이지 않는 무시와 차별이 구술자의 자기가치 부여를 힘들게 하고 있음을 짐작할 수 있다. "해외를 훨훨 돌아다니던 자신"과 "쨉쨉거리는 에미나이와 애새끼들"의 멸시를 감내하는 현재의 자기(self) 사이에서 느끼는 자괴감이라고 할 수 있다.

지금까지 살펴본 박태수 씨의 생애사적 체험은 정치적 망명으로 상실한 사회적 명예와 인정을 경제활동 능력의 '우월함(supremacy)'을 근거로 극복하고자 하는 의지와 갈등을 보여 준다. 즉 박태수 씨의 국제적으로 단련된 뛰어난 경제활동은 자본주의 한국사회에서 자신의 생애사적 자원을 바탕으로 수행하는 인정투쟁의 중요한 양식이다. 앞의 사례 재구성 결과는 탈북인으로서 겪는 무시 및 차별에 대하여 일상적인 인정투쟁을 전개하며 성공한 사업가로서의 '우월함'을 실현하는 구술자의 행위지향을 보여 준다. 이러한 관점에서 성공한 경제인으로서의 '우월함'과 사회적 명예를 상실한 '좌절감'은 구술자의 정체성을 새롭게 구성해 가는 핵심적인 양면(兩面)이기도 하다.

4. 나는 북한주민과 연대하는 '비판적 지식인': 김주희

박태수 씨가 무산계급 출신으로 대학 졸업과 함께 북한 무역 분야의 최고 엘리트 집단에 들어가게 된 사례라면 김주희 씨는 소위 '인텔리 집안' 출신으로 문학적 재능을 인정받아 어렵게 북한의 최고 엘리트 집단에 속하게 된 경우이다. 이런 점에서 박태수 씨의 생애사에 대한 최소비교의 사례이다.

1) 작가동맹 시인의 정치적 추방과 신체적 학대

김주희 씨는 1959년 평양에서 4남 2녀의 장녀로 태어났다.[29] 아버지가 평양 조소문학회 부위원장을 거친 교사였고, 어머니는 일본 유학을 한 점 등에 비추어

29 김주희 씨와의 인터뷰는 2006년 5월과 2007년 8월 두 차례에 걸쳐 이루어졌다. 인터뷰 자료 외에 구술자의 자전적 단행본(2005)과 석사학위논문(2006), 각종 기고문들을 토대로 사례를 재구성하였다.

'지식인 집안'의 전통 속에서 자란 것으로 보인다. 사례분석에 의하면 구술자는 이러한 가족 분위기 속에서 자신의 문학적 꿈을 키웠던 것으로 보인다. 1977년 고등학교를 졸업한 구술자는 공장생활을 하다가 출판사 편집부 필사공으로 취직하였다. 동시에 구술자는 평양 4 · 15 창작단 번역 실장으로 있던 오빠의 지도로 문학 수업을 받았고 1980년 두 편의 시가 「평양신문」에 게재됨으로써 21살의 젊은 나이에 사회적 인정을 받게 되었다(김주희 구술녹취록, 2006 I/28~30). 1991년 김형직 사범대학 작가 양성반을 졸업하고 북한 최고의 문학잡지인 조선문학에 시를 발표함으로써 전문작가의 길을 걷게 되었다.

1994년 30대 중반의 나이가 된 구술자는 17년 연상의 상처한 남자와 결혼하였다. 김책공대 물리학부 초대 졸업생으로, 북한 원자력 공업부 간부로 있던 남편의 사회적 조건이 제공하는 생활기반과 양육의 경험을 토대로 구술자는 안정된 창작활동을 하였다(김주희 자서전, 2005: 65~68). 그러나 결혼 3년 후인 1997년, 구술자 가족은 평양에서 청진으로 추방명령을 받았다. '고난의 행군'으로 사상투쟁이 심화되던 시기, 평소 김정일 찬양시에 적극성을 보이지 않는 구술자를 비판하던 당 조직에게 의붓아들의 일탈행각이 좋은 비판의 거리가 된 것이다. 1년여 동안의 진정과 호소 등 추방을 막기 위한 노력이 수포로 돌아가자 구술자의 가족은 1998년 5월 기차를 타고 청진을 향했다. 식량난의 와중에 직장을 잃고 지방으로 추방명령을 받은 구술자와 남편은 새로운 삶의 기반을 찾기 위해 이혼에 합의하고 헤어졌다. 이후 구직을 위해 백방으로 수소문하던 구술자는 이미 1980년대 말부터 만성화된 지방에서의 '미지급' 상태를 온전히 경험하였다. 두 달여 동안 청진 주변을 오가며 직장을 구하려던 구술자는 공공연한 월경자(border-crossers)들을 목격한다. 우연히 만난 사촌동생의 권유로 배고픔을 해결할 수 있을 뿐만 아니라 자유롭게 창작활동을 할 수 있는 곳을 찾아 구술자는 1998년 7월 11일 이른 새벽 두만강을 건넜다.

중국으로 건너온 후 두고 온 아들을 데려오기 위해 중국과 북한의 국경을 두 번이나 더 건너는 것을 불사한 구술자는 중국 땅에서 여러 번의 인신매매를 경험하였다. 단행본 저서에서 구술자는 이 시기 사람으로서 겪지 못할 끔찍한 성폭력과 생명에의 위협을 적나라하게 기술하고 있다. 1999년 1월 어느 날 구술자는 피와 땀투성이 내복 바람으로 아들을 안고 인근 교회 문 안으로 피신하였다. 연변지역 한인 선교사의 보호 아래 10개월간의 은둔생활을 하던 구술자는 1999년 11월 13일 몽골국경을 경유하여 한국의 김포공항에 도착하였다. 당시 심경을 묘사한 글(김주희 자서전, 2005: 295)에서 구술자는 자신을 사랑하는 자로부터 버림받은 여인으로 묘사하고 있다. 열렬한 구애와 헌신에도 불구하고 북한정권으로부터 버림받은 자신이 결국 인생의 거친 격랑 속에서 '적국'이었던 남한까지 오게 되었음을 토로하고 있다. 이를 통해 평생을 예술가로 헌신한 자신에게 보호와 사랑으로 대답한 것이 아니라, 평양 추방을 명함으로써 삶의 기반을 잃고 기아와 인신매매 그리고 성폭력에 처하여 결국 '적국'이었던 남한 땅으로 내몰리게 한 북한정권에 대한 강한 원망을 엿볼 수 있다.

사례 재구성 결과에 의하면 구술자에게 1998년 북한으로부터의 탈출 그 자체가 아니라 평양 추방 이후 역동적으로 이어지는 기아 및 폭력의 체험을 매개로 한 사회적 추락과 반복되는 국가 간 경계 넘기(1998~1999)가 상대적으로 긴 생애사적 전환기(biographical turning periods)를 구성하고 있다.

2) '탈북인'이 아닌 작가로서의 성찰

한국에 도착한 구술자는 수개월 간의 정착 교육을 받은 후 2001년 충청 지역의 아파트를 분양받고 이주하였다. 그러나 문학을 계속하기 위한 준비로 2002년 서울의 한 여성학과에 진학하여 2006년 7월 졸업하였다. 대학원 과정을 다니며 자신의 탈북과정에 대한 자전적 수기를 발간하기도 하였다. 이 과정에서 구술자는 흑백 논리에 의해 구성된 남북한의 역사에 대한 새로운 이해에 직면하게 되었던 것으로 보인다. 즉 과거 자신이 알고 있는 남한과 현재 남한사회에서 바라보는, 떠나온 정치적 타자로서의 북한을 자신의 생애사 속에 새롭게 자리매김해야 하는 과제에 직면한 것이다. 이와 같은 맥락에서 구술자는 단행본을 통해 "전대미문의 생애 체험을 겪고서야 남과 북을 아울러 성찰할 수 있게 된 경계인으로서 나"라는 생애사적 관점을 보여 줌으로써 자신과 상호작용하는 일반화된 타자에 대한 새로운 이해를 시도하고 있음을 짐작하게 한다. 이것은 구술자의 새로운 자기이해(self understanding)이기도 하다. 동시에 구술자는 2005년에서 2006년에 걸쳐 집필한 자신의 석사논문에서 북한의 여성시를 분석함으로써 여성시인이었던 자신의 모습을 투사하여 성찰하고 있다.

그러나 이러한 자기성찰과 함께 구술자는 자신을 '탈북자'로만 정의하려는 한국사회의 일상에 직면하곤 하였다. 구술자가 전하는 구체적인 사례에 따르면(김주희 구술녹취록, 2006 I/14~15) 자신이 다니던 대학원에서 여성학 관련 행사를 준비하던 중 구술자는 자신의 존재가 평가절하되는 모멸감을 느꼈던 것으로 보인다. 당시 상황을 전하는 인터뷰에서 구술자는 식품전공을 하는 어떤 '비전공자'가 여성학 주제에 대한 발표를 맡았던 반면, 정작 여성학 '전공자'인 자신은 '탈북' 경험에 대한 발표자로 역할 분담이 된 상황에 대하여 심각하게 문제를 제기하고 있다. 사례분석에 의하면 구술자는 이 과정을 지켜보며 자신이 가진 삶의 깊이와 학문적 연륜이 '사회적 가치'로 인정받지 못하고, 단지 '탈북자'로만 평가되고 있음을 느끼게 되었던 것으로 보인다. 즉, 북한사회에서 최고의 예술가라는 '명예'를 체험했던 자신이 여성학 전공자가 아닌 다른 여성보다 평가 절하되는 것에 대해 '수치'를 느꼈을 것으로 보인다. 나아가 집단 내에서 자신이 오직 '북한에서 탈출한 행위'만으로 정의되는 것을 직접 체험하게 된 것이다. 이처럼 어떤 사회의 도덕적 내용이 각각의 '개인성'이 아니라, 각 개인이 가진 성(sex), 피부색, 출신지 등의 특정한 조건으로 환원시켜 위계화하는 것은 사회적 배제와 차별의 전형적인 경우이다.

3) 북한주민과 연대하는 지식인의 길

사례 재구성 결과에 의하면 구술자는 2003년 북한을 탈출하여 일본에 거주하며 언론분야에서 활동하고 있는 현재 남편을 우연히 만나게 되었다. 3년 뒤인 2006년 두 사람은 결혼하였다(김주희 구술녹취록, 2007 II/16). 이어서 2007년 북한주민들의 생활을 전하는 한 잡지의 편집인이 되었다. 사례 재구성 결과에 의하면 결혼 후 구술자는 남편을 통해 북한 주민들이 제3국을 통해 내보내는 소식을 접하게 된 것으로 보인다. 그리고 남편과 함께 이들의 소식을 모아 세상에 알리기 위한 편집 작업에 자신의 남은 인생을 바치기로 한 것이다. 잡지 창간호에서 구술자는 자신의 "뒤집혀진 삶"에 대하여 이야기하고 있다.

> 나는 이번 기회를 통해 한국에 온 후 처음으로 되는 나의 정체성 정사[성찰]를 해보았다. 초기 몇 년간은 내가 열심히 공부하고 정착을 잘 하면 한국인이 되는 줄로만 여겨오고 있었다. 그 후로 이어진 나날들은 북한사람 외에 나는 다른 어떤 존재도 아니였다는 사실을 걸음걸음 각인시켜 주었을 뿐이다. (…) 북의 문제는 북에서 태여난 사람 자신이 해결해야 한다는 력사적 숙명을 의식하게 해준 과정이었다. 나는 결국 하버드의 꿈을 포기하였다. 두 눈에 흙이 들어가지 전엔 절대로 돌아보지 않으리라던 북한을 나의 남은 미래의 전부로 받아들였다. (…) 시인의 길-심장이 가리키는 운명의 길을 또 한 번 선택한 것이였다.
>
> -김주희 잡지 글, 2007: 9~10

위의 단락에서 구술자는 북한을 버리고 남한으로 온 자신이 다시 북한을 받아들이기로 한 선택을 "시인의 길-심장이 가리키는 운명의 길"로 정의하고 있다. 또한 이러한 선택이 짧지 않은 한국에서의 생활에 대한 숙고를 통해 이루어진 것임을 강조하고 있다. 사례분석에 의하면 구술자는 남편과의 만남을 통해 자신이 떠나온 북한을 보다 사회과학적인 지평에서 바라볼 수 있게 된 것으로 보인다. 이를 통해 구술자는 자신의 정치적 추방과 탈북이 사회주의적 신념을 실천하지 못한 자신의 잘못이 아니라, "총체적 미지급" 사태를 낸 북한 정권의 구조적 무능력 때문임을 '과학적'으로 이해함으로써, 자신이 가졌던 암묵적인 죄의식을 해소할 수 있었던 것으로 보인다. 뿐만 아니라 김정일 정권의 무능과 부패로 인해 고통받는 북한주민의 목소리에 공감함으로써 비록 몸은 남한사회에 소속되어 있으나 국경을 넘어 이들과 연대할 수 있는 정치적 가능성을 확인할 수 있었던 것으로 보인다.

지금까지 살펴본 김주희 씨의 생애체험은 남한사회구성원이라는 정치적 소속(political belonging)을 가지고, 대한민국이라는 영토적 경계를 넘어 북한주민과 연대하고자 하는 비판적 행위지향을 보여 준다. 이것은 이념적 적대관계로 형성된 국민국가의 경계를 횡단하는 초국가적 체험을 통해 구성되는 구술자의 비판적 정체성의 표현이라고 할 수 있다. 이런 관점에서 구술자의 '비판'에 근거한 인정투쟁은 근대 국민국가라는 행위공간을 넘어서고 있다.

5. 사례의 비교와 유형적 특성

지금까지 살펴본 사례 재구성 결과에 의하면 구술자들은 1990년대 중반의 식량난과 이로 인해 생겨난 정치적, 일상적 긴장과 위기의 가속화라는 북한사회의 변동을 서로 다른 생애사적 조건을 배경으로 체험하며 북한의 국경을 넘게 되었다. 생존의 위협과 정치적 보복의 불안을 안고 중국과 제3국을 경유하여 한국으로 오게 되는 상대적으로 긴 '탈북의 과정'에서 구술자들은 자신이 살았던 북한사회에 대한 '가치공동체'로서의 연대감(Honneth, 1992: 221)을 상실하게 되는 것으로 보인다. 대부분의 구술자에게 남한사회는 합법적인 체류허가와 생존의 조건을 얻기 위한 차선(次善)의 땅이다. 적어도 2000년대 초까지는 북한의 국경을 넘으며 한국행을 염두에 둔 사람들은 극소수였으며, 중국에서 직면하게 되는 불법체류자로서의 불안정한 존재조건과 경제적 어려움, 신체적 학대를 피해 남한으로의 이주를 선택하였다.

또한 한국에서의 일상생활을 통해 구술자들은 북한이탈주민에 대한 일반화된 타자의 위계적인 가치체계와 상호작용하며 다양한 형태의 배제와 차별을 경험하고 있다. 남한사회의 주류 가치체계에 의해 북한이탈주민의 고유한 문화와 가치가 열등한 것으로 평가되면서 도덕적 존재로서의 자존심을 훼손당하며, 수치와 모멸 등의 사회적 체험을 하게 되는 것이다. 이와 같은 남한사회의 '인정 철회'에 대하여 구술자들은 자신들의 생애사적 체험을 자원으로 '헌신(devotion)', '동화(assimilation)', '우월(supremacy)', '비판(critic)' 등의 행위지향을 만들어가고 있다. 이것은 곧 구술자들의 새로운 정체성의 구성과정이 갖는 주요한 특성이기도 하다.

구체적으로 각 사례가 가진 유형적 특징을 살펴보면, 먼저 고순자 씨와 유지민 씨의 생애사는 북한사회에서 비당원 가족으로 살아오다가 경제위기를 계기로 북한 국경을 넘게 된 과정을 보여 준다. 중국에서 경험한 신체적 학대와 생존의 불안을 피해 "등 떠밀려" 한국에 오게 된 고순자 씨는 자신을 국민으로 '인정'하는 대한민국에서 생애사적 자원인 '헌신'을 바탕으로 북한이탈주민 지원단체의 실무자로 활동하고 있다. 요컨대 고순자 씨의 생애사는 서로 다른 정치적 이념에 기초한 사회를 횡단하며 사회적 인정을 획득하기 위해 '헌신(devotion)하는 개인'으로서의 정체성을 보여 준다. 이에 비해 10대 말의 나이에 새로운 미래를 꿈꾸며 북한의 국경을 넘은 유지민 씨는 남한사회의 문화적 기호와 자원을 적극 전유함으로써 '북한이탈주민'에 대한 사회적 평가절하를 반증하고자 한다. 즉 남한사회의 가치체계에 '동화(assimilation)할 수 있는 개인'임을 보여 줌으로써 시민적 권리를 인정받고자 한다. 화장품 외판원을 거쳐 중국학과 졸업반이 된 유지민 씨는 스스로를 현재 자신이 살고 있는 대한민국의 '국민'으로 정의한다. 나아가 한국사회의 위계적 가치체계가 북한이탈주민들의 문화와 가치에 대하여 '인정'할 것을 요구한다.

고순자 씨와 유지민 씨 생애사의 최대비교 사례인 박태수 씨와 김주희 씨 생애사의 공통점은 구술자들이 남한사회로 이주하게 된 구체적이고 강력한 계기가 북한정권의 정치적 숙청이라는 점이다. 자신들이 평생을 바쳐 헌신하고 일체감을 형성했던 북한정권으로부터 사회적 권리를 박탈당하고 생존의 위협에 직면하게 되자 마지막 피신처로 남한사회에 오게 된 것이다. 이런 관점에서 두 사례는 적어도 생애 이력의 차원에서, 사회주의에서 자본주의사회로의 급격한 정치적 전환과 사회 엘리트에서 소수자라고 하는 수직적 신분변화를 동시에 보여 준다. 노동자의 아들로 당에 대한 오랜 충성을 바탕으로 1980년대 중반부터 해외 무역 관료로 활동했던 박태수 씨는 북한사회에서 두 번째의 정치적 숙청에 직면하여 자신을 '합법적으로 받아주는 곳'인 남한으로 망명하였다. 오랜 기간의 해외무역 활동을 통해 자본주의 사회의 잉여 축적방식을 체득하고 있는 박태수 씨는 자신의 '우월한' 경제활동 능력과 부인의 영어실력을 생애사적 자원으로 삼아 자본주의 남한사회에서 성공한 사업가로 독립하였다. 그러나 학원운영을 위한 일상생활 속에서 체험하는 사회적 명예의 상실은 경제적 성공으로 상쇄할 수 없는 생애사적 과제로 존재한다. 결국 성공한 경제인으로서의 '우월함'과 사회적 명예를 상실한 '좌절감'은 구술자의 정체성을 새롭게 구성해 가는 핵심적인 양면(兩面)이기도 하다. 또한 김주희 씨의 사례는 정치적 숙청 후 이혼, 기아, 성폭력 등의 급격한 사회적 추락과 생존의 위협을 겪으며 남한사회로 오게 될 때까지 북한사회주의 체제의 규범과 가치를 절대화하였던 북한 최고의 엘리트 집단으로서의 삶을 보여준다. 북한사회주의 체제의 모순을 알면서 충성했던 박태수 씨에 비해 김주희 씨는 예술가 특유의 비판의식과 거리두기에도 불구하고 체제의 모순에 대해 근본적인 문제제기를 할 기회가 없었다는 점에서 차이를 갖는다. 이런 관점에서 남한에서의 대학원 생활 및 문필활동을 통해 지속되는, 상대적으로 긴 구술자의 '자기성찰'은 북한의 최고엘리트로서의 '자기이해'로부터 거리를 두고, 남한과 북한사회를 동시에 성찰하고자 하는 '비판적 지식인'으로의 변화 과정이라고 할 수 있다. 동시에 북한정권뿐만 아니라 남한사회의 위계와 자본주의적 가치실현 방식에 대한 '비판(critic)'은 현재 구술자의 정체성을 구성하는 중요한 실천양식이다. 또한 북한주민들의 일상생활을 바깥 세계로 알리기 위해 잡지편집인으로 활동하는 구술자는 '대한민국 국적'의 시민으로서 정치적 경계를 넘어 북한주민과 '연대'하고자 하는 행위지향을 보여 준다.

이와 같은 구술자들의 개인적 정체성을 남한과 북한이라고 하는 '정치체제'에 대한 집단적 정체성과 연관시켜 살펴보면, 구술자들은 이념적 적대국가인 '북한이냐 혹은 남한이냐'라고 하는 양자택일의 상식적인 틀을 벗어나고 있다. 구체적으로 고순자의 씨의 경우 남한과 북한 모두를 한민족이라는 관점에서 수용하여 헌신하는 이원적 정체성을 보여 준다. 이에 비해 유지민 씨는 북한사회에 대한 정서적 믿음에도 불구하고, 자신이 현재 속한 남한사회에 보다 적극적인 일체감(royalty)을 가지려는 노력을 함으로써 개인화된 특성을 짐작하게 한다. 박태수 씨의 경우 자신이 전유한 경제활동능력을 토대로 남북한 사회와 관계 맺기를 하고 있다. 즉 정치적 신념을 토대로 남한 혹은 북한이라는 정치공동체의 구성원이 되기보다는 자신의 경제활동을 위한 이해관계 속에서 남한 혹은 북한을 평가하는 사사화(私事化)된 관점을 보여 준다. 반면 김주희 씨의 경우 남한과 북한을 국민국가의 차원에서가 아니라, 계급/계층의 관점에서 비판적으로 평가하며 연대하고자 한다. 즉 법적으로 남한사회의 시민인 김주희 씨는 남북한 정권 모두에 대해 비판적인 거리를 유지하며 북한시민과 연대하고자 하는 노력을 보여 준다.

이러한 구술자들의 사회, 정치적 정체성 구성 과정이 갖는 공통적인 특징을 살펴보면 첫째, 구술자들의 생애사 속에서 북한사회는 더 이상 자신들에게 사회구성원으로서의 익명화된 가치인 법적 권리를 보장하거나, 사회적 가치부여를 공유하며 연대하는 대상이 아니다. 그러나 북한은 이들에게 여전히 자기믿음

(Selbstvertraun)의 토대인 정서적 인정 관계 속에 존재한다. 많은 구술자들은 북한에 남아 있는 가족과 친인척들을 위해 물질적 지원을 아끼지 않고 있다. 또한 직간접적인 소통과 교류가 이루어지고 있다.

둘째, 구술자들은 사회주의 사회에서의 체험을 바탕으로 남한사회의 일상적 가치 규범에 대하여 거리두기를 한다. 이와 같은 '북한 출신'으로서의 거리두기와 '경계'는 북한이탈주민에 대한 남한사회의 '인정철회'에 대한 강한 문제제기이자, 도덕적 존재로서의 자기믿음에 대한 확인의 방식이라고 할 수 있다. 달리 표현하면 '이방인'(der Fremde)(Schuetz, 1972)이라는 사회적 지위가 부여하는 '낯선 눈'으로 한국사회의 일상적 질서에 대하여 질문하고 있는 것이다. 예를 들어 사회주의 사회에서 '강한 국가'가 수행했던 역할이 자본주의 시장질서에 내맡겨지는 한국의 현실에 대한 이들의 문제제기가 단지 사회주의 국가에 '의존적인' 개인의 불평이 아니라, 시장만능주의에 대한 '새로운 시민들'의 체험적 비판으로 이해할 수 있을 것이다. 이런 관점에서 '새로운 시민'인 북한이탈주민의 사회참여가 한국 시민사회의 새로운 비판적 동력으로 작용할 수 있는 가능성을 시사한다.

IV. 마무리

지금까지 살펴본 사례연구 결과를 정리해 보면, 첫째 북한이탈주민들의 한국에서의 일상체험이 다양한 '인정투쟁'이라는 성격을 가지고 있음을 짐작하게 한다. 남한사회의 일반화된 타자와 상호작용하며 북한이탈주민들이 직면하는 상호인정의 부재는 일상적인 정체성 (재)구성의 계기가 되고 있는 것이다. 외국인 노동자와 비교하여 북한이탈주민은 합법적으로 대한민국 국민이라는 정치적 권리를 가진 반면, '이념적 적대국가 출신'이자 '식량난민'이라고 하는 사회적 평가절하로 인해 고유한 집단문화와 가치에 대한 자기존중과 사회적 가치부여를 유보당하고 있는 것으로 보인다. 이러한 구술자들의 삶의 체험은 국적법에 의해 보장된 대한민국 국민으로서의 '정치적 소속'을 넘어 시민적 권리를 확보하기 위해 '헌신(devotion)', '동화(assimilation)', '우월(supremacy)', '비판(critic)'을 중요한 실천양식으로 하는 정체성 (재)구성과정을 드러낸다. 또한 이와 같은 정체성의 재구성과정은 이들의 정체성이 '북한이냐 남한이냐'와 같은 상식화된 양자택일의 틀을 벗어나고 있음을 보여 준다.

둘째, 대부분의 북한주민들이 비록 차선으로 한국사회에 이주하게 되고 복합적인 인정투쟁의 과제에 직면하게 되지만, 많은 경우 현재의 삶을 '탈북' 이전으로 되돌리기를 희망하지 않는다. 이 장의 사례연구가 보여 주는 일상생활에서의 노력은 서로 다른 사회체제를 경험한 북한이탈주민들이 생애사적 자산과 함께, 정치적 소속과 사회문화적 경험 사이의 간극을 가진 '이방인'이라는 존재 조건에 기초하여 '새로운 시민'으로 등장할 가능성을 시사한다. 요컨대 북한이탈주민의 생애사적 체험에 근거한 다양한 '거리두기'가 한국의 주류적 가치체계에 대한 '부적응'이 아니라, 한국시민사회의 새로운 비판적 동력이 될 수 있는 하나의 가능성을 시사한다.

이와 같은 연구결과는 북한이탈주민에 대한 연구와 관련하여 다음과 같은 이론 및 방법론적 과제를 시사한다. 첫째, 기존의 '적응(adaptation)'의 관점에서 수행된 북한이탈주민에 대한 연구틀을 넘어 이들을 적극적인 다문화적 시민사회의 주체로 이해하고 고찰할 수 있는 이론적 성찰이 필요하다. 이러한 관점에서 호네스와 테일러에 의해 제기된 인정투쟁에 대한 논의는 유의미한 이론적 틀을 제기한다. 둘째, 앞서 지적한 이론적 함의에도 불구하고 호네스의 '인정투쟁'이 암묵적으로 근대적 국민국가 내에서의 인정투쟁을 의미함으로써 북한이탈주민의 국가 간 경계 넘기를 통해 실현되고 있는 이주와 소수자로서의 삶을 포괄하기 어려운 한계를 드러낸다. 따라서 지구적 차원의 이동성의 증가가 개인의 삶에 요구하는 복합적인 '위험과 기회(risk and chance)'를 정체성의 논의 속에 담아 내기 위한 새로운 이론적 모색이 필요하다. 셋째, 북한이탈주민의 일상적인 삶을 심층적으로 고찰하기 위한 질적 접근 방법이 적극적으로 수행되어야 한다. 단순한 이주현황과 생활 적응의 실태에 대한 양적 기술을 넘어서 역동적인 삶의 체험을 이해의 지평으로 끌어올릴 수 있는 방법론적 시도를 통해 북한이탈주민에 대한 연구의 지평을 심화, 확대시켜야 한다.

마지막으로 이 글의 사례연구 결과는 2000년대 초반을 넘어서면서 북한 국경지역 주민들의 생활세계의 변화를 시사하고 있다. '식량난민'이 아니라 새로운 미래를 위해 국경을 넘는 이주민이 증가하고 있다. 1990년대 중반 이례 남한사회에 정착하기 시작한 북한이탈주민이 형성한 국가 간 경계를 넘어선 인적 네트워크와 다양한 정보매체에 힘입어 통일 전 동독사회를 연상하게 하는 정치, 문화적 '경계 허물기'의 효과가 증대하고 있는 것으로 보인다. 또한 개인의 생활세계의 차원에서 제3국을 거쳐 남북한사회를 오가는 유형, 무형의 경제적, 문화적 상호소통이 국가보안법이 현존하는 한국의 정치적 현실을 넘어 어떤 사회변동의 기제로 작동하게 될지가 앞으로의 중요한 연구과제이다.

참고문헌

강주원, 「탈북자 소수집단에 대한 남한사회의 구별짓기」, 한양대학교 문화인류학과 석사학위논문, 2002.

경남대학교 북한대학원 엮음, 『북한연구 방법론』, 한울아카데미, 2003.

권나혜, 「남한 내 탈북이주민 대학생의 정체성과 생활경험」, 연세대학교 대학원 사회학과 석사학위논문, 2006.

김근식, 「북한의 인권: 안으로부터의 시작」, 한국인권재단 편, 『한반도 평화와 인권 1』, 사람생각, 2002.

김상환, 「김정일시대 '고난의 행군' 무엇을 의미하나」, 『북한』 312: 42~49, 1997.

김윤영, 「탈북 아동들의 남한 학교생활과 정체성」, 한양대학교 대학원 문화인류학과 석사학위논문, 2002.

김인성, 「탈북자 현황분석: 탈북, 중간기착, 정착까지의 전과정의 총체적 분석」, 『민족연구』 14: 6~34, 2005.

김정미, 「탈북여성의 정체성 변화에 관한 연구」, 이화여자대학교 여성학과 대학원 석사학위논문, 1999.

독고순, 「탈북 주민의 가치 정향에 관한 비교 연구」, 『한국사회학』 35(1): 149~174, 2001.

박경태, 『소수자와 한국사회』, 후마니타스, 2008.

박성애, 「북한이탈주민의 생활경험과 자아정체성에 관한 연구」, 한국정신문화연구원 한국학대학원 석사학위논문, 2002.

박윤숙 · 윤인진, 「탈북 청소년의 사회적 지지 특성과 남한사회 적응과의 관계」, 『한국사회학』 41(1): 124~155, 2007.

박흥순, 「다문화와 새로운 정체성: 포스트콜로니얼 시각을 중심으로」, 『한국에서의 다문화주의: 현실과 쟁점』, 한울아카데미, pp. 111~134, 2007.

백영옥, 「중국 내 탈북 여성실태와 지원방안에 관한 연구」, 『북한연구학회보』 6(1): 241~264, 2002.

윤여상, 「탈북자 적응에 관한 '태도변용이론'의 적용 가능성」, 『대한정치학회보』 10(1): 195~223, 2002.

윤인진 · 박영희 · 윤여상 · 장혜경 · 임인숙, 「북한이주민 가족의 사회적응과 가족관계의 변화」, 『한국가족복지학』 12(2): 89~108, 2007.

윤인진, 「북한이주민의 사회적응 실태와 정착지원방안」, 『아세아연구』 50(2): 106~182, 2007.

이미경, 「탈북여성과의 심층면접을 통해서 본 경제난 이후 북한여성의 지위변화 전망」, 『가족과 문화』 18(1): 33~55, 2006.

이용필 편저, 『세계화 과정에서 공동체주의 이념과 국가』, 신유문화사, 2002.

이정우, 「탈북 청소년의 사회화 과정에 대한 질적 연구」, 『사회과교육』 25(1): 195~219, 2006.

이희영, 「사회학 방법론으로서의 생애사 재구성」, 『한국사회학』 39(3): 120~148, 2005.

정병호, 「탈북난민 문제의 탈정치화」, 정병호 · 전우택 · 정진경 엮음, 『웰컴 투 코리아: 북조선 사람들의 남한살이』, 한양대학교출판부, pp. 47~63, 2006.

정병호 · 전우택 · 정진경, 『웰컴 투 코리아: 북조선 사람들의 남한살이』, 한양대학교출판부, 2006.

정진헌, 「탈분단 · 다문화시대, 마이너리티 민족지: 새터민, 「우리」를 낯설게 하다」, 『한국에서

의 다문화주의: 현실과 쟁점』, 한울아카데미. pp. 136~166, 2007.

조영아 · 전우택, 「탈북 여성들의 남한 사회 적응 문제: 결혼 경험자를 중심으로」, 『한국심리학회지: 여성』 10(1): 17~35, 2005.

(사)좋은벗들, 『북한「식량난민」의 실태 및 인권보고서』, 정토출판사, 1999.

최진이, 『국경을 세 번 건넌 여자, 최진이』, 북하우스, 2005.

Honneth, A., *Kampf um Anerkennung*, Frankfurt am Main: Suhrkamp, 1992.(문성훈 · 이현재 옮김, 『인정투쟁: 사회적 갈등의 도덕적 형식론』, 동녘, 1996.)

Mead, G. H., *Mind, self and society*, Chicago and London: The University of Chicago Press, 1963.

Niethammer, L., *Kollektive Identitaet. Heimliche Quellen einer unheimlichen Konjunktur*, Reinbeck bei Hamburg, 2000.

Niethammer, L., A. V. Plato and D. Wierling, *Die Volkseigene Erfahrung*, Rowohlt: Berlin, 1991.

Riegel, C., *Im Kampf um Zugehoerigkeit und Anerkennung. Orientierungen und Handlungsformen von jungen Migrannten. Eine sozio-biografosche untersucung*, Ffm & London: IKO-Verlag fuer Interkulturelle Kommunikation, 2004.

Rosenthal, G., *Erlebte und erzhlte Lebensgeschichte. Gestat und Struktur biograpischer Selbstbeschreibungen*, Frankfurt/ M.: Campus, 1995.

Schuetz, A., "Der Fremde. Ein sozialpsychologischer Versuch", pp. 53~69, in ders. *Gesammelte Aufsaetze*, Bd. I., Den Haag: Martinus Nijhoff, 1972.

Taylor, Charles, *Erklaerung und Interpretation in den Wissenschaften vom Menschen*, Ffm: Suhrkamp, 1976.

______, "The Politics of Recognition", pp. 225~256, in *Philosophical Arguments*, Cambridge: Harvard University Press, 1995.

일곱 번째 강의

우리 안의 그들 2

쪽방거주자와 노숙자를 사례로 본 주거 빈곤층의 양상 및 지원방안[1]

조현미 경북대학교 지리학과 교수

I. 서론

우리나라는 일제강점기와 6 · 25전쟁이라는 역사적 어려움을 겪으면서도 1960년대 이후 경제개발정책을 통하여 단기간에 눈부신 경제성장을 이루어 냈다. 그러나 이러한 놀랄 만한 성장과 함께 수도권을 중심으로 이루어진 급속한 도시화와 산업화는 지역 간의 격차를 심화시키면서 국토의 불균등한 발전을 초래하였고 농촌에서 도시로의 대규모 이촌향도 현상은 도시의 일각에 달동네, 산동네, 뚝방동네, 판자촌 등으로 불리는 전형적인 불량주거 지역을 형성하게 되었다. 이렇게 만들어진 불량주거지는 열악한 주거환경과 위생 · 방화 등의 이유로 1950년대 이후부터 꾸준히 사회문제시 되어 왔으며, 이의 해결방안으로써 1970년대 이후 '재개발'이 시행되기에 이른다(이은숙, 1994: 1). 그런데 이때에 전개된 도시 내 불량

1 본 연구는 『사회과학 담론과 정책』 제3권 2호에 게재되었던 김민진 · 조현미, 「쪽방지역 주민의 생활실태와 빈곤의 재생산」의 내용을 수정, 보완한 것이다.

거주지역의 재개발사업은 도시화의 진전에 따른 도시의 확장과정 속에서 도시 빈민층을 도시외곽으로 분산시키는 방향으로 이루어졌고, 본격적인 도시화의 물결에 미처 합류되지 못한 변두리에 새로운 달동네를 형성하는 경향이 많았다. 게다가 성장제일주의에 입각한 대기업 중심의 산업화 정책은 부의 불균형을 심화시켜 사회적 불평등을 낳으며 도시의 인구급증, 노동자계층의 소외, 상대적 빈곤감과 박탈감을 형성하였다.

그런데 초기의 재개발정책은 주로 도시외곽의 미개발 주거지역이나 녹지를 택지로 개발하여 공급되었던 반면, 최근의 재개발정책은 교외의 개발가용지가 줄어듦에 따라 대도시 내부에 존재하는 기성시가지의 재개발로 변화하는 경향이 있다(전경구 · 박금준, 2008: 20). 도시정비사업의 일환으로서 도시내부에 미처 개발되지 못한 채 남아있던 불량주거지역은 새로운 주거단지로 정비하는 과정에서 해체되고 사라져가고 있는 것이다. 다시 말해, 도시빈민이 거주하는 '불량주거지'는 도시공간이 재편성되는 도시화 과정 속에서 형성되었고 국가의 재개발 정책을 통하여 이전 · 해체 · 소멸되었으며, 그리고 재생산되어 왔다고 할 수 있다.

그런데 재개발사업에 따른 저소득층 주거대책의 일환으로 공공임대주택이 일부 건립되기는 했으나 그 숫자는 턱없이 부족한 상황이었고, 그곳에 살던 원주민에 대한 적절한 대책 없이 강제 철거되어 이들 도시빈민들은 도시주변에 새로운 형태의 다양한 불량주거지를 형성하게 된다. 그 대표적인 예가 쪽방지역이나 비닐하우스 촌이라 할 수 있다.[2] 이처럼 산동네, 판자촌이라 불리는 무허가 정착지가 재개발사업으로 인해 거의 자취를 감추면서 외관상으로는 도시빈민의 문제가 완화된 것으로 보이지만, 실제로는 연립주택이나 다세대 · 다가구주택 등의 지하

2 장세훈(2006)은 주거유형별로 볼 때 빈곤층의 내부분화가 상당히 진행되어, 비닐하우스촌과 지하셋방이 도시빈곤의 '막장'에 근접해 있다고 보고 있으며, 영구 임대아파트는 빈곤층 밀집지역이라는 일반적인 인식과 달리 중하층과 빈곤층이 혼거하고 있는 점이지대의 특징을 보여주고 있다고 하였다.

셋방, 옥탑방 등으로 도시 빈민이 분산거주하면서 빈곤이 '은폐'되는 측면이 있는가 하면, 도심의 쪽방이 새로운 주거 빈곤 지역의 대표적 사례로 자리 잡게 되면서, 비닐하우스 촌이나 쪽방지역 등에 도시빈민들이 '재집중'하는 양상이 나타나고 있다(노병일 · 윤경아, 2003: 4, 하성규 외, 2000: 2, 남원석, 2004: 88). 결국, 재개발사업으로 인하여 도시환경은 정비되어 가고 있으나 도시빈민층은 자신들의 경제적 여건에 적합한 인근의 또 다른 열악한 주거환경을 찾아 이동하는 과정에서 빈곤계층의 공간적 재편이 이루어지게 되며, 이러한 과정을 통하여 빈곤계층의 경제적 · 사회적인 여건은 더 나아지지 않고, 오히려 악화되는 경향을 보인다.

지하셋방, 옥탑방, 비닐하우스, 쪽방 등과 같은 주거빈곤은 각각의 유형에 따른 나름대로의 문제를 안고 있으며, 이들 새로운 주거 빈곤지역의 주민들이 안고 있는 문제는 가시적으로 드러나지 않기 때문에 오히려 더욱 심각한 사회적 갈등을 유발할 가능성이 크다. 특히 산업자본주의의 발달로 인한 양극화의 심화현상은 주거빈곤층의 직업구성상에 있어서의 불안정성으로 인하여 더욱 악화되어 그들을 무주택화로 내몰게 될 위험을 내포하고 있다는 점을 주지할 필요가 있다.

이에 본 장에서는 산업화 · 도시화의 진전으로 인한 도시 재개발사업과 주거빈곤층의 확대와의 관계에 관하여 고찰한 후, 사회적으로 가장 빈곤층이라 할 수 있는 노숙자와 잠재적 노숙자의 주거지역이라 할 수 있는 쪽방의 실태와 문제점에 대하여 분석함으로써 바람직한 빈곤대책에 대하여 생각해보고자 한다.

II. 빈곤과 도시빈민

1. 빈곤의 개념

일반적으로 빈곤은 인간의 일차적 욕구인 의식주를 제대로 해결하지 못하는 상태를 의미하며, 나아가서는 이러한 의식주의 결핍뿐만 아니라 문화, 오락, 여가, 의료, 교육 등 2차적인 욕구를 충족시킬 수 없는 상태를 의미하기도 한다. 그러나 빈곤의 개념은 각국의 경제발전 수준, 사회 · 문화적 환경, 제도, 정책 등에 따라 다르며, 각 사회의 집단에 따라, 그리고 각각의 역사와 시기에 따라 다르게 정의되어 왔다. 이처럼 빈곤은 일차적으로는 물질적 · 경제적 문제이지만 필연적으로 그 사회의 가치관과 문화적 요소와 관련되고, 또 국가의 정책과 관련되기 때문에 빈곤의 개념을 명확하게 정의하기란 쉬운 일이 아니다.

빈곤은 광의로 해석한다면 '정치, 경제, 사회, 문화 등 제 측면에서의 기회, 수단 또는 자원의 결핍상태'라고 정의할 수 있겠으나 여기서는 관심을 좁혀 경제적 측면에만 국한하기로 한다. 경제학적 관점에서는 빈곤문제를 크게 절대적 빈곤과 상대적 빈곤 두 가지 방법으로 접근하고 있으나, 여기에 부가적으로 정책적 빈곤의 개념도 함께 살펴보도록 한다.

1) 절대적 빈곤(absolute poverty)

절대적 빈곤이란 가장 간단하고 보편적으로 사용되는 빈곤의 개념으로서, 건강과 체력을 유지하기에도 곤란한 상태, 즉 최저생활을 유지하는 데 필요한 소득이 결여된 상태로 정의된다. 또한 생존을 위하여 최소한으로 필요한 소득을 빈곤선(poverty line)이라고 규정하고 그 선에 못 미치는 소득을 가진 사람들을 빈곤층이라고 본다. 요컨대 빈곤의 개념은 신체적 건강과 효능의 유지, 즉 육체적 생존에 필요한 최저한의 요구의 충족 여부도 중요하지만 오늘날의 빈곤은 사회적 기준에 의하여 규정된다. 그러므로 사회의 전반적 통념에 따라 빈곤의 개념은 달라질 수밖에 없으며, 빈민들의 생활수준 자체뿐만 아니라 빈곤하지 않은 사람들과의 상대적 위치가 고려되지 않으면 안 되는데 이것을 충분히 감안하지 않고 있다는 점이 절대적 빈곤 개념의 주요한 한계로 지적될 수 있다.

2) 상대적 빈곤(relative poverty)

상대적 빈곤은 그 사회의 평균소득수준과 비교한 것으로, 동일 사회 내의 다른 사람과 비교하여 낮은 소득수준에 처한 상태를 말한다. 이는 특정 사회의 전반적인 생활수준과 밀접히 관련된 개념이어서 정책적으로 중시되며 상대적 박탈과 불평등의 개념을 중시한다. 따라서 상대빈곤선은 특정 사회의 사회적 관습과 생활수준에 따라 크게 달라진다.

상대적 빈곤을 측정하는 지표로서 가장 흔하게 사용되는 방법은 전체 가구의 평균소득 또는 소비의 일정비율 이하의 소득을 갖는 가구를 빈곤층으로 간주하는 것이다. 그러나 상대적 빈곤 개념의 가장 큰 난점은 개념 자체의 자의성에 있다. 즉, 각자 자기 나름대로의 빈곤 개념 설정이 가능하기 때문에, 어느 것도 확실한 객관적 근거를 가진다고 주장할 수 없다는 문제가 있다. 그리고 가구구성의 차이에 따른 균등화척도(equivalence scales)를 계산하기 어렵다는 난점도 있다.

3) 정책적 빈곤

빈곤계층에 대해서 국가가 기본적인 생활을 보장해 주는 제도로서 2000년 10월부터 시행되고 있는 국민기초생활보장법이 있다. 우리나라의 경우 보건복지부에서 기초생활수급자를 선정하기 위해 정해 놓은 소득 및 재산 기준이 있는데, 이것이 일종의 정책적 빈곤선에 해당한다고 볼 수 있다. 기초생활수급자가 될 수 있는 조건은 수급권자 가구의 소득 인정액이 가구별 최저생계비 이하인 경우이어야 한다. 또한 부양의무자가 없거나 부양의무자가 있어도 부양능력이 없거나 또는 부양을 받을 수 없는 자로 65세 이상의 노쇠자, 18세 미만의 아동, 임산부, 질병 또는 사고 등으로 인하여 근로능력을 상실한 자 등이 해당된다.

〈표 7-1〉 2011년 가구별 최저생계비

가구 규모	1인가구	2인가구	3인가구	4인가구	5인가구	6인가구	7인가구
2011(원/월)	532,583	906,830	1,173,121	1,439,413	1,705,704	1,971,995	2,238,287

출처: 보건복지부, 보건복지부통계연보, 2011, p. 327

2. 도시 빈민의 개념

도시빈민이 누구인가를 경제적 · 사회적 차원에서 한마디로 정의 내리는 것은 쉬운 일이 아니며, 도시빈민에 대한 대부분의 연구에서 도시빈민의 여러 가지 속성 중 한 가지 측면만을 부각하고 있는 것 또한 도시빈민의 개념을 명확하게 정의하는 데 어려움이 되고 있다. 여기에서는 김익기(1990: 537), 임창호(1989: 49~54), 진수연(1992: 24)의 연구에 따른 네 가지 접근형태를 보도록 한다.

1) 생활상태적 접근

가장 흔히 접할 수 있는 도시빈민층에 대한 규정으로 도시빈민을 영세민, 생활보호대상자 등으로 간주하는 접근방법이다. 이 접근법은 도시빈민층을 '최저 수준의 빈곤층 파악'과 '이들에 대한 생계보호대책 마련'이라는 정책적 목적에서 정부가 규정한 '생활보호대상자(현 기초생활수급자)' 범주를 들 수 있다. 그러나 기초생활수급자는 최저생존상태에 놓인 극빈자 가구들만을 대상으로 하고 있기 때문에 이들보다는 다소 나은 상태에 있지만 여전히 빈곤의 굴레에 얽매여 있는 여타 빈곤 인구층이 제외되는 문제를 안고 있다. 따라서 기초생활수급자의 규정을 통해 도시빈곤층을 파악하는 방식은 보다 체계적이고 포괄적인 개념규정으로 보완될 필요가 있다.

2) 주거지 단위의 접근

다음으로 흔히 쓰이는 빈곤층의 개념정의는 주거지를 단위로 한 것이다. 즉 도시빈민을 철거민, 무허가 정착지주민, 판자촌 주민 등으로 보는 거주지단위별 접근이다. 이 접근법은 주로 정상적인 주거공간을 확보할 수 없거나 또는 거기에서 배제된 가난한 사람들이 밀집하여 거주하는 도심의 노후주거지역, 시 외곽의 무허가 정착지나 불량주택재개발 대상지역의 주민들을 도시빈민층으로 파악하는 방식이 있다. 그러나 최근 정부의 광범위한 도시재개발 정책의 추진과정에서 드러났듯이 도시빈민들의 집단적 거주지가 점차 축소 재생산되고 있고, 그 철거민들이 또 다른 무허가 정착지를 찾지 못하게 되면서 일반주거지의 주택 지하실에 입주하거나 고립 분산적으로 도시 내 공터에 천막, 비닐하우스를 치거나 쪽방 등에 임시주거지를 마련하는 경우가 적지 않다. 따라서 빈민들의 집단주거지만을 대상으로 빈곤층을 파악할 경우, 쪽방과 같이 보다 열악한 처지에 놓여 있는 빈민들이 제외되는 문제가 일어날 수 있다.

3) 계급론적 접근

도시빈곤층의 고용구조를 중심으로 도시빈곤층을 파악하려는 시도로 도시빈곤층을 주변계급, 도시빈민계급 등으로 보는 계급론적 접근이다. 이들 연구는 주로 '비공식부문론'에 입각하여 도시빈곤층을 도시의 정상적인 노동시장에 편입되지 못하고 주변적인 부문인 영세사업장 등에 불완전 고용의 형태로 취업하고 있는 임시직 · 일용직 형태의 노동자들과 행상, 노점상 등을 포괄하는 개념으로 파악하고 있다. 그러나 계급론적 접근방식에는 몇 가지 한계가 있다. 예를 들어 대기업의 공식부문에도 일용직이나 임시직 형태의 노동자계급들이 존재하는데 이들의 취업상태나 경제적 처지는 비공식부문의 노동자들과 거의 다를 바 없다. 그렇다면, 이들의 고용구조상의 위치만으로 빈곤층에서 배제시켜야 하는가라는 문제가 제기될 수 있다. 그와 아울러 공식부문 노동자와 비공식부문 노동자가 하나의 가구단위로 결합되어 있는 경우도 적지 않아 비공식부문에의 취업을 빈곤층의 구획 기준으로 활용하는 데 상당한 난점이 지적되고 있다.

4) 고용구조적 접근

위에서 열거한 여러 접근방법의 한계를 극복하여 보다 체계적이고 총체적으로 도시빈곤층을 개념화하려는 시도가 고용구조적 접근이다. 고용구조적 접근에서는 도시빈곤층을 산업예비군, 비공식부문 취업자, 상대적 과잉인구 등으로 파악한다. 즉 이 입장은 자본주의가 발전하면서 자본축적이 원활히 진행되기 위해 자본이 기계화, 자동화 등을 통해 끊임없이 노동력을 과잉상태로 유지한다고 보면서 이들 과잉노동력은 자본주의 경제에 포섭되지 못한 채 단순히 그 외곽에 놓인 것이 아니라 바로 자본주의가 발전함에 따라 확대 재생산되는 하층 노동자계급 및 피구휼민(pauperism)들을 가리킨다고 본다. 그러나 이처럼 생산 영역을 기준으로 살펴볼 경우, 서로 이질적이고 분산되어 있는 노동시장에 제각기 개별적으로 편입되어 있는 이들을 하나의 계급 또는 '상대적 과잉인구'로 단일하게 규정하게 되는데 이는 오히려 소비영역에서 이들 간의 동질성이 발견되고 있는 현실을 간과하는 위험을 안고 있다.

이상의 논의들을 검토해 볼 때, 도시빈곤층은 취업구조, 주거 및 소비 양식, 사회적 자원의 배분양식 등 다양한 요인들이 복합적으로 얽히면서 그 독특한 성격이 규정됨을 알 수 있다. 따라서 도시빈민의 개념은 이들의 삶의 어느 특정한 한 측면이 아니라 취업구조, 주거 및 소비양식, 사회적 자원의 분배양식 등의 요인이 복합적으로 고려되어 정의되어야 한다.

III. 도시재개발 사업과 도시빈민

도시의 발달과 팽창은 외곽지역으로의 확장을 유도하며, 그 결과 중산층 거주지는 도심에서 이탈하게 된다. 이로 인하여 도시의 발달과정에서 공통적으로 나타나게 되는 도심의 공동화와 주거지의 주변화현상을 거쳐 도시의 발달이 계속적으로 진행된다. 그 가운데 중간층 전문직 종사자들의 거주지 수요가 증대하면서 개발에 뒤떨어진 도심부의 쇠락한 불량주택지에 새로이 고급주택지가 형성되고, 결국 기존의 주민들과 대체되는 젠트리피케이션(gentrification) 현상이 나타나게 된다. 젠트리피케이션은 고소득계층이 저소득층이 거주하는 주거지역에 점진적으로 모여드는 현상으로, 주로 재개발, 재건축, 부활, 개량 등과 같은 다양한 개념의 도심재개발에 의해 진행된다. 주택고급화에 따라 도심의 저소득층 지역은 중산층과 고소득층에 의해 점유되면서 질적 · 환경적으로 상당한 변화를 겪는다. 중 · 상류층의 유입으로 그 지역을 떠나야 하는 거주민들은 이사비용을 포함한 물질적 비용은 물론, 공동체 파괴에 따른 심리적 부담을 안기도 한다. 결과적으로 재개발로 인하여 자신들의 주거지를 떠날 것을 강요받게 되는 저소득층이 새로운 주거지로 선택할 수 있는 곳은 대개가 자신들의 현재 경제상태를 유지하기 위한 경제활동이 가능하면서 그에 합당한 주거비용을 지불할 수 있는 곳이어야 하며, 그러한 선택이 불가할 경우 극단적으로는 무주택화로 추락할 가능성도 크다. 물질적 결핍으로 인한 주거의 하향이동은 십중팔구 이전 주거지에 비해 더 열악한 주거지로의 이동을 의미하기 때문이다. 그런데 무주택화는 기본적인 인간의 욕구 중 하나가 거부된다는 점에서 가장 극단적인 사회적 배재의 한 형태임에도 불구하고 매우 다양한 형태로 존재하기 때문에 정의하기가 결코 쉽지 않다. 대체로 노숙자, 갈 곳이 없어 기관에 수용된 사람, 숙소는 있지만 해당 장소를 불법점유한 사람들(예를 들어 무단 거주), 쪽방 · 닭장 · 벌집 · 비닐하우스와 같은 표준 이하의 상태인 숙소에 사는 사람 등을 무주택자의 범주에 넣지만, 그들의 비정형적인 삶의 형태로 인하여 정확한 수를 파악하는 것은 쉽지 않다.

한편 주거환경의 악화는 다시 저소득가구의 빈곤을 심화시키는 요인으로 작용하기도 한다. 화장실, 세면 · 목욕시설 등 기본적인 주거설비의 미비는 최소한의 거주생활을 영위하는 것조차 곤란하게 함으로써 건강이나 위생상의 문제를 야기하며, 반지하와 같은 주거형태는 일조 및 통풍상태가 나빠서 우울병 등과 같은 정신적인 질환을 초래할 가능성도 크다. 결국 열악한 주거환경으로 인한 건강악화는 취업활동에 직접적으로 작용하게 되며, 이는 빈곤에서 벗어날 수 있는 기회를 제약하는 요인으로 작용할 뿐 아니라 빈곤을 더욱 심화시킬 우려가 크다.

이 외에도 재해에 취약한 입지에 있는 주택, 불에 타기 쉬운 건축자재로 지어진 주택의 경우, 자칫 화재나 자연재해 때문에 극심한 피해를 입을 수 있다. 더불어 주거비 지출 역시 중요한 사안이 될 수 있는데 우리나라 부동산거래의 특성상 목돈이 없는 저소득가구는 다달이 임대료를 내는 주택에 살 수밖에 없다. 소득이 상대적으로 높은 가구는 보증금을 마련하여 전셋집을 구할 수 있지만 그렇지 않은 가구는 전세가격의 이자에 상당하는 금액을 매월 임대료로 지불해야 하므로 가계운영은 더 빠듯해진다. 그래서 그중에는 과도하게 주거비를 지출하여 장래의 이주계획을 수립할 여력이 없는 경우도 있다. 즉, 현재의 과도한 주거비 지출이 해당가구의 주거 상향이동을 억제하는 결과를 낳을 수 있는 것이다. 따라서 주거문제는 빈곤의 원인과 양상을 설명할 수 있는 중요한 요소임에 틀림없다(남원석, 2006).

한편, 과거에는 무주택화를 개인적인 능력 부족의 결과로 보는 경향이 강하였으나 오늘날은 실업의 증가, 이혼율의 상승, 한부모가정의 증대, 고령자 단신세대 증가 등의 사회적 · 구조적 요인의 결과로 보는 경향이 강하다. 하지만 가장 중요한 요인 중에는 저소득가구들이 부담할 수 있는 주택을 공급하는 국가의 역할이 점점 줄어들어 왔다는 점이 자리 잡고 있다(레이철 페인 외, 2008).

IV. 쪽방과 도시빈민

1. 쪽방의 개념

쪽방[3]은 1990년대 말 IMF 외환위기 이후 노숙자 문제가 심각해지면서 이들이 하룻밤을 보낼 수 있는 곳으로, 또 언제 노숙을 하게 될지 모르는 잠재적 노숙자들이 사는 곳으로 주목되기 시작한 대표적인 도시빈곤층 주거지의 상징적 장소라고 할 수 있다.

우리나라 쪽방 지역은 약 45~55년 전부터 형성되었다고 추측하고 있다(하성규 · 서종균 외, 2000: 11). 그러나 쪽방이란 용어가 어떻게 등장하였는지 그 유래는 정확하지 않지만, 방의 크기가 매우 작은 것과 방을 여러 개로 나누어서 사용한 것에서 유래된 것으로 짐작된다. 최지훈 · 이준호(1999: 26)[4]는 쪽방의 특징으로 다음과 같은 점을 지적하였다. 첫째, 쪽방의 평균넓이는 약 0.5~1평으로, 성인 한 명이 생활하기에 적당한 공간이다. 둘째, 화장실이나 세면시설을 공동으로 사용하는 경우가 많고 이런 시설은 매우 열악하다. 셋째, 보증금을 내지 않고 일세나 월세로 운영되는 무허가 숙박시설이다.

한편, 하성규 · 서종균 외(2000: 1)는 이러한 쪽방은 다른 빈곤주거지와는 다음과 같은 측면에서 구분된다고 하였다. 첫째, 쪽방은 도시중심부를 비롯하여 이전부터 도시 활동이 발달한 곳에 밀집하여 존재한다. 둘째, 가족단위보다는 홀로 생활하는 빈곤층이 주류를 이룬다. 셋째, 한 사람이 간신히 잘 수 있는 작은 방 하나

3 대구 쪽방상담소의 정의에 의하면 일세 혹은 월세의 형태로 운영되면서 방 안에 개별취사, 세면, 용변 등의 기초적인 부대시설이 없으며, 가족 단위보다는 단신으로 생활하는 빈곤층이 주류를 이루고, 일용직 등과 같이 이동성이 강한 직업에 종사하는 사람들이 이용하는 저렴한 거주 공간을 말한다.

4 쪽방의 '쪽'이라는 말은 '어떤 물건을 쪼갰을 때의 한 부분, 혹은 물건의 쪼개진 부분을 세는 단위'로 쓰이고 있는 것으로 미루어 쪽방은 방을 쪼개어 나눈 매우 작은 방의 일종이다(최지훈 · 이준호, 1999: 25).

에서 살고 있고, 화장실이나 부엌이 구비되어 있지 않다.

서울시정개발연구원(2002: 1)은 쪽방의 특징으로 다음과 같은 점을 지적한다. 첫째, 약 0.5~1평의 규모를 가진 작은 방이다. 둘째, 보증금이 없이 일세나 월세로 지불하는 무허가 숙박시설이다. 셋째, 일반적으로 불안정하고 자주 이동하는 일자리를 가진 도시 최빈곤층이 살고 있다. 특히 가족을 구성하지 못하고 홀로 사는 독신가구, 노령가구, 장애인 등이 쪽방에 살고 있다.

이상을 종합해 보면, 쪽방이란 '일세 혹은 월세의 형태로 운영되면서 방 안에 개별취사, 세면, 용변 등의 기초적인 부대시설이 없는 방에 일용직 등과 같이 이동이 강한 직업에 종사하는 사람들이 독신 혹은 가족단위로 이용하는 저렴한 거주 공간'이라 할 수 있다.

한편 쪽방의 임대 형태를 살펴보면 다음과 같다. 쪽방은 우리나라의 전통적인 임대차인 전세, 보증부 월세, 월세, 사글세와는 다른 '일세'의 형태로 운영되는 경우가 많고, 월세의 경우에도 보증금이 있는 경우가 거의 없다. 쪽방의 운영 방식은 숙박시설과 거의 다르지 않다. 하루에 얼마씩 가격을 정해서 내는 것이나, 계속 돈을 내지 않으면 다음날 어느 시간쯤이면 방을 비워주어야 하는 것이 공통적이다. 또 숙박시설에도 장기간 투숙하는 사람들이 있고, 이들은 대개 매월 얼마씩 돈을 내는데, 이 또한 쪽방에서 월세를 내는 것과 크게 다르지 않다. 방값의 수준을 보면, 일세는 하루 4천 원에서 7천 원 정도이며, 월세인 경우는 10만 원에서 15만 원 정도이다. 쪽방거주자의 지출비율에서 주거비는 가장 큰 비중을 차지하지만, 그에 비해 주거수준은 매우 열악하다. 쪽방거주자들에게 쪽방은 작지만 사생활이 보장되는 공간이고, 불안정한 일자리와 적은 수입으로 생활할 수 있는 유일한 공간이며, 단신으로 일자리를 찾아다니는 사람들에게 쪽방은 현실적인 거처이자 동절기에는 거리 노숙자들에게 생명을 유지할 수 있는 잠자리 역할을 하고 있다.

또한 쪽방 내부 환경의 일반적 형태를 살펴보면 다음과 같다. 쪽방은 성인 한 사람이 누울 만한 공간으로 면적은 0.5~1평 정도로서 가로, 세로 각각 1.2m, 2m

정도가 일반적이며, 높이는 1.7~2m 정도로 키가 큰 사람은 바로 서 있기가 불편한 정도이다. 방 안에 갖추어진 시설은 거의 없으며 좁은 벽 쪽으로 선반이 하나 붙어 있는데 그 위에 오래된 TV가 놓여 있고, 바닥에는 이불이 깔려 있다. 장기 투숙을 하는 사람의 경우 휴대용 가스버너나 전기밥솥 등을 갖추고 있는 경우도 있고 이동식 전화의 충전기도 가끔 보인다. 전화기는 일자리를 구하는 데 매우 중요한 수단이다. 방에는 환기를 위한 작은 창이 나 있으며 별도의 욕실이나 화장실이 딸려 있지 않다. 화장실은 대개 한 건물에 하나 정도 있으며, 조그만 공간에 수도가 있어서 세면이나 손빨래를 할 수 있도록 되어 있다. 세면 및 세탁 공간은 각 층에 하나씩 있는 경우도 있지만, 화장실처럼 한 건물에 하나 정도 있는 것이 일반적이다.

2. 쪽방지역의 특성

쪽방이 상대적으로 밀집해 있는 지역을 쪽방지역이라고 하는데(하성규 · 서종균 외, 2000: 6), 보통 대중교통이 편리한 곳이면서 인력소개소, 재래시장, 노숙 가능한 장소 등과 가까운 곳에 위치해 있다. 또한 새벽인력시장이 부근에서 열리고, 노점상이 주변에 많으며, 물품 보관소도 부근에 위치해 있다. 그러므로 일용직 노동자뿐만 아니라 구걸이나 행상을 하는 사람들의 입장에서 볼 때, 쪽방은 드나들기에 가장 편리한 시설이라 할 수 있다(김수현 · 원승욱 · 김소임, 2002: 2).

2008년 대구시 쪽방거주인 실태조사보고서에 따르면 이러한 쪽방지역의 구조적 특징은 다음과 같다. 첫째, 쪽방의 건축 재료를 보면 벽돌이나 시멘트 블록으로 지은 것도 있고, 흙이나 판자로 만든 것도 있어 건물 자체가 안전하지 못하다. 하지만 건축 재료와 상관없이 건물의 노후정도가 심해 누전이나 부주의에 따른 화재나 수해 등 각종 재해에 취약한 실정이며 건물의 붕괴위험도 높은 편이다.

둘째, 좁은 단간방과 중이층 개조를 들 수 있다. 0.5~1평 정도 좁은 방에 갖추어진 시설은 거의 없다. 방에는 작은 창이 나 있지만 워낙 공간을 작게 분할했기 때문에 건물 안쪽으로 들어갈수록 낮에도 형광등을 켜야 하는 방이 대다수이며 건물입구에 가까운 방이더라도 주변 건물에 가려 햇빛이 잘 안 들고 환기가 안 되는 경우가 많다. 이 때문에 악취가 나고 습기가 차 방 내부에 곰팡이가 번식하는 곳도 있어 거주민의 건강이나 위생문제에 악영향을 미치기 쉽다. 또한, 방 수를 늘리려는 시도는 한 층에서 공간을 수평적으로 작게 분할하는 것에 그치지 않고 기존 건물에 한 층을 추가하는 방식도 행해지고 있는데, 이러한 건물을 '중이층(重二層)'이라 부른다. 인위적으로 조성된 2층의 방 높이는 매우 낮은데, 1~1.6m 정도로 허리를 제대로 펴기도 힘들다.

세 번째로, 좁은 골목 또한 쪽방지역의 대표적인 구조적 특성 중 하나이다. 본래 주택이 좁은 골목을 사이에 두고 건축되었기도 하지만, 다른 한편으로는 밀집지역에서 인위적으로 방 수를 늘리다 보니 기존 골목을 침범하는 경우도 어렵지 않게 찾아볼 수 있으며, 이들 지역에서는 집집마다 일정한 공간이 골목으로 돌출되어 있다. 골목 양쪽에서 이렇게 조금씩 내어서 짓다 보니 좁은 골목이 더 좁아졌고 결과적으로 화재발생 시 소방차가 진입할 수 없어 화재에 지극히 취약하다는 문제가 지적되고 있다.

끝으로, 쪽방지역의 구조적 특징으로 열악한 주거환경을 들 수 있다. 일반적으로 쪽방은 거주민이 개별적으로 사용할 수 있는 전용부엌, 화장실, 세면실 등을 갖추고 있지 않다. 취사를 할 수 있는 부엌이 없어 방 안에 휴대용 가스버너를 놓고 밥을 해 먹거나 라면을 끓여 먹는다. 이렇게 주로 방에서 취사를 하다 보니 방에 빈 술병이나 음식찌꺼기가 널려 있는 경우가 많다. 그리고 쪽방건물에는 앞서도 언급한 바와 같이 화장실과 세면 · 세탁 공간이 부족하다.

3. 쪽방의 주민

쪽방에는 매우 다양한 배경을 지닌 사람들이 모인다. 도시재개발로 인하여 주택의 하향이동을 강제당한 이주형 쪽방거주자의 예는 앞서 언급한 바와 같지만,

타 지역에서 일용직 등의 일자리를 찾아서 도시의 노동시장 인근 혹은 교통이 편리하면서 저렴한 비용의 주거지를 찾는 남성일용직 노동자, 사업 실패 등의 이유로 가족이 해체된 단신 거주자, 고령화로 인한 독거노인 등 쪽방으로의 이주에 있어서 그 배경과 이유는 다양하다. 하지만 그들은 대부분 기초생활수급자이거나 건설 일용노동과 같은 불안정한 직업에 종사하고 있다는 점, 그나마의 보금자리마저 확보할 수 없어 언제라도 거리로 내몰릴 가능성이 있는 잠재적인 노숙자라는 공통점을 가지고 있다.

V. 노숙과 노숙인

노숙자 혹은 노숙인에 대한 사전적인 개념은 주로 경제적 빈곤으로 인하여 정해진 주거 없이 공원, 길거리, 지하철 등을 거처로 삼는, 도시에서 생활환경이 제일 나쁜 빈민 계급을 뜻한다. 거주지가 없기 때문에 홈리스(homeless)라고도 한다. 우리나라에서는 2003년 7월 사회복지사업법 개정을 통하여 노숙인 및 부랑인 보호가 명시되었고(제34조 제4항), 이의 세부 시행을 위한 보건복지부령 제307호에 의하여 '부랑인 및 노숙인 보호시설 설치 · 운영규칙'이 2005년 1월 5일 공포되었다. 이 규칙에 의하면 "'부랑인(浮浪人)'이라 함은 일정한 주거와 생업수단 없이 상당한 기간 거리에서 배회 또는 생활하거나 그에 따라 부랑인복지시설에 입소한 18세 이상의 자를, '노숙인(露宿人)'이라 함은 일정한 주거 없이 상당한 기간 거리에서 생활하거나 그에 따라 노숙인 쉼터에 입소한 18세 이상의 자를 말한다."라고 규정하고 있다. 그리고 2012년부터 시행될 '노숙인 등의 복지 및 자립지원에 관한 법률'에서는 노숙인을 "상당한 기간 동안 일정한 주거 없이 생활하는 사람", "상당한 기간 동안 주거로서의 적절성이 현저히 낮은 곳에서 생활하는 사람" 등으로 정의하고 있어 그 개념이 예전보다 순화되어 표현되고 있다.

그런데 이제까지 우리 사회에서는 주로 사회병리적인 관점에서 노숙자의 건강 · 시설보호 · 자활 · 취업훈련 등과 같은 지원대책에 관심이 집중되는 경향이 있었다. 1990년대 후반 경제위기 이전에는 노숙인을 '부랑인'이라 하여 주로 통제와 격리의 대상으로 여겼으나 그 이후 대량 발생한 노숙인에 대하여는 기존의 부랑인들과는 그 발생원인이 다른 집단으로 인식하기 시작하였다. 즉 실직 노숙인과 같은 경우, 사회구조적 문제 때문에 발생한 사람들로 이해하여 보호 및 자활과 같은 정책적 개입에 대한 사회적 합의가 받아들여지는 논리가 이를 뒷받침한다(대구노숙인복지회, 2010).

노숙인들의 생활사를 살펴보면 저렴한 주택의 부족이라는 사회적 조건이 원인이 되어 노숙이 가속화되는 경우가 있다(남원석, 2006: 159). 예를 들어 도시빈민의 집중거주지역(슬럼)의 재개발로 인한 철거, 저렴한 주택의 임대료 상승으로 인한 주거 하향이동의 반복, 노동시장의 불황으로 인한 주거비용 부담의 증가 등은 취약계층을 거리로 내모는 결과를 초래한다. 즉, 현재의 주거사정이나 미진한 주거복지 정책은 노숙인의 양산을 설명하는 매우 중요한 구조적 요인이라 할 수 있는데도 이에 대한 고려는 충분하게 이뤄지지 않았다. 또한 노숙으로 인한 결과를 노숙의 원인으로 잘못 이해함으로써 노숙을 개인의 무능으로 환원하는 경향도 사실은 주거문제와 관련이 깊다. 예를 들어 일부 노숙인들은 원래 정신건강상의 문제를 안고 있지만, 노숙을 하는 것이 우울함을 만들어내고 정신건강상의 문제를 야기할 수 있다는 점도 신중히 고려되어야 한다. 현재의 주거상황, 즉 거리나 시설에서의 생활이 노숙인들의 사회 재정착을 제약하는 원인이 될 수도 있는 것이다(남원석, 2006: 160).

1. 노숙인의 유형별 특성

노숙인의 생활상태, 건강이나 근로의욕, 주거요인 등을 기준으로 그 유형을 달리하여 각 집단별 특성에 따른 정책수단의 선택기준이 필요하다.[5] 예를 들어 거주공간을 기준으로 하여 거리노숙인, 쉼터 이용 노숙인, 부랑인복지시설 이용자, 쪽방거주자로 구분할 수 있고 근로능력 및 의욕, 건강상태 등을 기준으로 자활가능자와 신체적 치료 필요자로 구분할 수 있으며 주거를 기준으로 할 경우 주거지원 대상자와 시설보호 대상자로 구분이 가능하다. 다음은 대구노숙인복지회(2010)에서 인용한 노숙 유형별 특징이다.

1) 거리노숙인

거리노숙은 노숙생활 중에서 가장 취약한 상태로, 노숙인들은 생존에 필요한 기본적인 음식과 잠자리를 찾아 헤매는 생활을 한다. 거리에서 노숙하는 기간이 길어질수록 노숙이 만성화되고 소위 노숙문화에 빠져 노숙생활에서 벗어나는 것이 불가능해지는 경향이 높다. 게다가 어떠한 이유에서든 거리노숙은 인간의 기본적인 건강과 생명을 유지하기에 힘든 조건이므로 거리생활에서 벗어나도록 지원하는 것이 노숙인 지원사업의 큰 과제이다. 또한 열악한 건강상태는 일차적으로 노숙생활에서 비롯되지만 사회적 고립으로 의료서비스에 대한 접근성이 낮아 건강이 지속적으로 악화된다. 따라서 거리노숙생활의 지속은 만성화를 초래하고 영구 이탈을 어렵게 하는 요인이다.

2) 쉼터노숙인

노숙인들은 그 운영구조가 부랑인 복지시설보다 규제나 통제가 엄격하지 않으면서 비교적 장기적으로 생활할 수 있기 때문에 쉼터를 선택하는 경향이 있다. 하지만 쉼터를 이용하는 사람은 점차 감소하는 반면 거리노숙인의 수는 점차 증

5 특히 쪽방거주자는 거리노숙이나 노숙인 쉼터를 이용하지 않지만 그 특성상 무주거 빈곤자에 포함되기 때문에 정책수단 선택의 내용이 수용과 보호가 아닌 실제적인 주거지원정책으로 접근하여야 한다.

가하는 것으로 나타나고 있어 쉼터 이용에 대한 유인이 필요하다.

3) 쪽방거주자

쪽방거주자는 앞에서도 언급하였듯이 잠재적인 노숙자라고 볼 수 있다. '빈곤자들의 마지막 잠자리'라는 말에서 알 수 있듯이 이곳을 이용하는 사람은 크게 주거 하향이동의 경우와 탈노숙의 경우로 나눌 수 있다. 대한주택공사의 연구(2005)에 따르면 쪽방거주자들 중 노숙경험을 가진 사람이 43%에 달하고 시설을 이용한 경험이 있는 사람이 23%에 이르며, 이들은 언제든지 다시 거리노숙이나 노숙인 쉼터와 같은 복지시설로 유입될 위험성이 크다. 그리고 현재 노숙상태에 있는 사람이 자신의 주거를 확보하는 방법으로 가장 현실적인 대안이 쪽방일 수밖에 없기 때문에 쪽방거주자에 대한 지속적인 관심과 연구가 필요하다.

2. 주거의 하향이동과 노숙

앞서 노숙과 노숙인의 개념정의에서도 보았듯이 노숙인이란 주거로서의 적절한 환경을 갖추지 못한 채 생활하거나, 주거지가 없어 거리에서 생활하는 사람을 일컫는다. 그런 의미에서 쪽방거주자도 잠재적인 노숙인에 포함된다. 그런데 불량한 주택에 거주하거나 거리에서 생활하는 노숙인들을 규정하는 가장 기본적인 기준인 주택의 소유 유무는 거주자 본인이 가지고 있는 요인, 즉 고령 · 장애 · 고아 등과 같이 처음부터 빈곤의 요소를 타고난 요인, 실업 · 가정파탄 등의 이유로 후천적으로 빈곤하게 되는 요인의 두 가지로 구분할 수 있지만 이들 요인에 의해 빈곤층이 보다 나은 삶의 터전을 확보해나가기란 쉽지 않다. 결과적으로 빈곤에 처할 가능성이 많은 요소를 안고 있음으로써 가중되는 빈곤은 주거환경의 악화를 가져오고 주거환경의 악화는 빈곤을 더욱 심화시키는 요인으로 작용하게 되는 악순환이 거듭되는 것이다(그림 7-1).

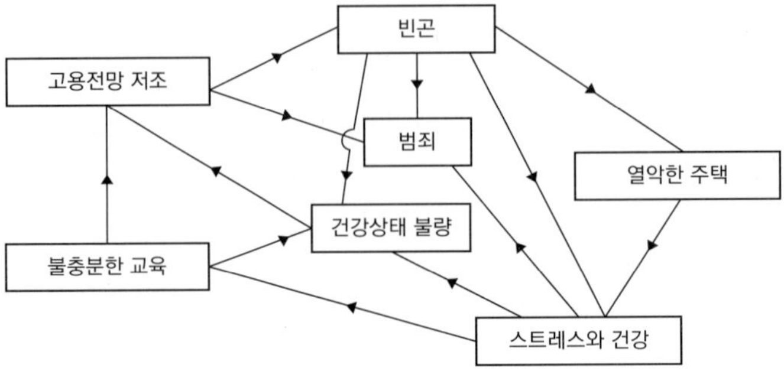

〈그림 7-1〉 빈곤의 악순환 체계
(출처: 현대 인문지리학 사전, 2006)

빈곤의 악순환 체계에서 볼 때, 앞서 언급한 바와 같이 쪽방거주자의 불량주거지역이 재개발 과정에서 새로운 고급주거지역으로 대체됨은 결국 더욱 열악한 주택으로의 하향이동을 의미하며, 이러한 하향이동에서 벗어날 능력과 여유를 가지지 못할 경우 노숙이 최후의 종착지가 될 가능성이 있음을 유의할 필요가 있다. 물론 모든 빈곤층이 상향이동을 할 가능성을 가지고 있지만, 그들을 둘러싼 경제적 · 사회적 여건은 그다지 녹록지 않은 것이 사실이다.

3. 노숙인에 대한 정책적 지원과 그 의의

지금까지 우리나라의 부랑인복지정책 및 노숙인 복지정책은 개별적인 법률 없이 단지 '부랑인 및 노숙인 시설 설치 및 운영에 관한 규칙'에 근거해서 시설운영 중심으로 진행되어 왔다. 하지만 소득보장정책만으로 저소득층의 주거문제가 자연스럽게 해결될 수 있으리라고 보고 주거문제가 빈곤화에 미치는 영향을 충분하게 고려하지 않는다면 빈곤의 악순환에서 벗어날 수 없을 뿐만 아니라 소득보장정책 역시 의도했던 효과를 달성하는 데 제약을 받을 수 있다(남원석, 2006). 주거문제와 빈곤의 관계가 이와 같다면 정책은 당연히 '물질적 결핍의 결과'로서 주거문제가 '빈곤화를 촉진하는 원인'으로 작용하는 연결고리를 어떻게 효과적으로 단절시킬 것인가에 초점이 맞춰져야 한다. 그러므로 공공임대주택 또는 사회주택이라는 이름으로 양질의 저렴한 주택을 공급하거나 주거비 보조제도를 통해 주택시장에서 저소득가구의 주거비 부담을 경감시키는 정책들이 필요하다. 왜냐하면 이러한 정책들은 저소득가구의 부적절한 주거로의 하향이동을 제어함으로써 이로 인한 빈곤화 촉진을 방지하는 기능을 할 수 있기 때문이다(남원석, 2006).

그런데 이제까지의 많은 제도적 문제점과, 근본적인 정책방향의 부재에서 오는 한계를 극복하기 위하여 보다 폭넓은 정책적 보완의 필요성이 제기됨에 따라 2012년 6월 8일부터 '노숙인 등의 복지 및 자립지원에 관한 법률'(법률 제10784호)이 시행되게 되었다. 동 법률 제3장 '복지서비스 제공'에서는 주거 · 급식 · 의료 · 고용에 관한 지원과 응급조치 의무에 관하여 규정하고 있다. 그중에서 본 장의 주제와 관련 있는 주거지원에 관한 내용을 보면 다음과 같다.

제10조(주거지원)

① 국가와 지방자치단체는 노숙인 등의 적절한 주거생활을 위하여 다음 각 호의 어느 하나에 해당하는 주거지원을 할 수 있다.

1. 제16조에 따른 노숙인복지시설에 의한 보호
2. '사회복지사업법' 제2조에 따른 사회복지시설 및 다른 법률에 따른 보호시설에 의한 보호
3. 임대주택의 공급
4. 임시주거비 지원
5. 그 밖에 대통령령으로 정하는 주거지원

② 제1항에 따른 주거지원의 기준 · 방법 · 절차 등에 필요한 사항은 대통령령으로 정한다.

이 법률의 제정은 다음과 같은 점에 의의가 있다. 첫째, 주거취약계층에 대한 법적근거가 마련되었다. 둘째, 정책에 따라 다양하게 명칭되는 정책대상을 '노숙인 등'으로 통합 일원화하게 되었다. 셋째, 법률에 근거하여 노숙인들의 권리가 명확하게 규정되었으며, 서비스의 목적을 분명히 밝히고 있다. 넷째, 노숙인 등의 권리와 복지증진을 위한 국가와 지방정부의 책임과 역할, 서비스 내용을 명확하게 규정하였으며, 이에 따른 장기적인 정책방향의 수립이 가능해졌다(장민철, 2011).

또한 무엇보다 중요한 것은 쪽방거주자와 노숙자들이 안고 있는 주거지 확보에 대한 불안을 경감시킴으로써 이들이 보다 적극적으로 경제활동에 임할 수 있도록 정신적인 지원 역할까지 기대할 수 있는 공공 임대주택의 공급에 대한 공식적인 지원체제가 갖추어졌다는 것이다. 하지만 이러한 제도가 안착되기까지는 어느 정도의 시간이 요구되며, 또한 지원자격과 조건을 갖추지 못한 무주택 빈곤층에 대한 지원방향을 함께 점검해야 할 것으로 생각된다.

VI. 마무리

본 장에서는 산업화 · 도시화의 진전으로 인한 도시 재개발사업이 주거빈곤층을 확대 · 심화해 나가는 과정에 관하여 고찰한 후, 사회적으로 가장 빈곤층이라 할 수 있는 노숙자와 잠재적 노숙자의 주거지역이라 할 수 있는 쪽방에 대하여 살펴보았다.

한번 쪽방에 거주하게 되면, 그곳을 탈피하여 더 나은 삶을 사는 것이 불가능하였으며, 특별한 경우가 아닌 이상 쪽방에서 벗어나지 못하고 쪽방을 전전하며 생활하게 된다는 연구결과(김민진, 2009)에서도 나타나는 바와 같이 쪽방거주자들은 그들의 인구사회학적 특성과 경제적인 능력의 한계로 인하여 주거지의 상향이동보다는 하향이동을 하게 될 가능성이 크다는 것을 보았다. 그리고 그러한 하향이동은 극단적으로 노숙으로까지 이어질 우려도 컸다.

또한 주거부문에서의 빈곤은 노동시장에서의 낮은 임금, 열악한 근로조건, 낮은 기술의 직업, 저숙련 노동 등이 결부되어 도시빈민으로 정착하게 되는 데 영향을 주었으며, 더불어 나쁜 건강과 가정 내 사적 공간의 결여, 그리고 가정의 자원부족과 불충분한 교육 등 다양한 요소들이 상호작용하여 도시빈민들이 빈곤에서 탈피하지 못하고 심화 · 재생산되는 결과를 낳았다.

따라서 정부의 빈민대책은 단순히 도시빈곤층 문제를 '소득보장'정책만으로 해결하려는 것은 바람직하지 않으며, 근본적으로 빈곤의 재생산과 악순환을 발생시키는 사회구조적 모순과 빈민정책의 제도적 문제를 개선하고, 도시빈민들을 위한 양질의 저렴한 주택을 도시 곳곳에 충분히 확보하여 도시빈민들의 자발적인 주거이동을 보장하는 데 초점을 맞추어야 할 것이다. 그러한 측면에서 볼 때 임대주택의 공급과 임시주거비 지원을 내용으로 하는 법률의 시행은 고무적이라 하겠다. 하지만 이러한 임대주택이 도시빈민의 취업구조를 무시하고 도시 외곽에 분산 걸설되면서 실제적인 거주지로서의 역할을 충분히 감당하지 못하고 주민들로부터 외면받아 왔던 기존의 경험들을 기억하여야 할 것이다. 외곽으로 분산시켜 건설하게 될 임대주택단지에는 지역주민 공동체 주도의 사회적 기업을 육성하거나 기존의 도시빈민거주지역의 저소득층 대상 주택개량사업을 실시하는 등과 같은 형태를 생각해 볼 수 있다.

참고문헌

김민진, 「도시빈민지역 주민의 주거 및 이주특성」, 경북대학교 석사학위 논문, 2009.
김민진 · 조현미, 「쪽방지역 주민의 생활실태와 빈곤의 재생산」, 『사회과학 담론과 정책』 3(2),

2010.
김수현 · 원승욱 · 김소임, 『쪽방사람들』, 서울시정개발연구원, 2002.
남원석, 「도시빈민 주거지의 공간적 재편과 함의」, 『문화과학』 통권 39호, pp. 85-101, 2004.
남원석, 「주거빈곤의 실태와 원인」, 『한국사회의 신빈곤』, 한울, 2006.
노병일 · 윤경아, 『주거빈곤층의 삶과 터전』, 도서출판다운샘, 2004.
대구쪽방상담소, 「2008년 대구지역 쪽방거주인 실태조사보고서」, (사)자원봉사능력개발원, 2008.
레이첼페인 외, 『사회지리학의 이해』, 푸른길, 2008.
이은숙, 「도시빈민을 위한 불량 주거지 재개발정책에 관한 연구」, 동아대학교 석사학위논문, 1994.
장민철, 「노숙인등의 복지 및 자립지원에 관한 법률」, 대구쪽방상담소, 『촌놈들이 일구어가는 복지 공동체』 2011년 가을호, 2011.
임창호 외, 도시빈곤층 대책에 관한 연구, 국토개발연구원, 1989.
전경구 · 박금준, 「대구의 기성시가지 재개발방식이 아파트 분양가격에 미치는 효과」, 『한국지역개발학회지』 20(1), pp. 19-38, 2008.
존스톤 외 저, 한국지리연구회 역, 『현대인문지리학사전』, 한울아카데미, 2006.
진수연, 「도시빈민의 존재형태 및 재생산과정에 관한 사례연구」, 이화여자대학교 석사학위논문, 1992.
최지훈 · 이준호, 「서울도심주변 쪽방지역 연구: 쪽방지역의 토지이용 · 건축물관리현황을 중심으로」, 『도시연구』 5호, pp. 20-36, 1999.
하성규 · 서종균 외, 『쪽방지역 실태조사 및 효율적인 정책개발』, 한국도시연구소, 2000.
하성규 외, 『쪽방연구』, 한국도시연구소, pp. 1-73, 2000.
보건복지부, 『보건복지통계연보』, 2011.

대구 쪽방상담소 홈페이지 http://www.vongsa.org/menu2-1.asp

여덟 번째 강의

내면적 갈등과 극복

이주와 트라우마: 결혼이주여성[1]의 삶

성희자 경북대학교 사회복지학과 교수

I. 왜 국제결혼을 하게 되는가?

우리사회는 이제 외국인이 백만 명 넘게 상주하고 있는 시대를 맞이하게 되었고, 다문화사회에 진입하게 되었다고 한다. 그만큼 외국인노동자를 비롯하여 새터민, 결혼이민자 등의 많은 외국인들이 한국사회에 들어와 살고 있다는 것이다. 사회 전체로 볼 때 다양한 외국인이 함께 살아간다는 것이 우리사회와 개인에게는 어떤 영향을 미칠까? 기존에 살고 있던 시민들은 낯선 사람들, 즉 외국인이면서 우리와 함께 살아갈 이주민들을 보면서 무슨 생각을 할까? '외국인이구나.'라고 생각할까? 아니면 낯선 존재가 있다는 사실조차 인식하지 못하고 있을까?

외국인노동자, 새터민, 결혼이민자는 모두 이주민들이지만 이들에 대한 생각

1 국제결혼을 통해 우리나라에 이민해 오는 여성을 지칭하는 용어들은 결혼이민자, 국제결혼여성, 결혼이민여성 등으로 혼용되고 있다. 다문화가족지원법에 의하면 결혼이민여성이라는 용어를 공식적으로 사용하고 있으나 본 연구의 주제와 관련하여 결혼이주여성이라는 용어를 중심으로 혼용해서 사용하고 있음을 양해 바란다.

이 모두 다른 것 같다. 그중에서 결혼으로 이주하게 된 여성에 대해서는 우리 시민으로 살아갈 사람이기에 관심이 많다. 특히 2000년대 초반부터 너무 여러 곳에서 관심을 보이고 재정적 투자를 하다 보니 이들 또한 고마워하지 않고 불편해하는 상황까지 만들어지고 있다.

우리 사회는 외국인과 결혼하는 것을 그리 축하하지 않는 분위기였다. 역사를 거슬러 올라가면 세종 때도 일본인들이 조선의 정세를 파악하기 위해 우리 땅에 일가를 이루고 살았던 기록이 있다고 하지만, 우리의 인식 속에 남아 있는 국제결혼은 주한미군과 서비스업에 종사하는 한국여성의 결혼이 주된 모습이어서 그런지 부정적으로 여겨졌다. 그러나 독신여성의 증가와 더불어 농촌에 시집가지 않으려는 분위기 때문에 농촌총각 장가 보내기 사업의 일환으로 외국인 여성과 한국남성의 결혼이 증가하게 되면서 국제결혼에 대한 시각이 조금씩 변화하기 시작했다.

국제결혼을 결정하는 외국인 여성의 입장에서 보면, 그 나라의 경제적 빈곤과 남성들의 높은 실업률이 국제결혼을 긍정적으로 생각하게 하는 요인이 된다(채옥희 등, 2011: 330). 또 다른 측면에서는 이미 다른 형제자매나 이웃의 국제결혼 경험이 성공적이었거나, 우연히 한국남성을 만났을 때 더 나은 삶을 살 수 있을 것 같은 막연한 꿈을 가지고 도박하듯이 한국남성과 결혼하게 된 경우도 다수였다. 물론 한국남성의 입장에서는 여러 가지 여건으로 인하여, 빈곤이나 낮은 학력, 농촌에 거주한다는 이유, 기타 여성과 친밀한 인간관계를 만들지 못한다는 이유 같은 것들로 인하여 국내결혼이 어렵게 되었을 때 외국여성과의 결혼을 선택하게 되는 경향이 있다. 물론 그렇지 않은 경우도 많이 있다. 학력도 높고 경제적 수준도 중산층인 상태에서 우연한 기회에 만나 서로 사랑하게 되어 결혼하는 경우도 많다. 그런 경우에는 부부의 어느 한쪽이 배우자 나라의 언어에 익숙해져 있고 어느 정도 어려움이 있을 것이라 예상하고 시작해서 그런지 다른 국제결혼과 달리 문제가 많이 발생하지 않는 편이다.

국제결혼 발생은 여성노동 이주라는 세계적인 흐름과 연관이 있다. 세계화는 국가 간의 불균등한 발전과 빈부격차를 증가시켰다. 그리하여 경제적인 목적으로 노동의 해외이주가 증가하게 되었다. 이주인구의 증가에서 '이주의 여성화'가 주목된다. 이주의 여성화는 국가 간 노동이동의 50% 이상이 여성이주자에 의해 이루어지고 있는 현상이다. 여성이주가 증가하는 이유는 노동력을 필요로 하는 나라에서 주로 여성의 노동력, 즉 돌봄노동의 시장이 형성되어 여성들을 유입하게 되는 것과 관련이 있다. 특히 아시아 지역에 있어서 여성의 이주는 성산업이나 가사노동과 같은 돌봄노동으로 유입되며, 그 과정에서 이주한 나라의 사람과 결혼하게 된다. 그러나 결혼이주여성의 모습은 주로 '우편주문 신부', '가사노동자', '성노동자'로 묘사되고 있을 뿐이며 노동자, 배우자, 어머니 그리고 시민으로서의 모습은 나타나지 않는다(Piper, 2003; 박신규, 2009: 13 재인용). 즉, 이주여성은 돈 때문에 외국남성과 결혼한 가난한 나라의 여성이라는 인식을 강하게 가지고 있고, 이러한 인식은 이주여성을 단편적으로 이해하는 것이며, 그것이 이들이 한국사회에 정착하는 데 많은 걸림돌로 작용한다.

II. 한국인 남성과 동남아시아 여성과의 결혼에서 발생하는 문제들

결혼이민자들은 자발적으로 이민을 선택하였다. 이민자들이 개인적 · 사회적 · 정치적 이유 등으로 타 문화권으로 옮겨가 정착하거나 일정 기간 머물러야 하기 때문에, 일정한 문화적응상의 어려움과 정신건강상의 문제를 가지게 될 가능성이 높듯이(Berry et. al., 2002), 국내에 거주하고 있는 결혼이주여성들도 문화적 과정상의 어려움이 많은 것으로 선행연구들에서 나타났다(설동훈 외, 2005; 이혜경, 2005). 여성결혼이민자들이 한국문화에 적응하는 과정에서 경험하는 가장 큰 어려움으로는 가족구성원 간의 생활방식 및 가치관의 차이, 한국의 가부장적 가족질서로 인한 문화적 충격, 자녀양육의 어려움, 남편으로부터의 가정폭력과 학대 등이다.

결혼이주는 전혀 다른 문화적 배경을 가진 두 사람이 결혼하게 되고, 더구나 가부장적인 특성이 강한 우리 문화에서 여성이 유입되는 모습이다. 그렇다 보니 여성이 온전히 적응해야 할 문제로 여겨지는 경우가 많다. 그러다 보니 여성이 겪는 문화적 충격은 매우 심각하다. 오버그(Oberg, 1960)는 외국에 거주하는 체류자들이 새로운 문화환경으로 진입하면서 보이는 심리적인 반응을 묘사하면서 '문화충격(cultural shock)'이라는 용어를 사용했다. 그가 문화충격으로 묘사한 것은 다음과 같다. 첫째, 심리적 적응을 하기 위해 필요한 노력에 따르는 긴장, 둘째, 새로운 문화의 구성원들에 의한 거부, 셋째, 문화차이를 알고 난 후의 역할혼동, 역할기대, 가치, 감정, 불안 그리고 혐오감과 분노 등이다.

문화충격이란 완전하게 다른 문화권으로 이주하게 되었을 때 정신적으로나 육체적으로 나타나는 여러 가지 증상이다. 같은 나라에서 이사만 해도 힘이 드는데 문화나 언어가 전혀 다른 곳으로 삶의 터전을 옮겨 왔을 때의 어려움은 몇 배가 된다. 의사소통의 어려움은 말할 것도 없고 모든 것이 생소하고 낯설어 이전에 가지고 있던 기능이나 물건들이 쓸모가 없게 느껴지고, 어느 것이 옳고 그른지조차 판단하기 힘든 상황이다. 특히 남성중심의 문화에서 여성이 이런 어려움을 겪는다면 특별한 도움이 필요하다.

이러한 문화충격을 겪는 결혼이주여성들은 심지어 본국의 여성들에게 주어지지 않았던 부담마저 안게 된다. 결혼이주여성들은 아직 한국문화에 익숙해지지도 않은 자신들에게 남편이 장남도 아닌데 한국 며느리가 시부모님을 모시기 싫어하니까 시어른들을 모시게 하고, 김장을 하거나 장을 담그는 일, 제사를 지내는 일과 같이 힘드는 일(같은 며느리라 하더라도 한국인 며느리는 예외가 되는 일)을 떠맡기는 것에 불만을 토로한다. 그리고 경제권을 남편이 가지고 있거나 시어머니가 돈을 관리하는 경우가 종종 있는데, 결혼이주여성들은 자신들이 외국인 며느리라서 차별당하고 있다고 인식한다.

게다가 빈곤한 가구의 경우, 경제적인 어려움을 겪으면서 가정불화가 생기고 때로는 남편의 알코올 중독이나 폭력과 같은 문제들이 부가적으로 발생하게 된다. 더 심각한 경우는 가정폭력이 심하여 생명의 위협을 당하거나 실제로 사망하게 되는 사례도 언론에 보도된 바 있다. 이러한 과정에서 이주여성들은 다양한 스트레스를 경험하여 이혼으로 치닫게 되거나 이혼조차 하기 어려울 때는 도망을 가는 등의 부적응 현상을 보이기도 한다. 국제결혼을 한 가정에서는 외국인 며느리의 문화적 차이를 해소하기 위해 노력하기보다는 그들을 '한국인'으로 만드는 데 더욱 매달리면서 악순환의 고리를 만들게 된다.

결혼이주여성들이 문화적 충격으로 개인차원의 적응기제가 잘 작동하지 않을 경우, 이들의 사회적응을 돕기 위한 사회적 차원의 지원이 있어야 한다. 그러나 지금까지는 빨리 한국사회에 정착할 수 있는 한국말 배우기, 아동양육방법 지원과 같은 정책이 대부분이었다. 결혼이주여성이 이주자로서, 그리고 저소득층의 여성으로서 이중적 고충을 가지고 있는 사람들이라는 측면은 간과되어 왔다. 한국사회에는 여성에 대한 불평등이 여전히 만연되어 있지만 그래도 최근에는 공적인 영역에서는 성차별적인 발언이나 태도들을 보이면 안 되는 것으로 피상적이나마 양성평등을 지향하는 모습을 갖추게 되었다. 그러나 남성과 여성의 관계에서 차별이 이루어져 왔던 것처럼, 결혼을 통해 이주하게 된 여성과 그렇지 않는 여성을 구분하여 차별하는 양상으로 나타난다. 즉, 결혼이주여성들은 남편을 통해서, 그리고 사회를 통해 차별받는 이중적 어려움을 겪게 된다.

III. 결혼이 트라우마인가?

결혼이란 것이 여성에게 트라우마를 유발하는 사건인가? 결혼은 미래에 대한 핑크빛 꿈을 가지고 시작하는 일이기는 하지만, 스트레스가 되는 것 또한 사실이다.

미국의 사회학자 홈스는 스트레스를 수치화하였는데 100을 최고점으로 볼 때 결혼 스트레스는 50이라고 한다. 이 스트레스 수치는 한국에서도 같은 정도를 보였다. 결혼이 스트레스를 유발하는 것은 사실이지만 이 스트레스는 역기능적이지만은 않다.

스트레스가 곧 트라우마는 아니다. 스트레스는 일상적으로 경험하는 수준에서 더 나아가 병리적으로 진행되기도 한다. 스트레스의 정도를 가늠하기 어렵기 때문에 개인이 경험하는 것이 스트레스인지 트라우마인지 구분하기 쉽지 않지만 불가능한 것은 아니다. 일상적으로 결혼은 스트레스 차원이다. 그러나 어떤 결혼은 트라우마가 되기도 한다. 결혼한 남편이 신혼 초부터 아내를 구타하여 일상적인 학대로 연결된 경우의 여성에게는 결혼이 트라우마가 된다. 가정폭력이 일상화된 경우 여성은 무기력해지고 이혼을 선택하기도 쉽지 않은 상황에서 생존을 위협받게 되면 그것이 트라우마가 될 것이다. 물론 심각한 구타뿐 아니라 문화적 차이가 있는 경우에는 일상적인 사건들도 결혼이주여성에게 엄청난 압박감으로 다가와 트라우마가 될 수 있다.

국제결혼을 했기 때문에 트라우마가 발생하는가? 외국인과 결혼하여 낯선 사회에 이주한다는 것은 스트레스가 되기는 하지만 그것만으로 트라우마가 되지는 않는다. 그러나 외국에서 거주하게 되면서 부가적으로 발생하는 조건들, 본인이 기대했던 것과는 달리 경제적으로 무척 어렵다거나 언어적 소통이 안 되는 상황에서 남편으로부터의 폭력적 행위는 위협을 느끼게 하고 트라우마가 될 수 있다. 결혼이주여성들 중에는 결혼 전에 한국말이 익숙하지 않아서 여러 가지 물어보지 못한 채로 한국에 입국하였는데 실제로 와 보니 집이 없어서 찜질방이나 여관에서 지내야 하는 상황에 남편은 실직자로 있는 경우도 있다. 경제적으로 더 나은 삶을 살고 친정에도 보탬이 되고자 먼 타국으로 시집을 오게 된 결혼이주여성에게는 청천벽력과도 같은 상황이 아니겠는가?

결혼이주여성 모두가 트라우마를 경험하는 것은 아니지만 많은 여성이 트라우마를 경험하고 있는 것이 우리의 현실이다. 트라우마를 병리적 용어로 설명하면 외상 후 스트레스이다. 외상이라는 말이 영어로 트라우마이다. 외상(trauma)은 전쟁이나 자연재해, 강간, 가정폭력 등의 상황에서 생명의 위협을 느낀 후에 그 상황이 종결되었음에도 불구하고 그 사건을 지속적으로 되풀이해서 경험하면서 불면이나 긴장, 불안 등으로 우울해지는 증상으로 연결되는 것을 말한다. 트라우마는 육체적 상처라는 의미의 그리스어에 그 기원을 두고 있다. 구조적이고 지속적인 정신기능의 교란이나 장애를 동반하는 깊은 심리적 충격이나 그 상처의 흔적을 일컫는다. 하지만 이 장에서는 결혼이주여성이 적응해 나가는 과정에서 자신의 존재 자체에 대한 부정을 가져오는 사회문화적 억압으로 이해하고자 한다.

다문화가정의 결혼은 부부간에 갈등요소를 많이 가지고 시작한다. 부부간의 나이 차이가 평균 10세 이상이고 심한 경우 40세 정도 차이가 난다. 이러한 연령차는 국내결혼이라 하더라도 세대 간의 차이로 부부갈등을 유발하는 요소가 된다. 교육수준에서도 이주여성의 학력이 높은 경우 부부관계에서 만족도가 낮다. 게다가 소득수준 또한 부부관계에 많은 영향을 준다. 거기다가 남편의 여성에 대한 태도, 결혼관, 본국과 우리나라의 문화적 차이가 결혼적응에 상당히 영향을 미치는 것이 사실이다. 이러한 차이들이 부부가 극복할 수 있는 수준이 아니라 가족해체로 이어지는 경우, 그러한 과정에서 상당한 트라우마를 경험할 가능성이 많다. 한국으로 결혼하러 가려는 필리핀 여성에게 필리핀 정부가 결혼교육을 실시하면서 가정폭력의 심각성과 그것에 대처하는 방법을 소개할 정도로 결혼이주여성에게 발생하는 가정폭력 문제는 매우 심각한 수준이다. 그러다 보니 결혼이주여성 측에서 방어하려고 하다가 범죄가 발생하기도 하고 그 결과 개인의 삶이 예기치 않게 부정적인 방향으로 흘러가는 경우도 있었다.

최근 결혼이주여성들의 다양한 문화적응상의 어려움으로 인해 표출되는 정신건강 문제들이 사회적 이슈로 등장하면서, 이들의 정신건강 문제에 대한 여러 가지 사회지원체계의 필요성이 대두되고 있다. 여성이민자들의 정신건강 문제의 발생은 문화적응상의 스트레스를 비롯한 사회적 지지체계의 부족, 역기능적인 가족관계 그리고 여러 가지 스트레스 상황에 대한 개인의 대처기제 부족 등 다양한 원인에 의해 비롯되는 것이라 할 수 있다. 이들의 정신건강은 그 가족과의 관계뿐 아니라 사회적인 차원의 드러나지 않는 차별과 냉대로 그들에게 트라우마가 된다. 이러한 트라우마는 개인적 차원에서 극복하여야 할 스트레스로 접근해 왔다. 예를 들자면 가족관계에서 발생하는 스트레스를 줄이기 위하여 남편과 시어머니에 대한 교육과 결혼이민자 자신의 적응을 위한 생활문화 교육과 활동들이 주가 되었다. 이주로 인한 스트레스가 다른 문화 간의 충격에서 발생하는 어려움을 바탕으로 하고 있으나 주로 개인이 문화차이를 극복할 수 있다는 전제에서 이들의 적응과 관련된 문제와 이를 해결하기 위한 자원에 대한 탐색이 주를 이루고 있지, 이러한 문화적 충격 혹은 이질문화간에서 개인들이 겪게 될 사회문화적 압력에 대해서는 간과하였던 것이 사실이다.

우리사회가 다문화가족에게 적용했던 정책들은 대체로 결혼이민여성에게 초점을 맞추고 있다. 그것은 여성만 한국사회에 적응하면 문제가 없다는 식임을 반증하는 결과이다. 그러다 보니 결혼이민여성들에게 남성과 문화라는 이미지는 여성에게 가혹하게 하는 남성적 존재로 다가가게 된다는 점을 별로 고려하지 못했다. 미시적인 수준에서 개인이 경험하게 되는 트라우마에 대해서는 동화정책을 사용해 왔지만 사회문화적 구조가 제공하게 되는 억압, 그로 인한 트라우마에 대해서는 관심을 기울이지 못하였다. 이주라는 특별한 상황 속에서 개인은 사회제도와 문화적 차원에서 영향을 받으며, 그 속에서 경험하는 트라우마가 이주여성의 삶에 깊숙이 영향을 미치고 있음을 새겨보았어야 하는데도 말이다.

Ⅳ. 결혼이주여성의 트라우마

결혼이민자들은 이주과정과 이주 후의 정착과정에서 새롭게 접하는 문화적 맥락에 적합한 행동유형을 습득하기 위해 부단한 노력을 기울이게 된다. 이 과정에서 이민자들은 오랫동안 '원가족과 문화(origin family and culture)'로부터 학습된 행동유형을 변화시켜야 하는 것에 대해 심리적인 부적응과 문화갈등을 경험할 가능성이 높다(Berry and Sam, 1997). 문화갈등은 문화충격 혹은 문화적응 스트레스로 경험되는데 이 두 가지 개념은 거의 유사하게 사용되고 있다(Potocky-Tripodi, 2002: 258; 임혁, 2010: 196 재인용). 문화갈등은 이주로 인해 이민자들이 사회계층적으로 주류사회에 통합되지 못하는 것에서 비롯되는 일종의 심리적 증상으로 풀이되며, 문화적 근원이 서로 다른 사람들 간의 접촉과 상호작용으로 인해 나타나는 문화적 변용과정에서 발생하는 심리적 현상 중 하나이다.

이민자의 정신건강은 이민과정과 관련성이 높다. Sluzki(2001: 101~115)에 의하면 이민과정은 이주 전 단계(pre-emigration stage)와 이주단계(migration stage) 그리고 이주 후 단계(post-migration)로 나뉘고 각 단계마다 정신건강의 위험요인들이 존재할 수 있다고 설명하였다. 이주 전 단계에서 이민자의 정신건강문제는 출신국에서의 생활방식과 관련성이 높으며, 전쟁과 폭력 그리고 고문 등의 경험 등이 대표적인 정신건강의 위험요인으로 간주된다. 이주단계에서는 이민의 기간과 이민과정 중에 경험하게 되는 폭력이 주요요인으로 작용한다. 이주 후 단계에서는 이민자의 법적, 사회적 지위가 주요 정신건강 영향요인으로 간주된다.

이민자의 정신건강에 관한 선행연구들은 심리적 외로움, 낮은 자존감, 죄책감과 슬픔, 우울증, 불안, 신체화증상, 편집증, 외상 후 스트레스 장애, 약물중독 등으로 보고되었다(Potocky-Tripodi, 2002: 264~272; 임혁, 2010: 196 재인용). Diller(2007: 113~133)는 인종과 관련된 정신보건의 이슈를 인종적 정체성, 동화, 스트레스, 정신적 외상 그리고 약물 및 알코올 남용으로 분류하여 설명하고 있다. 본 연구주제와 매우 밀접한 관련이 있어서 좀 더 자세히 살펴보자.

• 인종적 정체성: 인종적 정체성이란 어떤 특정한 인종집단의 구성원으로서,

자신의 이미지에 관한 개인 정체성의 일부분으로서, 다양한 인종적 경험을 통합함으로써 형성된다. 자신의 인종 및 문화적 배경을 수용하고 관련된 경험을 통합하며 인종집단과의 관계 및 독특한 방식을 유지할 수 있을 때 긍정적인 인종적 정체성을 형성할 수 있다. 반면 자신의 인종과 관련된 경험이 자신이 속한 인종에 대해 적대적이거나 차별적인 것일 때 내면의 갈등과 혼란이 야기되고 이는 부정적 또는 양가적인 정체성으로 이어져 정신건강에 부정적인 영향을 미친다.

• 동화: 동화는 어떤 한 문화를 버리고 새로운 문화에 유입되는 것을 말한다. 다양한 문화가 만나서 새로운 제3의 문화를 창출하게 될 것이라는 환상에도 불구하고 실제로는 주류문화에 일방적으로 동화되는 현상이 관찰되곤 한다. 동화는 고유의 전통적인 문화나 규범의 붕괴를 가져올 수 있다. 이주초기에 동화에 따른 스트레스가 높게 나타나며 본인의 모국문화를 유지하고 있을 때 정신건강을 지키기 쉽다.

• 스트레스: 인종차별, 동화, 빈곤 등과 같은 사회적인 부정적 요소는 인종적 소수자들에게 물리적으로는 경제적 자원의 결핍을, 심리적으로는 자존감 저하, 문제해결능력 제한, 통제감 부족 등을 유발함으로써 부적응적인 영향을 미칠 수 있다. 단 인종 및 문화적 정체성, 기술과 역량, 적절한 대응전략, 지지체계, 저항할 수 있는 힘이 있다면 이러한 스트레스를 잘 극복할 수 있다.

• 정신적 외상: 스트레스에 대한 반응으로 정신적 자원이 고갈될 경우 기능저하나 질병으로 이어질 수 있으며, 이 스트레스가 극단적일 경우 기본적인 적응체계가 차단될 수 있다. 이러한 스트레스가 집중될 때 안정감 상실, 극단적 두려움, 무력감, 통제력 상실, 위험감 등을 느끼는 외상 후 스트레스 장애(PTSD)로 진단되기도 한다. 이러한 정신적 외상이 집합적일 때 이러한 외상은 그 세대는 물론이

고 그 이후 세대에 전수되면서 지속적으로 그들의 삶에 영향을 미친다.

• 약물 및 알코올 남용: 음주나 약물 사용에 대한 의미는 문화에 따라 다르며 그와 관련된 행위에 대해서도 문화에 따라 그 수용정도가 다르다. 뿐만 아니라 약물 및 알코올 문제에서 '회복'되는 것에 대한 의미부여도 문화의 영향을 받는다.

이민자의 정신건강이 여러 가지로 문제가 있지만 그중에서도 외상 후 스트레스 장애는 생활 속에 깊숙이 침습되어 있으면서도 간과되기 쉬운데, 신경증적인 문제가 개별가정이나 사회적으로 다른 문제를 유발할 가능성이 있으므로 잘 고려해야 한다. 또 이민자의 트라우마는 단순히 개인적인 문제만이 아니기 때문에 다차원적으로 생각해 보아야 한다.

외상 후 스트레스 장애와 관련이 있는 스트레스 혹은 트라우마에 대하여 살펴보자. 트라우마는 개인의 정신병리적 현상을 설명하기 위한 용어이다. 트라우마는 그리스어에서 유래하였으며 본래 육체적 '상처'를 가르키는 단어였다고 한다(전진성, 2006: 220). 쉽사리 지워지지 않는 정신적인 상흔을 의미하는 '외상'으로 번역되기도 한다. 특히 프로이트와 같은 정분석학자들이 트라우마를 정신적 상처인 '외상(trauma)으로 구체화하였으며, 구조적이고 지속적인 정신기능의 교란이나 장애를 동반하는 깊은 심리적 충격이나 그 상처의 흔적을 일컫는다. 외상에 해당하는 삶의 극적인 경험이 극복되지 않으면 정상적인 의식으로 편입되지 못하고 무의식으로 억압되어 환각, 악몽 플래시백으로 지나간 과거를 현재로 재경험하면서 우울과 불안, 인격장애로 연결될 수 있다.

이주는 개인이나 종족, 민족과 같은 집단이 본래 살던 지역을 떠나 다른 지역으로 이동하여 정착하는 것으로, 이러한 이주는 그 자체로 모든 것이 해결되는 것이 아니라, 이주민이 다른 사회로 동화(assimiliation)되거나 통합(integration)되어야 하는 이차적 과제를 남긴다. 그래서 이주민의 경우에 국경을 넘어 문화적 충격을 경험하고 이주사회에서 다른 사회화 과정을 거치며 가치관 혼란과 정체성의 위기를 겪을 뿐 아니라 외국인 혐오현상인 제노포비아를 경험하며 극단적인 사례들을 통해 심각한 트라우마를 경험하게 된다.

파농(1995)은 이민자의 트라우마는 개체발생, 계통발생만이 아니라 사회발생론을 근거로 해야 한다고 한다. 사회는 단순히 생화학적 작용을 일으키는 것이 아니라 함께 살아가는 인간에게 영향을 받으므로 함께 살아가는 사람들이 이주민을 대하는 태도로부터 자유로울 수 없다. 이주국민과 이주민은 상호 호환성을 가질 것이라고 생각하지만 실제로는 이주민이 자기의 정체성을 버리고 이주국민이 되려고 노력한다. 이주민은 새로운 문화에 들어와서 누구보다 더 '한국인' 답게 살아가고자 노력한다. 클라인만과 다스(2002)는 수많은 고통의 연속이 우리의 삶이며, 그 고통은 심리적이거나 의학적인 문제로 인한 것만이 아니라 인간관계를 토대로 발생된 사회적 경험에 의한 것이라고 주장했다. 특히 인간에 의한 개인의 고통으로 여겨지는 것들이 사실은 정치적 · 제도적 · 경제적 권력이 인간에게 미친 영향에서 비롯된 '사회적 고통(social suffering)'이란 점에 주목했다. 우리 사회에도 바로 이러한 유 · 무형의 무수한 권력에 의해 벌어지는 수많은 사회적 고통이 존재한다. 더구나 이주국가에서 이방인으로 받게 되는 수많은 차별과 소외, 냉대와 무관심, 배타성은 이러한 사회적 고통의 원형이다. 즉, 결혼이주여성은 외모, 이름, 말씨가 다르다는 이유로 항상 특별한 시선을 받으며 때로는 가난한 나라에서 시집온 사람이라고 무시당하기도 한다.

한 개인의 신경증적 구조는 한편으로는 환경 때문에, 다른 한편으로는 개인이 환경에 대응하는 방식으로 야기된 갈등들이 트라우마로 형성되어 자신의 정체성의 위기를 겪게 된다(파농, 1995: 104). 즉, 개인의 생각이나 경험은 단순히 개인 내적인 흐름에 의해 결정되는 것이 아니라 환경의 억압을 견디는 과정에서 사고가 형성되는데, 이때 결혼이주여성들은 가족이나 사회의 은근한 차별이 이들의 정체성을 흔들어 놓고 그 결과 스스로에게도 낯선 사람이 되어 버린다는 것이다.

헤겔이 『정신현상학』에서 주장한 것처럼, 우리는 새로운 것, 낯선 것과의 끊임없는 관계망을 통해 자신의 입지를 구축하며 타자와 교감을 나누고 상호이해를 통해 자의식을 획득하게 된다. 더구나 타지에 온 이민자들에게는 우선 본질적으로 삶을 영위하기 위해 새로운 환경에 적응해야 하는 절체절명의 과제가 주어진다. 특히 문화적 차이에서 오는 충격이 크면 클수록 적응의 어려움은 배가 된다.

소수민이 질병이나 장애를 갖게 될 경우에는 이중의 차별을 경험하게 된다. 장애여성이나 노인여성이 그러한 경우이다. 장애인으로서 혹은 노인으로서 차별을 받으면서 또 여성이기 때문에 차별받는 가장 열악한 경우라고 볼 수 있는데, 결혼이주여성의 경우 이주민으로서, 여성으로서 차별을 받게 될 가능성이 높다. 박정애(2009)에 의하면 이민자들이 겪는 존재론적 딜레마는 이중의식(double-consciousness)이라고 볼 수 있다. 이중의식이란 현지인이면서 동시에 현지인이 아니고, 주체이기를 바라면서 항상 타자로 존재할 수밖에 없는 상황에서 가지게 되는 두 가지 목소리인 셈이다. 즉, 해결 불가능한 딜레마를 극복하기 위해 이민자들은 소수민족의 문화적 토양을 무시하고 현지인의 문화와 관습을 그대로 수용하거나 아니면 현지문화를 철저히 배척하고 타자의 전통으로 회귀하는 양자택일의 기로에 서게 된다. 그러므로 이주여성의 문제를 페미니즘적 시각에서도 살펴볼 필요가 있다.

V. 페미니즘적 시각에서 본 이주여성과 정체성

그동안 우리나라는 여성운동의 성과로 가정에서 여성들이 무임으로 수행해 온 돌봄노동에 대한 사회적 재평가가 이루어지고 어느 정도 양성평등한 가정문화를 이루어 온 것이 사실이다. 또 여성들이 집합적 투쟁을 통해 얻은 적극적 조치(affirmative action)로 여성들이 오랫동안 배제되어 온 공적 영역에 진출할 수 있었을 뿐 아니라 남성중심의 조직 문화를 양성평등적으로 변화시키려는 실험으로 연결되었다. 그러나 '비정규직의 여성화'와 같은 여성의 저임금과 불안정 고용, 가정과 국가를 위협하는 남성폭력의 건재, 여성의 육체를 공략하는 신종 상품기술의 발달 등은 여성운동이 성과를 거두지 못했다는 한계를 보여 주는 점이다.

신자유주의적 자본주의가 심화시킨 양극화와 함께, 여성, 저임금 비정규직을 전전하는 다수의 하층계급 여성, 유색인종여성, 이주민 여성으로 여성 내에서도 계급적 분화가 일어나고 있다. 국가적 경계를 넘어 세계화가 진행되면서 제1세계 여성의 부를 유지시키는 물질적 토대로 제3세계 여성 노동이 착취됨으로써 전 지구적 차원에서 여성억압은 결코 줄어들지 않고 있다. 이런 현실에도 불구하고 여성들을 연대하지 못하여 페미니즘이 현실정치와 문화에 개입하기 어려워지고 있다.

국제이주나 이주여성에 대해서 젠더의 문제는 별로 고려되지 않았다. 특히 이주여성은 이주노동자의 배우자이거나 결혼이주여성이므로 관심을 받지 못한 경향이 있다. 이주노동자의 배우자인 경우는 이주노동자에게 초점이 맞춰지고, 결혼이주여성은 우리사회에 적응해야 할 주변적인 대상으로 여겨졌을 뿐이다. 그러나 1990년대 이후 이주의 여성화 경향이 심화되면서 페미니스트 학자들은 젠더가 국제이주에서 중요한 요소라는 점에 초점을 두기 시작했고 그중에서 아시아 여성들의 이주를 연구해 온 파이퍼(Piper, 1999)는 고정된 성역할을 강조하고 가부장적인 사회가 여성의 이주형태를 결정한다고 하였다. 즉 여성이 저임금노동시장에 유입되듯이 결혼이주도 그렇게 이루어진다는 것이다.

우리나라에서 여성 결혼이민자의 수는 남성에 비해 7배 이상 많다. 이른바 '이주의 여성화(feminization of migration)'가 실감나는 대목이다. 글로벌 자본주의 체제는 국가 간 경제적 차이를 사적 차원의 성적 결합으로 변화시키는 국제결혼시장을 빠른 속도로 키워 왔다. 한국의 국제결혼은 외국인 노동자의 유입과 마찬가지로 국제노동분업의 일환으로 촉발되었으나 산업화, 도시화의 진행으로 농촌을 떠난 여성들의 돌봄노동을 대체하기 위해 주로 중국, 필리핀, 베트남, 러시아, 우즈베키스탄 등의 외국인 여성들이 결혼이민을 옴으로써 형성되었다. 한국남성과 결혼한 아시아 여성들이 대부분 농촌이나 도시의 저소득층이 수행하던 노동력을 대체한다는 점에서 아시아 여성들은 하위계층에서 이산을 경험한다. 이러한 하위계층에서의 이산은 이주민으로서의 '타자성'과 함께 남성과 여성이라는 젠더구조에 의해서도 '타자성'에 기반한 정체성을 형성하기 쉽다. 즉, 결혼이주여성은 정주민과 비교할 때 주체성을 가진, 주류문화 속의 사람이 아니라 타자가 되고, 가부장적인 사회구조 속에서 남성에 대해서는 여성이기 때문에 가지는 하위계층을 경험하게 되면서 자신이 기존에 가지고 있던 정체성이 와해되는 혼란을 겪는다.

박신규(2008)는 결혼이주여성에 대한 연구가 총체적 삶의 사회구조적 맥락을 고려하지 않고 가족관계망에서 발생하는 문화적 갈등과 적응에서 나타나는 정체성의 단면적 속성을 분석하는 한계를 가지고 있다고 하였다. 사실 해외이주는 삶의 과정(process)이기 때문에 배우자, 어머니, 시민으로서 여러 역할을 수행하면서 삶의 모습을 연출하기 때문에 변화하는 상황에서 이주민들이 어떤 정체성을 가지는지 연구되어야 한다.

정체성의 사전적 의미는 "변하지 아니하는 존재의 본질을 깨닫는 성질. 또는 그 성질을 가진 독립적 존재"이다. 또한 기든스(1991)는 정체성이 단순역할을 뛰어넘어 행위자 자신에 대한 의미의 근원이며, 행위자 자신에 의한 개별화과정을 통해 구성된다고 본다. 사회적 정체성(Bradley, 1996: 24)은 타인들과 맺는 다양한 사회적 관계 속에서 자신의 위치에 대한 감각을 부여해 주고 하나의 개인으로서 안정된 핵심을 가질 수 있게 해 주는 것으로 정의된다. 즉, 사회적 정체성이라는 개념이 개별 결혼이주여성들이 스스로를 규정하는 방식을 이해하는 도구로 적합하다는 것이다. 이주민이 이주과정을 통해 경험하게 되는 트라우마는 단순히 개인적 차원의 정신병리적 측면에서의 심리적 외상이 아니다. 오히려 문화적 차이와 주류사회의 가부장제 사회가 가정 내의 여성으로 억압하여 발생한 사회적 고통이라는 점을 고려할 때 이주여성에 대한 접근이 사회적 정체성을 중심으로 연구되어야 할 필요가 있다.

김연수와 박지영(2010)은 여성결혼이민자들이 문화적응을 어떻게 경험하고 있는지에 대하여 포커스 인터뷰를 통해 알아보았다. "낯선 관계의 어려움", "차별과 편견에 직면함", "익숙해지는 한국문화, 그러나 낮아지는 자존감", "문화적 차이를 넘어서려고 시도함", "두 문화정체성을 갖기 위해 노력함"으로 나타났다. 즉, 처음에는 낯선 관계가 어려웠지만 갈수록 차별과 편견을 경험하게 되고 한국문화에 익숙해질수록 자기 자신이 태어났던 모국의 문화를 버리는 동화를 체험하게 됨으로써 사회적 정체성의 혼란을 겪게 된다. 그리고 한국 내에서의 자신의 사회경제적 위치가 분명해지면서 더욱더 자기존중감이 낮아지게 된다. 나름대로 모국과 새로 이주해서 살게 된 한국문화, 이 두 문화에 적응하기 위하여 문화적 차이를 극복하고 새로운 자신의 정체성을 형성하기 위해 노력하게 된다는 이주과정이 이해된다.

박신규(2008)에 의하면 노동이주로 국내에 유입되었던 결혼이주여성들은 저임금 노동자인 한국남성과 결혼하면서 이주노동자보다 더 낮은 계급으로 전락하게 된다고 하였다. 즉, 결혼이주여성들은 이주노동자보다 경제적 수준이 더 낮아지기도 하고, 그래도 이주노동자였을 때는 근로자로서 보여지는데, 결혼을 통하여 앞으로 한국인 아내들처럼 살아가기를 종용받는 정형화된 시선을 경험한다. 한국사회는 이들을 '이방인'에서, '다른 주부'로 그래서 '빨리 같아져야 할 주부'로 바라보고 있음을 자각한다. 따라서 이주여성들은 본인들의 고유한 특성인 민족성을 숨기며 가족과 노동현장에서 계속 주변화되고 타자화된 존재로 머무르고 있었다.

결혼이주여성을 바라볼 때 한국사회에 적응하지 못하는, 한국말을 빨리 배우지 못하는 주부, 여성, 노동자로 보고 있는 시선이 지배적인데, 이들을 주변화하고 타자화하는 데는 우리의 관점과 시선에도 문제가 있다. 이들을 재촉하면 할수록 이들은 더욱 이 사회에서 살아가기 어렵고 우리가 원하는 '빠른 적응'을 하기 힘든 존재가 된다.

VI. 이들과 함께 살아가기

가족은 한 개인이 그 사회 속에서 살아갈 수 있는 생활양식을 배우는 곳이다. 즉, 사람은 가족 속에서 사회화과정을 통해서 생활양식을 배우고 이 세상에 익숙해지면서 그 사회의 문화를 습득하게 된다. 그러나 이주민의 경우에 이미 그러한 과정을 통해 익숙해진 문화가 있고, 그 후 새로운 곳으로 와서 또 다른 문화를 배워서 내재화해가야 한다. 자연스럽게, 무의식적 차원에서 이루어졌던 처음의 사회화 과정과는 달리, 의식적인 차원에서 인위적인 노력으로 낯선 문화에 익숙해지기를 강요받는다. 그것도 가족 안에서.

가족이란 하나의 제도이며, 그것은 어떤 사회집단이나 민족집단보다 선행한다. 그래서 가족 안에서 행해지는 생활방식은 더 큰 집단인 사회나 민족집단에서의 행동을 결정한다. 가족 속에서 생활양식에 익숙해짐은 무의식적 기제로 다른 사회적인 상황에 영향을 미친다는 것이다. 그런 익숙한 가족, 사회에서 다른 문화권으로 이동하였을 때는 다름에서 오는 차이, 그로 인한 차별, 그 차별을 내재화하면서 스스로 분열현상을 경험하고, 그것을 억압하는 트라우마로 지속된다. 이주민의 정신건강상의 문제는 개인적 차원에서 발생하는 문제만이 아니라 사회적 차원의 차별과 억압으로 발생하는 사회적 고통인 셈이다. 이러한 이주민의 문제를 여성주의적 관점에서 생각해 보고, 이들이 보다 덜 고통스럽게 사회화될 수 있도록 도와야 할 것이다. 그렇지 않으면 이주여성들은 자신을 폄훼할 것이며, 위험천만하게도 자신을 내적불안상태로 이끌고 가 모든 대인관계를 불가능하게 하거나 왜곡하게 된다. 이주여성의 트라우마는 개인적으로 의미를 부여한 것이 아니라 사회적 정체성이라는 이름으로 형성된 것이다. 사회적 정체성의 개념에서 그들을 이해하려고 접근해야 한다. 그들은 그들 자신의 고유한 정체성을 살아 내는 것이 불가능하다. 그들은 한국에서는 한국인이 아니고, 그들의 출생지에서는 외국인이기 때문이다.

파농은 정신과의사로서, 흑인이 가진 식민지 민중의 의존콤플렉스를 해결하기 위해 무의식을 정확하게 의식화하여 백인이 되고자 하는 망상을 기꺼이 포기하도록 종용하며, 사회구조 그 자체를 변화시키려는 노력을 지향하라고 제안하고 있다. 우리도 결혼이주여성들이 주변화되지 않고 주체성을 가진 사람으로 정착하기 위해서는 가족 안에서 다른 문화를 가진 사람으로 인정되어야 한다. 그리고 그 가족이 사회에서 이들의 입장을 옹호하고 대변하여야 한다. 그래야 결혼이주여성들이 낯선 이곳에서 자신의 정체성을 가지고 우리와 함께 살아갈 수 있을 것이다.

참고문헌

김연수, 박지영, 「여성결혼이민자의 문화적응 경험 연구」, 『한국가족복지학』 vol. 30, 한국가족복지학회, 2010.

구차순, 「결혼이주여성의 적응에 관한 근거이론연구」, 부산대학교 사회복지학과 박사학위논문, 2007.

박신규, 「국제결혼이주여성의 이주경로별 사회적 정체성의 형성-구미시 결혼이주여성의 이주과정을 중심으로」, 경북대학교 사회학과 박사학위논문, 2009.

박정애, 「여성, 이주와 정주 사이: 2000년대 한국소설에서 다문화가족의 성별적 재현 현상 연구」, 『여성문학연구』, 한국여성문학회, 2009.

박정희, 「이주, 트라우마 그리고 치유의 글쓰기」, 『헤세연구』 제20집, pp. 353-372, 2008.

선주원, 「타자적 삶 인식과 여성의 정체성 찾기」, 『국어교육』, 한국어교육학회, pp. 503-530, 2007.

임혁, 「여성결혼이민자의 정신건강 영향요인에 관한 연구」, 『정신보건과 사회사업』 vol. 34, pp. 189-221, 2010.

출입국 외국인정책본부, 『2009 출입국 외국인 정책 통계』, 보도자료, 법무부, 2009.

채옥희 · 홍달아기 · 송복희, 「필리핀 결혼이주여성의 결혼배경과 출국전 한국가정생활 교육내용에 대한 탐색적 연구」, 『한국생활과학회지』 제20권 2호, pp. 327-338, 2011.

최명민 · 이기영 · 최현미 · 김정진, 『문화적 다양성과 사회복지』, 서울: 학지사, 2009.

Berry, J. W., and D. L., Sam, "Acculturation and Adaptaion", In J. W. Berry, M. H. Segall and C. Kagitcibassi(eds), *Handbook of Cross-cultural Psychology* Vol. 3: Social behavior and applications 2nd ed(pp. 291-326), Needham Heights Ma: Allyn and Bacon, 1997.

Castles, S. and M. J. Miller, *The Age of Migration*, 4th ed., NY: Guilford, 2009.

Potocky-Tripodi, Miriam, *Best Practices for Social Work with Refugees & Immigrants*, NY: Columbia University Press, 2002.

Frantz Fanon, Black Skin, White Masks, 1995, 이석호 옮김, 『검은피부, 하얀가면』, 서울: 인간사랑, 1998.

Sluzki, C., "Psychogische Palsen der Migration and iher Auswirkungen", In Hegemann T., and R. Salman(ed.), *TransKulturelle Psychiatrie*(pp. 101-115), Bonn: Psychiatrie-Verlag, 2001.

| 제3부 |

행복에 대하여

아홉 번째 강의

내면적 인식과 희망

행복의 심리학: 멘탈 휘트니스(Mental Fitness)

고영건 고려대학교 심리학과 교수

철학자이자 수학자인 파스칼(Blaise Pascal)은 "모든 인간은 행복을 추구한다. 여기에는 그 어떠한 예외도 존재하지 않는다."(Pascal, 1670/1904, Section VII)라는 말을 남겼다. 그렇다면 왜 사람들은 행복을 원하는 것일까? 아마도 다음에 소개되는 프리드리히 니체(Friedrich Nietzsche)의 표현은 이러한 질문에 대한 해답을 제공해 줄 수 있을 것 같다.

> 눈물과 웃음이 가득한, 권능과 사랑이 가득한 신 같은 행복,
>
> 저녁의 태양처럼, 바닷속으로 그 풍요를 쏟아 주면서 마르지 않는 풍요를 계속해서 주는 행복,
>
> 가장 가난한 어부조차도 황금 노를 저을 때라야만 비로소 가장 풍요롭다고 느끼는 행복!
>
> 이런 신 같은 느낌…(Nietzsche, 1882/1974, pp. 228~229)

세상 모든 사람들은 실현될 수만 있다면 예외 없이 행복을 원하는 것처럼 보

인다. 하지만 실제로 행복감을 경험하는 사람들은 상대적으로 소수이다. 그 이유는 일반적으로 사람들은 어떻게 하면 행복해질 수 있는지를 잘 모르기 때문이다. 심리학자들은 이것을 바로 '행복의 딜레마'라고 부른다. 사람들은 모두 행복해지기를 원하지만 실제로 행복해질 수 있는 방법을 아는 사람은 드물다. 이러한 상황하에서 사람들에게 행복은 목표로 하기에는 너무나 어렵고 또 포기하기에는 너무나 미련이 남도록 만드는 것이 된다.

하지만 긍정심리학에서는 우리가 행복해질 수 있는 방법이 분명히 존재한다고 말한다. 비록 모든 사람들을 행복으로 이끌 수 있는 비법은 존재하지 않지만 사람들이 행복감을 직접 경험하고 느낄 수 있는 유능성을 배양하는 '심리학적인 기술'은 분명 존재한다는 것이다. 그 대표적인 방법 중 하나가 바로 멘탈 휘트니스(Mental Fitness)이다(김진영 · 고영건, 2009).

심리학자 도로시아 맥카시(Dorothea McCarthy)는 세계 최초로 '멘탈 휘트니스'라는 신개념을 제안하였다. 멘탈 휘트니스는 마치 신체적인 휘트니스를 통해 신체적인 건강을 획득하고 또 유지할 수 있는 것처럼, 체계화된 정신적 훈련 과정을 통해 정신건강, 즉 행복이 성취될 수 있음을 암시해 준다(McCarthy, 1964). 이러한 멘탈 휘트니스는 정신건강이라는 표현에 비해 정신과 영역의 문제를 다룬다는 인상을 주지 않는다는 장점이 있다. 멘탈 휘트니스 프로그램에서는 실제로 행복에 기여할 수 있는 심리학적인 기술로서의 암묵적인 지식(tacit knowledge)을 주로 다루게 된다.

일반적으로 지식은 형식적 지식(codified knowledge)과 암묵적인 지식으로 분류할 수 있다(Sternberg, 2007). 형식적인 지식에는 일반적으로 '일반적 지식(know-what)'과 '원리에 관한 지식(know-why)'이 포함된다. 이러한 형식적인 지식들에서는 객관적 사실에 기초한 정보에 초점을 맞추게 된다. 이러한 형식적인 지식은 주로 언어적인 체계를 통해 전달된다. 반면에 암묵적 지식은 주로 '방법에 관한 지식(know-how)'과 '전문가에 관한 지식(know-who)'을 포함한다. 친교 기술 등과 같이 쉽게 형식화할 수 없는 '노하우'는 주로 사회적인 상황에서의 교류를 통해 습득되는 지식을 말한다. 또 사회적인 문제 상황에서 누구에게 도움을 청해야 하고 또 자신이 어떤 사람들의 사회적인 지지를 받을 수 있는지에 대한 정보 역시 사회적인 상호작용 과정에서 습득되는 것이 일반적이다. 바로 멘탈 휘트니스 프로그램에서는 이처럼 언어적으로 전달하는 것이 불가능하거나 그만큼 어려운 행복 관련 암묵적인 지식을 사람들에게 전달하게 된다(김진영 · 고영건, 2009).

요약하면, 멘탈 휘트니스는 사람들이 실제로 행복감을 맛볼 수 있도록 해 줄 수 있는 암묵적인 형태의 심리학적인 지식을 훈련하는 프로그램이라고 할 수 있다. 이 장에서는 행복의 심리학적 기술로서의 멘탈 휘트니스 프로그램에 관해 소개하고자 한다.

I. 슬라우(Slough) 행복 프로젝트

멘탈 휘트니스 프로그램의 대표적인 예로는 영국 BBC 방송국의 행복 다큐멘터리를 제작하기 위해 심리학자, 경영컨설턴트, 자기계발 전문가, 사회사업가 등 6인이 주축이 되어 '행복위원회'를 결성하고 활동했던 것을 들 수 있다(Hoggard, 2007). 지난 2005년 영국의 중소 도시 '슬라우(Slough)'에서는 도시 규모의 행복 프로젝트가 진행되었다. 그 과정에서 행복위원회 위원들은 슬라우 지역 주민들을 행복하게 만들기 위해 '행복헌장'을 제작하였다. 이 행복헌장에는 고대 플라톤의 행복론에서부터 현대의 긍정심리학에 이르기까지 인류의 행복 관련 지식을 총망라하는 열 가지 행복수칙이 담겨 있었다. 그 후 행복위원회는 슬라우 시민들 중 실험 참가자를 받았다. 프로젝트 참여자들이 해야 할 일은 3개월 동안 '행복헌장'의 내용을 충실하게 실천하는 것이었다.

그 결과는 말 그대로 대성공이었다. 3개월간 행복 프로젝트에 참여했던 슬라우 주민들은 너나없이 행복헌장을 실천하면서 흥분되는 수준의 행복감을 경험할 수 있었다고 보고하였다. 실제로 슬라우 주민들의 행복지수는 평균 33% 상승했다. 슬라우 행복 프로젝트는 처음에 회의적인 태도를 보이던 주민들의 생각까지도 180도로 바꾸어 놓았다. 한 주민은 소감을 피력하면서 슬라우 시민이 정말 운이 좋은 거라고 말하기도 했다.

슬라우 행복위원회(Hoggard, 2007)에 따르면, 남녀노소와 국적 및 인종을 불문하고 행복헌장은 행복감을 증진시키는 데 탁월한 효과를 나타냈다. 이 이색적인 실험의 전 과정은 영국 BBC 방송에 의해 다큐멘터리로 방영돼 큰 화제를 불러일으켰고 우리나라에서도 MBC 스페셜 프로그램을 통해 소개된 바 있다.

슬라우 행복위원회는 행복이 마치 바이올린 연주나 자전거 타기처럼 일부러 익혀야 하는 기술이라고 주장하였다. 그들에 따르면, 행복은 연습할수록 느는 삶의 습관에 해당된다. 행복위원회가 제시한 행복수칙 열 가지를 소개하면 다음과 같다.

슬라우 행복 10계명

1. 운동을 하라: 일주일에 30분씩 3회면 충분하다.
2. 잠들기 전에 좋았던 일들을 떠올려라: 특히 그 날 중 당신이 감사해야 할 일 5가지를 생각하라.
3. 대화를 나누어라: 매주 온전히 1시간은 가족이나 친한 친구들과 대화를 나누어라.
4. 애완동물이나 식물을 가꾸어라: 아주 작은 화분 또는 동물이라도 좋다. 단, 죽이지만 마라.
5. TV 시청 시간을 반으로 줄여라: TV 시청은 행복감을 증진시키기 가장 어려운 활동 중 하나이다.
6. 미소를 지어라: 적어도 하루에 한 번은 낯선 사람에게도 미소를 짓거나 인사를 하라.
7. 친구에게 전화하라: 오랫동안 소원했던 친구나 지인들에게 지금 당장 연락하라.

8. 하루에 한 번씩 유쾌하게 웃어라: 웃음은 행복의 묘약이다.
9. 매일 자신에게 작은 선물을 하라: 자신의 선물을 온전히 즐길 수 있는 시간을 확보하라.
10. 매일 누군가에게 친절을 베풀어라: 친절한 사람이 불행해지기는 불가능하다.

아마도 어떤 이는 슬라우 행복위원회의 행복헌장 10가지를 살펴보고 나서 "아니, 이런 일들을 하는 데 무슨 프로그램이 필요하지?"라는 의문을 품을 수도 있을 것이다. 외견상 행복헌장 10가지 내용이 너무나도 평범해 보이기 때문이다. 하지만 행복헌장 10가지를 실천하는 일은 생각만큼 간단한 일들이 아니다. 왜냐하면 이 10가지 행복헌장을 잘 실천하기 위해서는 각 수칙마다 언어적으로는 전달되지 않는 암묵적인 지식과 기술이 필요하기 때문이다. 그렇기 때문에 행복의 딜레마가 보여 주는 것처럼, 모든 사람들이 행복해지기를 원하지만 실제로 행복감을 경험하는 사람들은 드문 것이다. 따라서 진정한 행복감을 경험하기 위해서는 무작정 행복헌장을 실천하려고 노력하는 것이 아니라 행복 관련 암묵적 지식과 기술들에 관한 선행학습이 필요하다. 이런 맥락에서 이 장에서는 대표적인 행복 관련 암묵적 지식과 기술들을 살펴보도록 하겠다.

II. 『시크릿』, 긍정적 환상, 억압 그리고 낙관성

2007년 이후로 한국 사회에서는 『시크릿(the secret)』 열풍이 불고 있다. 사실 수년째 전 세계적으로 지속되고 있는 시크릿 열풍은 신드롬(syndrome)이라고 불릴 만하다. 시크릿이라는 서적이 전 세계적으로 선풍적인 인기를 끌게 된 데는 2007년에 시작해 지금까지 이어지고 있는 세계적인 경제위기, 즉 서브프라임 모기지 사태로 촉발된 글로벌 경제위기의 탓도 있는 것으로 보인다.

그런데 전 세계에 시크릿 신드롬을 일으켰던 그 서적의 결론은 의외로 단순하다. 그것은 바로 세상일 모두가 생각과 믿음대로 이루어질 수 있다는 것이다(번, 2007). 시크릿에 따르면, 부와 성공을 이루기 위한 방법은 무척 간단한데 그것은 바로 긍정적인 생각과 간절한 믿음을 갖고 끊임없이 도전하면 된다는 것이다. 세계적인 경제위기 속에서 이러한 시크릿의 단순한 메시지는 심리적인 위안을 찾고자 하는 사람들의 마음을 단숨에 사로잡았다. 그렇다면, 과연 시크릿에 매혹된 사람들은 그 책을 읽기 전보다 부와 명성 그리고 행복에 한층 더 가까이 다가갈 수 있었을까? 심리학적인 관점에서 본다면 그에 대한 전망은 결코 밝지 않다.

시크릿의 주장은 확고한 믿음을 통해 원하는 모든 것을 이룰 수 있다고 하는 점에서 '긍정적 환상'의 한 형태에 속한다고 할 수 있다(오미영 · 박찬빈 · 고영건, 2010). 긍정적 환상은 자신과 세상에 대한 비현실적인 낙관주의를 말한다. 사실 긍정적 환상은 어떤 면에서는 적응에 도움을 줄 수 있을 것 같은 기대감을 불러일으키기도 한다. 왜냐하면 이러한 긍정적 환상들은 좌절감을 유발할 수 있는 상황에서 자아를 보호해 주고 또 주관적인 행복감을 경험하는 데 기여할 수도 있기 때문이다. 하지만 이러한 긍정적 환상은 현실에 대한 왜곡된 지각을 전제로 하고 있다는 점에서 건강한 낙관성과는 구분된다.

일반적으로 정신건강을 판별하는 가장 중요한 기준 중 하나는 현실검증력, 즉 현실을 바라보는 과정에서 왜곡이 존재하는지 여부이다. 그런데 긍정적 환상은 사람들이 실패나 불운에 직면했을 때 현실을 부정하고 지나치게 방어적으로 행동하도록 만들 위험성을 지니고 있다. 따라서 만약 시크릿처럼 현실을 왜곡하는 형태의 낙관주의가 개인의 행복감을 증진시키기 위한 중심전략으로 자리 잡게 되면 장기적으로는 적응에 매우 심각한 위험을 초래할 수 있다. 이런 점에서 오프라 윈프리(Oprah Winfrey)는 2007년 5월에 CNN '래리킹 쇼(Larry King Show)'에 출연해 시크릿의 주장이 대중들에게 맹목적으로 수용될 경우 위험한 결과를 초래할 수 있음을 경고하기도 하였다.

심리학적인 관점에서 본다면, 긍정적 환상 기제가 나타나기 위해서는 억압적인 방어 과정이 필요하다(오미영 · 박찬빈 · 고영건, 2010). 왜냐하면 세상과 자기 자신을 비현실적인 형태의 낙관성을 가지고서 바라보기 위해서는 그러한 기대와 일치하지 않는 현실적인 사고내용 및 사건들에 대해서는 억압이 이루어져야 하기 때문이다. 신경증적인 기제 중 하나인 억압은 견디기 힘든 내면의 갈등을 잊어버리는 것을 말한다. 도저히 견뎌낼 수 없다고 느껴지는 것을 잊어버리는 것은, 적어도 잊고 지내는 동안만큼은 내면의 고통으로부터 스스로를 보호할 수 있도록 해 준다. 그런 의미에서 억압도 적응적인 기능을 지니고 있다고 할 수 있다. 하지만 억압은 날이 개고 나면 간밤에 천장에서 비가 샜었다는 사실을 잊어버릴 때와 비슷한 문제를 가지고 있다.

긍정적 환상이 개인에게 주는 '사고 상의 마취효과'는 실제로 의미 있는 심리적인 효과를 나타내는 것이 아니라 위선적인 효과만을 나타낸다. 비유적으로 표현하자면, 긍정적 환상의 효과는 마치 분식 회계가 실물 경제에 미치는 영향력과 유사하다고 할 수 있다. 회사가 거짓 장부에 의지하여 위기를 모면하는 경우, 외견상 그러한 조치가 약효를 나타낸 것처럼 보인다 하더라도, 언젠가는 그러한 회계장부가 독소(毒素)의 역할을 하게 될 수밖에 없다.

시크릿의 주장은 브레이크 장치 없이 비현실적인 기대에 대한 가속 페달만을 강조한다는 점에서 사람들을 긍정적 환상의 함정에 빠트릴 수 있다. 여기에서 긍정적인 환상과 현실적인 낙관성 간의 미묘한 차이에 관해 살펴볼 필요가 있어 보인다. 기본적으로 현실적인 낙관주의에서는 세상일은 마음먹기에 달려 있다는 일체유심조(一切唯心造)의 신념을 강조한다(오미영 · 박찬빈 · 고영건, 2010). 비록 여기에서 '일체'라는 표현이 명백히 광대하게 펼쳐져 있는 무한한 영역을 지칭하는 말에 해당될지라도 그것이 세상에 존재할 수 있는 모든 일들을 의미하는 것은 아니다. 왜냐하면 세상에는 노력해도 안 되는 일 역시 무한대로 존재하기 때문이다. "노력하면 이룰 수 있는 일이 무한대로 존재한다."는 이야기와 "노력하면 세상 모든 일을 이룰 수 있다."는 이야기는 비슷하지만 서로 차원이 다른 주장에 속한다. 전자는 건강한 낙관주의에 속하는 반면에 후자는 시크릿의 주장과 같은 비현실적인 낙관성 및 긍정적 환상에 속한다.

세상에는 아무리 노력해도 안 되는 일들이 무수히 많다. 사실 시크릿의 주장처럼 노력하면 뭐든지 다 이룰 수 있다고 믿는 것은 그 자체가 실패를 두려워하는 것이나 마찬가지이다. 사람들은 보통 무서울 경우에 무섭다고 말한다. 하지만 심리적인 세계에서는 때때로 공포에 떠는 사람이 속으로는 덜덜 떨면서도 겉으로는 "하나도 안 무섭다."고 말할 수도 있다. 하지만 무서워하는 사람이 안 무섭다는 말을 되풀이한다고 해서 공포가 실제로 줄어드는 것은 아니다. 단지 그들은 극심한 공포감을 남과는 다르게 "안 무섭다."는 말로 표현하는 것일 뿐이다. 이것을 심리학에서는 '반동형성'이라고 부른다. 반동형성은 신발에 돌맹이가 들어간 직장 여성이 엘리베이터에서 참고 웃으며 서있어야 할 때처럼 신경증적인 고통을 유발한다(고영건, 2007).

긍정적 환상이 위험한 이유는 그러한 영역에서는 실패가 곧 절망감으로 이어질 수 있기 때문이다(오미영 · 박찬빈 · 고영건, 2010). 시크릿의 주장에 따르면, 사실상 불가능한 일들을 목표로 세운 상태에서도 본인 스스로는 목표를 이룰 수 있다고 믿고서 '올인'을 해야 한다. 그렇기에 긍정적 환상에 빠진 사람들이 사후에 느끼게 될 좌절감은 매우 심각할 수 있다. 왜냐하면 그들은 목표를 달성하는 것이 가능하다고 확신했던 영역에서 실패를 하는 것이기 때문이다. 반면에 현실적인 낙관주의에서는 실패를 한다 할지라도 그 심리적인 충격은 상대적으로 크지 않을 수 있다. 왜냐하면 실패의 가능성을 염두에 두고서 도전하는 사람은 예상을 통해 미리 실패의 아픔에 대해서도 어느 정도 대비할 수 있기 때문이다.

건강한 낙관성은 많은 사람들이 오해하고 있는 것과는 달리, 난관에 부딪혔을 때 무작정 "일이 잘 풀릴 거야."라는 말을 되풀이하는 것을 뜻하지 않는다. 인생에서 단순히 알맹이가 빠진 빈말을 하는 것만으로는 삶을 의미 있게 변화시키지 못한다. 진정으로 일이 잘 풀릴 것이라고 믿기 위해서는 타당한 근거를 가지고 있어야 한다. 타당한 근거조차 갖지 못한 상태에서 막무가내로 "잘 될 거야."라는 말을 남발하는 것은 현실의 고통과 위기에 대한 진지한 고민을 짊어지는 것으로부터 회피하고자 하는 것에 불과할 뿐이다.

사람들은 누구나 행복하고 낙관적이기를 바라지만, 사람들이 살아가는 모습을 가만히 들여다보면, 마치 불행해지기를 갈망하는 것처럼 사고하고 행동할 때가 있다. 대표적인 긍정심리학자인 셀리그만(Martin E. Seligman)은 낙관성을 세 가지 차원으로 분류하였다(Seligman, 1990). 바로 그 세 가지는 지속성(permanence), 확산성(pervasiveness) 그리고 개인화(personalization)이다.

지속성은 좋은 일 또는 부정적인 사건이 일상생활 속에서 반복해서 일어날 수 있도록 사건을 해석하고 믿으며 또 그러한 판단에 기초해서 행동하는 것을 말한다. 셀리그만에 따르면, 부정적인 사건에 대한 지속성 수준이 높은 사람은 스스로 불행해지기를 원하지 않음에도 불구하고 자신도 모르는 사이에 동일한 사건이 삶에서 지속될 수밖에 없는 쪽으로 사고하고 행동하게 된다. 예를 들면, 판단착오로 주식투자에 실패를 한 경우, 부정적인 사건에 대한 지속성 수준이 낮은 사람은 "오늘은 실수했네."라는 식으로 말한다. 하지만 지속성 수준이 높은 사람은 "나는 늘 이래."라는 식으로 말한다. 이때 만약 본인 스스로 내뱉은 말이 사실이라면, 앞으로도 판단 미스로 투자에 실패하는 부정적인 사건이 재발될 가능성이 높다. 왜냐하면 스스로 맨날 그렇다고 생각하는 자신의 습관을 개선하기 위한 노력을 실제로도 덜 기울일 것이기 때문이다. 이런 점에서 부정적인 사건에 대한 지속성 수준이 높은 사람은 상대적으로 부를 축적해 나가는 데 무기력감을 경험할 가능성이 높다.

이러한 지속성은 긍정적인 사건에 대해서도 적용될 수 있다. 직장에서 상사로부터 매우 좋은 평가를 받은 상황을 예로 들어 보도록 하자. 이때 긍정적인 사건에 대한 지속성 수준이 낮은 사람은 "그날따라, 유난히 운이 좋았어."라고 말할 수 있다. 반면에 긍정적인 사건에 대한 지속성 수준이 높은 사람은 "나는 언제나 보스로부터 인정을 받아."라는 식으로 말한다. 물론 직장 상사에게 좋은 평가를 받는 경험은 긍정적인 사건에 대한 지속성 수준이 높은 사람들이 훨씬 더 자주 경험하게 될 것이다.

확산성은 좋은 일 또는 부정적인 사건에 대해서 그러한 일이 일상생활의 다른 영역들에서도 일반화될 수 있도록 사건을 해석하고 믿으며 또 그러한 판단에 기초해서 행동하는 것을 말한다. 셀리그만에 따르면, 부정적인 사건에 대해서 확산성 수준이 높은 사람은 스스로 불행해지기를 원하지 않음에도 불구하고 자신도 모르는 사이에 그러한 사건이 삶에서 만연될 수밖에 없는 쪽으로 사고하고 행동하게 된다. 예를 들면, 비즈니스에서 거래처 관계자와 트러블을 일으킨 경우, 부정적인 사건에 대한 확산성 수준이 낮은 사람은 "나는 김 부장과는 잘 안 맞는 것 같아."라는 식으로 말하지만, 확산성 수준이 높은 사람은 "나는 거래처 사람들과는 잘 못 지내."라고 말한다. 후자의 경우 만약 본인 스스로 내뱉은 말이 사실이라면, 그는 그날 문제가 되었던 거래처 사람 이외에도 앞으로 함께 일하는 거래처 사람들과 관계가 안 좋아질 가능성이 높다. 왜냐하면 거래처 사람들과 좋은 관계를 유지하기 위한 노력을 덜 기울일 것이기 때문이다.

확산성 역시 긍정적인 사건에 대해서도 적용될 수 있다. 어떤 주식 거래에서 매우 좋은 성과를 일궈 낸 상황을 예로 들어 보겠다. 이때 긍정적인 사건에 대한 확산성 수준이 낮은 사람은 "나는 역시 주식 거래를 잘해."라고 말할 수 있다. 반면에 긍정적인 사건에 대한 확산성 수준이 높은 사람은 "나는 어떤 투자든지 잘 해내."라는 식으로 말한다. 물론 비즈니스 거래에서 좋은 성과를 내는 경험은 긍정적인 사건에 대한 확산성 수준이 높은 사람이 훨씬 더 많이 경험하게 될 것이다.

개인화는 좋은 일 또는 부정적인 사건에 대해서 자신에게 얼마만큼 책임이 있다고 해석하고 또 믿는가 하는 점을 평가한다. 셀리그만에 따르면, 부정적인 사건에 대해서 개인화 수준이 높은 사람은 스스로 불행해지기를 원하지 않음에도 불구하고 자신도 모르는 사이에 그러한 사건이 자신의 잘못 때문이라고 지각하게 된다. 예를 들면, 주식 투자에 실패한 경우, 부정적인 사건에 대한 개인화 수준이 낮은 사람은 "증권사 애널리스트가 정보를 잘못 알려 줬어."라고 말한다. 하지만 개인화 수준이 높은 사람은 "나는 시황 분석이 서툴러."라고 말한다. 후자의 경우 만약 본인 스스로 내뱉은 말이 사실이라면, 그는 앞으로도 주식 투자에 실패할 일이 많아질 가능성이 있다. 왜냐하면 스스로 시황 분석이 서툴다고 믿기 때문에 개선을 위한 노력을 더 적게 기울이게 될 것이기 때문이다.

개인화 역시 긍정적인 사건에 대해서도 적용될 수 있다. 회사에서 상사에게 예기치 않은 칭찬을 받은 직장인을 예로 들어 보도록 하자. 이때 긍정적인 사건에 대한 개인화 수준이 낮은 사람은 "오늘 부장님께 좋은 일이 있었나 봐."라고 말할 수 있다. 반면에 긍정적인 사건에 대한 개인화 수준이 높은 사람은 "내가 요즘 일을 열심히 했기 때문에 그래."라는 식으로 말한다. 여기서 중요한 점은 만약 직장인이 부장님에게 좋은 일이 있었다는 식으로 해석한다면, 또 칭찬을 받기 위해서는 직장에서 좋은 일이 또다시 일어나야 하는 것이지 그 자신이 할 수 있는 일이라고는 없게 된다는 것이다. 반면에 만약 직장인 스스로 자신이 일을 열심히 했기 때문에 그런 것이라고 믿는다면, 이후에도 일을 열심히 할 경우 또 칭찬을 받을 수 있을 것이다.

시크릿의 주장처럼 개인이 행복해질 수 있는 길은 무한히 펼쳐져 있다. 단, 자신과 세상에 대한 비현실적인 낙관주의를 의미하는 긍정적 환상의 함정에 빠지지 않도록 각별한 주의가 요망된다. 이러한 점만 조심한다면 건강한 낙관성은 사람들에게 행복을 선사해 주는 심리학적인 연금술이 될 수 있다.

III. 행복의 조건, 공감(共感)

사실, 행복해지는 데 도움을 줄 수 있는 방법들은 많다. 실제로 시중의 대형 서

점에 가면 사람들을 행복하게 만들어 줄 수 있다고 호언장담하는 수많은 비서(祕書, 예컨대 『시크릿』)들을 쉽게 접할 수 있다. 그런데 문제는 그러한 자기계발서에 소개된 내용들이 모두 사실일지라도 특별한 사람들의 특별한 이야기라는 데 있다. 하지만 멘탈 휘트니스(Mental Fitness) 프로그램에서는 기본적으로 누구나, 언제, 어디서나, 그리고 손쉽게 행복해질 수 있는 심리학적인 기술들을 다룬다(김진영 · 고영건, 2009). 이런 점에서 공감은 평범한 사람들에게 행복감을 선사해 주는 최상의 방법 중 하나라고 할 수 있다.

심리학에서 공감은 다른 사람들의 마음을 이해하는 과정을 말한다. 그런데 다른 사람들의 마음을 이해하는 공감이 행복해지는 일과 어떻게 관계가 있는 것일까? 그 이유는 바로 공감이 사람들의 마음을 움직이는 가장 효과적인 방법이라는 데 있다.

사실, 사람들의 마음을 움직이는 일은 세상에서 가장 어려운 일들 중 하나라고 할 수 있다. 왜냐하면 마음은 눈에 보이지 않는 것인데 그러한 마음을 움직인다는 것은 보이지조차 않는 세계에 대해 통제력을 발휘하는 것을 의미하기 때문이다. 공감이 행복의 필수조건이 되는 이유는 세상에서 나홀로 진정한 행복감을 경험할 수 있는 사람은 존재하지 않기 때문이다. 이런 점에서 영국의 시인 바이런(Lord Byron)은 "행복이란 본디 쌍둥이로 태어나는 법이다."(Byron, 1819~1824/1977, Canto II Stanza 172)라고 표현하였다.

그렇다면, 어떻게 하면 공감 능력을 증진시킬 수 있을까? 혹시 공감능력을 위해서는 천부적인 재능이 필요한 것이 아닐까? 리차드 버튼(Sir Richard Francis Burton)의 사례는 이러한 물음과 관련해서 중요한 시사점을 제공해 준다.

인류사회에서 타인의 마음을 꿰뚫어 보는 능력이 가장 탁월한 사람 중 하나로 리차드 버튼이라는 19세기 지식인이 있었다(Ickes, 2003). 그는 군인이자 인류학자였으며 시인이자 번역가인 동시에 최고의 언어학자 중 하나였다. 또 그는 의학자인 동시에 지질학자였으며 유명한 검술사이며 탁월한 커뮤니케이션 전문가이기도 하였다. 19세기에 버튼이 보여 준 행적은 가히 전설적이라 부를 만한 것이었다. 그는 수십 개국을 여행하면서 그때마다 사람들이 어떻게 생각하고 이해하는가를 연구하기 위해 남다른 노력을 기울였다. 그 첫 단계로 그는 그 나라의 언어를 배우는 데 전념하였는데 마치 그 모습이 알코올에 중독된 사람 같은 인상을 주었다고 한다. 그 결과 그는 29개 언어와 40개 이상의 방언을 할 수 있는 경이적인 언어적 능력을 갖게 되었다.

그의 부인에 따르면, 그는 타인의 마음을 읽는 데 천재적인 재능을 갖고 있어서 언제 어디서나 그가 자신의 마음을 정확하게 읽어 낼 수 있었다고 보고하기도 하였다. 하지만 그는 타인의 마음을 너무나도 궁금해했던 나머지 최면술에 빠져들기도 하였다. 그는 때때로 허락 없이 최면을 통해 타인의 속마음을 엿보다가 들켜서 물의를 일으키기도 하였다. 따라서 그는 뛰어난 최면술사인 동시에 독심술가이기는 했지만 사람들의 마음을 움직이는 데는 그다지 성공적이지 못했던 것으로 보인다. 이러한 일화는 선천적인 언어적 재능과 공감능력이 별개의 것임을 보여 준다.

마음 읽기의 능력이라는 측면에서 본다면, 버튼은 상위 0.0001% 미만에 속하는 천재 중의 천재라고 할 수 있다. 만약 효과적인 커뮤니케이션을 위해서는 버튼처럼 마음 읽기의 달인이 되어야만 한다면, 평범한 일반 사람들이 효과적인 의사소통을 하는 것은 불가능할 것이다. 하지만 대단히 다행스럽게도 지적으로 정신지체 수준만 아니라면, 효과적인 의사소통을 하는 데 전혀 문제가 없다.

멘탈 휘트니스 프로그램에서 강조하는 대표적인 기술 중 하나인 공감(empathy)은 다른 사람의 개인적인 지각세계 안으로 들어가 그 사람의 경험을 함께 나누는 것을 의미한다. 이러한 공감에는 두 가지 형태가 존재한다(고영건 · 안창일, 2007). 하나는 표면적인 공감이고 나머지 하나는 심층 공감이다.

공감의 두 가지 특성을 구분하는 것이 중요한 이유를 소개하기 위해 상담소를 방문한 문제아동의 부모를 예로 들어 보겠다. 학교에서 문제를 일으키는 아동들 중에는 주의력 문제를 나타내는 아동이 상당수 포함되어 있다. 이들의 주된 문제는 지나치게 주의가 산만할 뿐만 아니라 충동적인 행동을 많이 보이는 것이다. 이러한 아동들은 학교와 동네 그리고 집 안에서 극심한 말썽을 부리기 때문에 부모들이 참다 참다 도저히 못 견디는 수준이 되면 그때야 비로소 상담소를 방문하게 된다.

문제아동의 어머니가 치료진을 만나면 보통은 눈물 섞인 하소연부터 늘어놓기 시작한다. 고생하며 낳은 아이가 그동안 보인 문제행동 때문에, 친지들, 동네 주민들, 학교 선생님들께 받았던 비난으로 인한 설움을 한없이 털어놓는 것이다.

이러한 상황에서 문제아동의 어머니에게 공감적인 태도를 취한다면 어떤 말을 할 수 있을까? 많은 사람들은 "그간 얼마나 고생이 심하셨어요?" 또는 "나라도 무척 힘들었을 것 같아요."와 같은 이야기를 떠올리기 쉽다. 하지만 진정한 공감을 위해서는 조금 더 숙고해 볼 필요가 있다.

문제아동이 남자아이라고 가정한다면, 공감적인 태도를 취하는 치료진은 이렇게 행동할 수 있다. 먼저 설움이 복받쳐 우는 어머니를 잠시 뒤로 하고서 아동을 불러 세운다. 그리고 나서 이름을 묻고는 "녀석 참 잘생겼네. 너는 장래에 뭐가 되고 싶니?"라고 질문을 하면, 아이는 기어들어가는 목소리로 "축구 선수요."라고 대답한다. "그래, 사내답고 씩씩하게 생긴 게 열심히 노력하면 뛰어난 축구선수가 될 수 있을 것 같아."라고 아이의 말을 받아주면 그때부터 아이는 기가 살기 시작하면서 언제 그랬냐는 듯이 "제가요 얼마 전에 야구를 했는데요.…"라며 신나서 떠벌리기 시작한다. 그러면 물끄러미 바라보고 있던 어머니가 다시 울기 시작한다. 그러면서 말을 잇는다. "맞아요, 선생님 아까는 흥분해서 속상했던 얘기만 털어놓았지만, 아는 사람은 다들 얘가 소질이 있다고 그래요. 정말이지 아이가 밖에 나와서 칭찬받는 건 처음인 것 같아요."

이 사례에서 아이의 어머니는 아이와 관련해서 긍정적인 이야기와 부정적인 이야기 두 가지를 말했다. 그렇다면 어느 장단에 맞추는 것이 진정한 공감일까? 물론 긍정적인 이야기이다. 어머니가 정말로 하고 싶었고 또 인정받고 싶었던 이야기는 나중에 털어놓은 이야기일 것이다. 진정한 공감, 즉 심층적인 공감이란 바로 거기에 주파수를 맞추는 것이다. 반면에 처음의 부정적인 이야기에 주파수를 맞추는 것을 표면 공감이라고 한다.

공감을 통해 다른 사람의 마음을 움직이는 기술을 훈련할 수 있는 효과적인 방법 중 하나는 바로 긍정 대화법이다. 여기서 말하는 긍정 대화법은 '예스맨(Yesman)'처럼 행동하는 것을 의미하지는 않는다. 예스맨은 결코 자신이 행복해질 수 없을 뿐만 아니라 타인을 행복하게 만들어 주지도 못한다. 불만을 효과적으로 전달할 줄 모르는 사람은 진정한 만족감도 전달하지 못하기 때문이다. 긍정 대화법은 불만조차 긍정적인 형태로 타인에게 전달함으로써 효과적인 의사소통을 촉진하는 기술을 말한다. 이러한 긍정 대화법에는 세 가지 규칙이 존재한다.

첫째, 반드시 대화를 "너"가 아니라 "나"로 시작한다.
둘째, 반드시 불만이 아니라 소망을 표현한다.
셋째, 반드시 긍정적인 감정 단어를 사용한다.

세상에 잔소리 듣는 것을 좋아하는 사람은 없을 것이다. 긍정대화법의 원리는 문제 상황에서 사람들이 듣기 싫어하는 잔소리를 늘어놓는 것이 아니라 공감에 기초하여 진정으로 듣고 싶어 하는 말을 함으로써 상대방의 마음을 움직이고자 하는 것이라고 할 수 있다. 이러한 긍정대화법이 사람들의 마음을 움직이는 데 효과적인 이유는 갈등과 문제 상황을 서로의 관계가 돈독해지는 기회로 활용하게 되는 새로운 경험을 맛볼 수 있게 해주기 때문이다. 긍정대화법을 사용해서 갈등 상황을 잘 해결할 수만 있다면, 재미있게도 그 후로는 관계에서 문제가 생길수록 나중에서는 관계가 더 굳건해지는 아이러니컬한 효과가 나타날 수 있다.

이러한 긍정 대화법은 외견상 매우 단순해 보인다. 하지만 실생활에서 사용할 경우 그 효과는 엄청날 수 있다. 만약 외견상 단순해 보이기 때문에 긍정대화법의 효과가 의심스럽다면, 중요한 사람과 심각한 갈등 상황에 있을 때 단 한 번만이라도 이러한 긍정대화법을 실제로 사용해 보라. 단, 유념해야 할 점은 긍정대화법은 평상시가 아니라 중요한 사람(예컨대, 중요한 고객이나 투자자 등)과 갈등 상황에 있을 때 활용하는 기술이며 반드시 언행이 일치하는 형태로 사용되어야 한다는 점이다. 제아무리 긍정적인 대화도 화난 목소리 또는 찡그린 표정으로 하게 되면 역효과가 날 수 있으며 특히 365일 내내 모든 사람과 긍정대화법을 사용하려 들다가는 화병에 걸릴 수도 있다. 하지만 이러한 점만 조심한다면 공감적 긍정대화법은 사람들의 마음을 움직여 행복감을 증진시키는 데 유용하게 활용할 수 있는 심리학적인 연금술이 될 수 있다.

Ⅳ. 성격강점과 행복

토마스 제퍼슨(Thomas Jefferson)에 따르면, 인간의 삶에서 미덕과 행복은 모녀지간에 해당되기 때문에 행복해지기 위해서는 행복으로 인도하는 유일한 내적 충고인 미덕의 목소리에 귀 기울여야 한다(Jefferson, 1814). 이런 점에서 벤자민 프랭클린(Benjamin Franklin)은 "인생의 비극은 우리가 천재적인 재능을 타고나지 못한 데 있는 것이 아니라 가지고 있는 강점을 충분히 활용하지 못한 데서 오는 것이다."(Clifton & Buckingham, 2007, p. 12에서 재인용)라고 지적하였다.

21세기 들어 전 세계적으로 주목받게 된 긍정 심리학에서는 주로 인간의 삶에서 '최적의 기능(optimal functioning)'과 관계된 특성을 연구한다(Seligman, 2002). 이러한 특성에는 인생을 살 만한 가치가 있는 것으로 만들어 주는 다양한 심리적 요인들이 포함된다. 긍정심리학에서 특히 강조하는 개념 중 하나는 바로 성격강점(character strengths)이다. 성격강점은 인간의 생각, 감정, 그리고 행동을 통해 표현되는 긍정적인 특성을 의미한다. 여기서 말하는 '긍정성'이란 인간에게 '탁월함(excellence)과 정신적 번영(flourishing)'을 선사해 주는 것을 말한다.

긍정 심리학에서는 성격강점으로서의 대표적인 미덕을 크게 6가지로 구분한다(Peterson & Seligman, 2004). 첫째, 지혜이다. 이러한 덕목에는 창의성, 호기심, 개방성, 학구열, 그리고 예지(叡智) 등이 포함된다. 둘째, 자애(慈愛)이다. 이러한 덕목에는 사랑, 친절, 사회성 등이 포함된다. 셋째, 용기이다. 이러한 덕목에는 담력, 끈기, 진실성, 활력성 등이 포함된다. 넷째, 절제이다. 여기에는 용서, 겸손, 신중성, 자기조절 등이 포함된다. 다섯째, 정의이다. 이러한 덕목에는 시민정신, 공정성, 리더십 등이 포함된다. 마지막으로 초월성이다. 여기에는 감상력, 감사, 낙관성, 유머감각, 영성 등이 포함된다.

긍정 심리학에 따르면, 사람들은 저마다 '대표강점'을 나타낼 수 있다. 대표 강점은 한 개인이 지닌 여러 성격강점 중에서 실제 생활에서 비교적 높은 표현빈도로 나타나며 또 스스로 자기 자신을 대표한다고 인식하는 강점을 뜻한다. 성격강점에 관한 대표적인 연구자인 크리스토퍼 피터슨(Christopher Peterson)과 마틴 셀리그만(Martin Seligman)은 사람들이 인터넷 상에서 자신의 대표강점을 손쉽게 평가할 수 있는 심리검사를 개발하였다. 'VIA Survey(Values in Action Survey)'로 불리는 이 검사는 이미 전 세계에서 1,300만 명 이상이 참여한, 성격강점을 평가하는 가장 대표적인 심리검사라고 할 수 있다. 현재 VIA Survey 인터넷 사이트에는 한국어판 성격강점 검사를 실시한 후 결과를 해석하는 방법이 소개되어 있다(다음의 성격강점척도 활용방법 참조). 긍정 심리학 연구에 따르면, 성격강점 검사를 통해 자신의 대표강점을 새롭게 인식하게 되는 것만으로도 우울감이 감소하고 또 행복감은 증진될 수 있다. 이처럼 성격강점을 인식하고 활용하는 것이 행복감을 높여 주는 이유는 다음과 같다. 첫째, 성격강점을 인식하는 과정 자체가 스스로에게 의미 있는 경험으로 인식될 수 있다. 둘째, 성격강점 검사는 자신의 장점을 깨닫게 해주기 때문에 자존감을 높이는 데 도움을 준다. 마지막으로, 성격강점을 인식하게 되면 실제 생활에서 자연스럽게 활용하게 되며 이러한 경험은 실제 생활에서의 몰입 경험을 증가시켜 궁극적으로 능동적인 삶을 살 수 있도록 돕는다.

자, 그렇다면 수많은 성격강점들 중에서 '베스트 오브 더 베스트' 혹은 '강점의 왕과 여왕'은 무엇일까? 긍정 심리학의 관점에서 비유적으로 표현하자면, 강점의 왕과 여왕은 무수히 많은 강점들 중에서도 결코 잊어서는 안 되는 무엇에 해당된다. 그리고 강점의 왕과 여왕은 만약에 당신이 다른 모든 강점들은 잊더라도 이것만 잊지 않으면 걱정할 필요가 없는 것이라고 할 수 있다. 또 반대로 다른 모든 강점들을 기억해 행하고 주의를 기울이더라도 이것을 잊으면 사실상 살면서 아무것도 한 게 없다고 해도 과언이 아니다. 만약 어떤 특수한 임무를 수행하기 위해 이 세상에 태어났다고 한다면, 바로 강점의 왕과 여왕이 우리가 살아가는 목적에 해당된다고 할 수 있다. 이러한 강점의 왕과 여왕은 무엇일까? 그것은 바로 사랑을 주고받는 능력이다. 긍정심리학에서는 사랑을 주는 능력을 강점의 왕 그리고 사랑을 받는 능력을 강점의 여왕이라고 부른다.

성격강점척도 활용방법

1. 인터넷 주소창에 http://www.viame.org를 입력한다.
2. 중앙의 'CLICK HERE'로 표시된 보라색 원을 클릭한다.
3. 사이트 화면상에서 한국어를 선택한다.
4. 이름, 성, 이메일, 아이디, 비밀번호, 비밀번호 확인란에 정보를 입력한 후 검사를 진행한다.
5. 240문항에 응답한 다음, 결과를 확인한다.

V. 멘탈 휘트니스의 패러독스

멘탈 휘트니스에는 패러독스(paradox)가 존재한다(고영건 · 안창일, 2007). 그것은 바로 행복감을 증진시키기 위한 노력이 절실히 요구되는 사람들은 멘탈 휘트니스 문제에 관심을 거의 안 기울이고 또 정신적으로 이미 남들보다 뛰어나게 건강하기에 행복감을 증진시키기 위한 추가적인 노력을 사실상 기울일 필요가 없는 사람들은 일반 사람들보다 멘탈 휘트니스 문제에 더 큰 관심을 두는 것이다.

하버드(Harvard) 대학의 성인발달 연구(Vaillant, 1977) 결과에 따르면, 신체적으로나 정신적으로 매우 뛰어났기에 선발되었던 하버드 대학의 졸업생들이 일반인보다 심리상담 또는 심리치료를 약 3배 더 많이 받은 것으로 나타났다. 이러한 결과는 그들이 일반인보다 삶에서 더 큰 문제를 겪었기 때문에 심리 상담을 받았다기보다는 예방적인 목적에서 그리고 행복감을 증진시키고자 하는 목적에서 정신건강 프로그램에 참여했던 것으로 해석할 수 있다. 이러한 점은 체력단련을 위해 휘트니스(fitness) 센터에 열성적으로 출입하는 사람들 중에는 신체적인 운동이 절실히 요구되는 사람보다는 사실상 추가적인 운동이 별로 필요가 없는 건강한 사람이 더 많이 포함되어 있는 것과 유사한 이치라고 할 수 있다. 마찬가지 맥락에서 멘탈 휘트니스 역시 삶에서 그러한 것이 절실히 요구되는 사람들보다는 사실상 이미 그러한 삶의 지혜들을 잘 활용하고 있는 사람들이 더 큰 관심을 둘 수 있다.

이러한 멘탈 휘트니스의 패러독스는 사람들이 정신건강 관련 교양을 충분히 학습하지 못한 것과 밀접한 관계가 있는 것으로 보인다. 일반적으로 건강 교양(health literacy)은 건강의 증진과 유지를 위해서 정보를 습득하고 이해하며 사용하는 능력으로 정의된다(Jorm et al., 1997). 우리 사회에서는 그동안 신체적 건강을 위한 건강 교양의 중요성은 널리 알려져 있는 반면에 정신건강분야에서의 건강 교양의 중요성은 상대적으로 간과되어 왔다. 정신건강 교양은 크게 두 가지 요소로 구성된다. 첫째, 정신장애에 대한 이해와 관리 그리고 예방에 도움이 되는 정신건강 관련 지식과 신념이다. 둘째, 행복감 증진에 기여하는 지식과 신념이다. 따라서 정신건강 교양은 심리적인 문제 증상이 발생했을 때에만 중요한 의미를 갖게 되는 것이 아니라 개인이 행복한 삶을 살기 위해서는 반드시 익혀야 하는 필수교양에 해당된다고 할 수 있다.

대중에게 정신건강 관련 교양 교육을 시켜야 하는 본질적인 이유 중 하나는 그러한 노력이 요나 콤플렉스(Jonah complex)에 대한 길항적 억제(competitive inhibition) 작용을 하는 것과 관계가 있다. 심리학자 매슬로우(Abraham H. Maslow)는 개인이 진정한 성장과정을 통해 행복감을 경험하는 길로 나아가는 것에 대해 회피적인 태도를 취하는 것을 요나 콤플렉스라고 불렀다(Maslow, 1971). 이런 점에서, 멘탈 휘트니스의 패러독스 문제를 해결하기 위해서는 사회적으로 정신건강 교양에 대한 교육을 강화하고자 하는 노력이 필수적인 것으로 보인다.

VI. 맺음말

멘탈 휘트니스 프로그램에서 가장 강조하는 내용 중 하나는 희망과 소망의 의미를 구분하도록 훈련하는 과정을 들 수 있다. 일반적으로 조증 환자 또는 억압적인 대처를 사용하는 사람들처럼 지나치게 행복하다고 주장하는 사람들이 결과적으로는 불행한 삶을 살게 되는 이유는 삶에서 경험하는 고통의 원인이 자신이 원하는 소망을 이루지 못했기 때문이라고 오해하는 것과 밀접한 관계가 있다. 하지만 인간의 삶에서 중요한 원리 중 하나는 자신이 원하는 것을 달성하지 못했다고 해서 인생이 망가지는 일은 결코 일어나지 않는다는 점이다. 긍정심리학의 관점에서 본다면, 일반적으로 사람들이 긍정적 환상의 세계에 빠져들기 시작하는 것은 바로 사람들이 현실의 삶 속에서 더 이상 희망을 발견하지 못하는 순간부터이다. 이런 점에서 멘탈 휘트니스 프로그램에서 희망과 소망이 서로 다른 것이라는 점을 교육하는 것은 매우 중요하다.

소망은 사람들이 이룰 수 있기를 바라는 것으로서 사람들은 저마다 서로 원하는 것이 다르다. 사실상 삶에서 소망은 이루어지는 것보다는 이루어지지 않는 것이 압도적으로 더 많다고 할 수 있다. 반면에 인간의 삶에서 희망은 단 한 가지 형태로만 존재하는 것이다. 그것은 바로 자신의 삶이 살 만한 가치가 있다고 믿느냐 아니면 살 만한 가치가 없다고 느끼느냐 하는 점이다. 희망을 잃는 순간 인간의 삶은 무너져 내리기 시작한다. 만약 멘탈 휘트니스 프로그램이 사람들의 소망의 문제를 해결하고자 시도한다면 사실상 사람들을 위해서 해 줄 수 있는 일은 거의 존재하지 않을 것이다. 하지만 긍정심리학의 관점에서 본다면 다행스럽게도 사람들은 소망이 좌절된 상황 속에서도 얼마든지 환상이 아닌 현실 속에서 행복을 추구하는 것이 가능하다.

이런 점에서 멘탈 휘트니스는 인간의 삶에서 연금술과 같은 효과, 즉 상상 속에서나 존재할 수 있다고 믿는 일들이 실제로 나타날 수 있도록 해 주는 심리학적인 연금술(Psychological Alchemy)에 해당된다고 할 수 있다. 심리학적인 연금술이 우리에게 선사해 주는 일들에 관해 일찍이 영국의 시인 밀턴(John Milton)은 실낙원(Paradise Lost)에서 다음과 같이 노래했다. "인간의 정신은 제각기 고유한 자신만의 거처를 가지고 있으며 그 속에서 지옥을 천국으로 또 천국을 지옥으로 바꿀 수 있다."(Milton, 1674, book 1, 254~255). 멘탈 휘트니스가 바로 그렇다.

참고문헌

고영건, 『인디언 기우제』, 서울: 정신세계원, 2007.

고영건 · 안창일, 『심리학적인 연금술』, 서울: 시그마프레스, 2007.

김진영 · 고영건, 「긍정 임상심리학: 멘탈 휘트니스와 긍정 심리치료」, 『한국심리학회지: 사회문제』 15(1), pp. 155-168, 2009.

번, 론다, 『시크릿: 수 세기 동안 단 1%만이 알았던 부와 성공의 비밀』, 김우열 역, 서울: 살림BIZ, 2007.

오미영 · 박찬빈 · 고영건, 「긍정적 환상 신드롬에 대한 분석: 시크릿의 비밀」, 『담론 201』 13(1), pp. 123-150, 2010.

Buckingham, M., & Clifton, D. O., *Now, Discover Your Strengths*, New York: Free Press, 2001.

Byron, L., *Don Juan*, New York: Penguin Books, 1819-1824/1977.

Hoggard, L., *How to be happy: Lessons from making Slough happy*, London: BBC books, 2007.

Ickes, W., *Everyday mind reading: Understanding what other people think and feel*, Amherst, NY: Prometheus Books, 2003.

Jefferson, T., Thomas Jefferson to M. Correa de Serra. In Thomas Jefferson: A guide to the University of Virginia's collections related to Thomas Jefferson, 1814.(http://guides.lib.virginia.edu/TJ)

Jorm A. F., Korten A. E., Jacomb P. A., Christensen H., Rodgers B., & Pollitt, P., "Mental health literacy: A survey of the public's ability to recognise mental disorders and their beliefs about the effectiveness of treatment", *Medical Journal of Australia*, 166, 182-186, 1997.

Maslow A. H., *The farther reaches of human nature*, New York: Viking, 1971.

McCarthy, D., "Mental fitness", *American Psychologist*, 19, 201-202, 1964.

Milton, J., *Paradise Lost: A poem in twelve books*, London: S. Simmons, 1674.

Nietzsche, F., *The Gay Science: With a prelude in rhymes and an appendix of songs*(W. Kaufmann, trans.), New York: Vintage Books, 1882/1974.

Pascal, B., *Pensees*(W. F. Trotter, trans.), 1670.(http://oregonstate.edu/instruct/phl302/texts/pascal/pensees-contents.html)

Peterson, C., & Seligman, M. E. P., *Character strengths and virtues: A handbook and classification*, New York: Oxford University Press/Washington, DC: American Psychological Association, 2004.

Seligman, M. E. P., *Learned optimism*, New York: Alfred A. Knopf, 1990.

Seligman, M. E. P., *Authentic Happiness: Using the New Positive Psychology to Realize Your Potential for Lasting Fulfillment*, New York: Free Press, 2002.

Sternberg, R., J., *Wisdom, intelligence, and creativity synthesized*, New York: Cambridge University Press, 2007.

Vaillant, G. E., *Adaptation to life*, Cambridge, Mass.: Harvard University Press, 1977.

열 번째 강의

희망을 위한 삶

행복과 나눔

용타 스님 재단법인 행복마을 이사장

I. 행복과 나눔을 이해하기: 명상, 사색

행복과 나눔은 다소 식상할 수 있는 주제이다. 그러나 매우 중요하고 언제나 생각하면서 살아야 할 주제이기도 하다. 보편적인 주제로 접근하기 위해서 사색과 독서, 메모라는 세 가지 기본적인 도구들을 염두에 두고 앞으로 전개되는 내용들을 살펴보자. 사색한다, 사색을 즐긴다는 것은 사물의 이치를 생각하고 새로운 인식을 찾아가는 것으로 정의해 두자. 사색을 바탕으로 독서를 하자. 독서와 사색은 서로의 효과를 높여 준다.

하나 더하기 하나(1+1)는 둘이다. 간단하지만, 이것도 사색이다. 사람이 태어나서 죽을 때까지 할 일은 추려 보면 두 가지뿐! 그것은 바로 스스로 행복할 일과 이 행복을 주변 존재에게 나눠 주는 일이다.

그렇다면 행복은 무엇인가? 행복은 여러 가지로 정의 내릴 수 있겠지만 어떤 에너지이다. 이 에너지는 공유하고자 하는 속성을 가지고 있다. 여러분의 삶을 되돌아볼 때 여러분은 평소 행복한가? 그리고 '가족, 친구, 교수님과 같은 주위 사람을 행복하게 하기 위해 노력하겠다.' 하는 사색이 있는가? 이 사색이 없으면 자기 삶에서 벗어나고 있다. 즉, 자기 삶에서 스스로 소외되고 있다는 말이다. 자신이 행복해지려면 무엇이 필요할까? 과연 내 삶의 목적은 무엇인가? 보다 수준 높은 행복을 이루기 위해서는 바람직한 삶에 대한 철학이나 가치관을 정립할 필요가 있다.

가치관 정립이란 무엇인지 설명해 보자. 내가 지나 온 삶을 이야기하면서 설명해 보겠다. 대학에 입학하였을 때 '왜 사느냐?'가 내 사색의 주제였다. 이 주제에 답을 얻어 가는 것이 가치관 정립의 길이다. 왜 살지? 나는 왜 살고 있지? 처음에는 애매하고 막막하던 것이 점점 분명해진다. 내가 의문을 던졌다면 답이 나온다. 아무리 어려운 문제라도 자꾸 묻다 보면 내 안에서 답이 나오는 법이다. '왜 사느냐?'에 대한 나의 답은 '모른다.'였다. 즉, 내가 '살고 있는 걸 발견했을 뿐이지, 왜 사는지는 모른다. 그리고 왜 사느냐는 평생 묻지 않겠다.'라고 답을 내리고 나니 시원했다. 그다음부터 '어떻게 살까?'가 명상의 주제였다. 오랜 시간 명상하다 보니 명확해졌다. 여기서 내가 내린 결론은 '행복하게 산다.'였다. 구체적으로 어떻게 사는 것이 행복하게 사는 것인가? 돈이 있어야 하고(사실 돈은 굉장히 필요한 물건이다.) 권력이 있어야 하고, 혹은 이성(異性)이 있어야 하고 명예가 있어야 하고, 이 밖에도 여러 대답이 가능할 것이다. 이러한 것들은 행복해지는데 필요한 조건이다. 물론 그런 조건들이 있다고 곧 행복해지는 것은 아니다.

행복해지려면 앞에서 말한 돈과 권력과 명예를 성취해야겠다고 생각할 수도 있을 것이다. 행복의 조건이 되는 것들을 성취하기 위해 노력해 가되, 이것은 조건이지 목적이 아니라는 생각을 해야 한다. 행복의 조건이 되는 일에 지나치게 매달릴 때, 목적과 그 목적을 이루기 위한 조건들이 전도되어 조건에 중독되어 버리는 경우가 자주 있다. 즉, 행복을 얻기 위한 조건으로 돈이 굉장이 중요하지만 돈에 매달리다 보면 일중독이 되어 혼이 분주해지고 행복과는 더 멀어지는 결과를 가져오기도 한다. 인생의 목적인 행복한 삶을 살기 위해서 행복을 관조해 보자. 행복의 바탕, 토대는 무엇인가? 행복이란 기분 좋은 느낌이다. 기분 좋은 느낌을 유지하는 것이 행복한 삶을 사는 것이다. 어떤 상황에서도 기분 좋은 느낌을 유지하며 사는 것이 행복의 토대라고 보면 '조건에 관계없이 행복해져라.'가 내가 권하는 해답이다. 조건이 어떻든 행복해진다는 것이 무슨 말인가 하면, 여러 가지로 설명할 수 있지만 일단 '나는 이미 행복으로 넘쳐 있다.'는 사실을 깨닫는 것이다. 이 말은 오래 명상해 본다면 충분히 수긍될 것으로 믿는다. 이 말씀이 수긍된다면, 행복의 조건이 없더라도 행복한 삶을 살 수 있다. 이런 생각을 바탕으로 하여야만 앞으로 이루어가야 할 일들이 더 잘 이루어진다. 이미 행복하니 앞으로 이루는 일은 보너스요, 그래서 능률도 더 잘 오른다. 내가 이미 행복하다는 것을 모르면 허둥지둥 긴장하여 성취하지 못한다. 앞으로 이룰 일은 설레는 마음으로 구현하고 지금 이 순간은 이미 넘치는 행복 속에 있다는 것을 깨달아야 한다.

나는 행복론의 원리를 확실히 알고 설명할 수 있다. 한마디로 행복이란 무엇인가 원하는 것이 이루어질 때 일어나는 기분, 기쁨이다. 원하는 것을 이룰 때(성취할 때) 행복이 온다는 이 명제가 다음의 명제를 가져온다. 두 번째 명제는 '고로 나는 이러이러한 것을 성취해서 행복해지리라.'이다. 즉 '아직 오지 않은 것을 성취해야 행복하다.'라는 명제가 탄생한다. 이 신념 때문에 즉, '이러이러한 조건이 성취되지 않으면 행복하지 않다.'라는 생각이 지배하고 있다. 68억 인구가 이 때문에 투쟁, 고통 속에 있게 된다. 미래지향적인 사람 혹은 선각자가 위 두 가지 명제를 사색하면서 새로운 명제를 생각해 냈다. 세 번째 명제는 '이미 있다. 이 행복이 사실일까?'이다. 이 글을 읽는 사람들은 사색을 통해, 독서를 통해, 강의를 들으면서 이 명제가 사실인지 확인해야 한다.

II. 기초불교에서 행복

기초불교를 핵심적으로 설명하자면, 석가모니 부처님께서 대각 성취 후 설하신 사성제, 12연기, 팔정도의 가르침으로 요약할 수 있으며, 이것이야말로 불교의 전부라 할 수 있다. 부처님께서 가르침을 펴시기 시작하여 6개월 만에 60명의 아라한(불교에서 깨달음에 이른 사람을 일컫는 말)을 쏟아 낸 바로 그 불교이다. 그러면 불교 중의 불교인 기초불교를 한 국면씩 짚어 보기로 한다.

첫째, 불교가 탄생하게 된 근본자리부터 생각해 보자. 무엇이 불교의 씨앗이었을까? 그것은 바로 청소년 시절의 싯다르타 태자가 자신의 삶에 대해 근본적으로 품고 있던 '문제'에서 시작된다. 그 문제란 생(生)을 받고 태어난 자신이 점점 늙고 병들어 언젠가는 반드시 죽게 되어 있다는 노(老), 병(病), 사(死)의 문제였다. 사람은 살아가면서 자신이 죽는다는 것을 그리 심각하게 사유하지 않고, 또 사유한다고 해도 누구나 그렇게 살아가기 때문에 회피하기도 한다. 그러나 싯다르타 태자는 이 문제를 세상 누구보다 첨예하고 강력하게 느꼈고 그 죽음이 끔찍하게 싫었으며, 도저히 용납할 수 없었다. 싯다르타의 문제의식에 대해 아버지 정반왕은 (우리 모두와 같이) "사람이면 다 오게 되어 있는 노(老), 병(病), 사(死)이니 그것을 받아들여야 한다."라고 타이른다. 하지만 "자신을 죽지 않게만 해 준다면 부왕의 뜻대로 왕위를 물려받겠노라." 하는, 그토록 철저한 문제 의식을 갖고 있는 아들을 정반왕은 도저히 만류할 수 없었다. 그리하여 아이를 하나 낳은 싯다르타는 드디어 유성 출가를 하게 된다.

둘째로는 출가한 싯다르타의 수행 방편을 생각해 보자. 그는 그 시대에 세상에 나와 있는 모든 외도 방편을 다 해 보았을 터인데 그중 특기할 만한 것으로는 우선 두 스승 밑에서의 수행(修行) 방편이다. 그는 먼저 아라라 칼라마를 찾아가 단시일 내에 무소유처정(無所有處定)까지 이르고 그 다음은 웃다카 라마푸타를 찾아가 그보다 빠른 시일에 비상비비상처정(非想非非想處定)까지 경험한다. 이것은 인간이 도달한 가장 높은 정신적 경지였다. 두 스승 모두 그를 경탄하며 함께 교단(教團)을 운영하고 자신이 죽은 후엔 교단을 물려받으라 제안하지만 그는 두 스승의 제안을 깨끗이 거절한다. 그 제안은 자신의 문제 해결에 도움이 되지 않을 뿐더러 수정(修定)의 방편으론 “복진타락(福盡墮落), 정산불일여(定散不一如)”하기 때문이었다. 이제 싯다르타에게 남겨진 최후의 프로그램은 고행이었다. 그리하여 가야산의 고행림에 들어간 그는 거의 6년 동안 ‘과거에도 없었고 미래에도 없을 것이며 현재에도 없는’ 하루 일마일미(一麻一米)의 극심한 고행을 한다. 그러나 그러한 고행마저 자신의 문제 해결에 도움이 되지 않는다고 여겨지자 그 고행마저 버린다. 당시 고행림에는 싯다르타의 고행에 감동된 웃다카 라마푸타의 제자 다섯 명이 함께 고행을 하고 있었는데 그들은 고행을 그만둔 싯다르타에게 ‘타락했다’고 실망하여 고행림을 떠나 녹야원으로 가 버렸다. 싯다르타는 이미 고행의 대가로 자신의 명예가 하늘을 찌르고 있었지만 그는 그 명예에 연연하지 않고 새로운 길을 모색한 것이다. 싯다르타가 수행의 과정에서 보여 준 이 세 번의 포기는 세간에서의 포기에 이은 출세간에서의 위대한 포기라 할 수 있는데 그것은 싯다르타라는 영혼이 자신의 문제의식에 얼마나 투철했으며 그 궁극적 해결을 얼마나 갈구하고 있었는지를 대변하는 것이다. 고행을 포기하고 니련선하에 목욕하러 내려갔다 기절하여 쓰러진 그는 양치기소녀 수자타에게 우유죽을 얻어먹으며 기력을 회복하고, 지나가던 농부에게 길상초 한 다발을 얻어 보리수 밑에 그것을 깔고 결가부좌한 채 천지신명에게 “불성정각(不成正覺) 불기차좌(不起此座)”를 맹세한다.

여기에서 세 번째로 짚어 볼 사항은 싯다르타가 채택하여 드디어 정각에 이르게 된 그 새로운 방편이 무엇이었을까 하는 점이다. 나는 정말 이 부분이 궁금했고, 불교인들이 궁금해했을 대목으로 여긴다. 오랜 시간 사유한 결과 내가 내린 결론은 스스로를 스승 삼아 시작한 자등명의 방편, 바로 사유(思惟)였다. 궁극의 해답인 정견(正見)을 찾기 위한 사유를 시작한 것이다. 이에 대한 언급은 한국 불교에서 거의 찾아 볼 수 없는데 그것은 선종을 통해 사유는 곧 망상(妄想)이라는 견해가 만연하고 있기 때문이다. 천하의 이치를 궁구하는 사유, 싯다르타의 새 방편은 그 이상도, 그 이하도 아닌 바로 사유였다.

정사유(正思惟)가 싯다르타 태자가 찾아낸 새로운 방편이었다는 지적에 대해 요즘 사람들은 조금 어리둥절할 수도 있는데 그 당시는 문자도 없던 때였으니 학문적으로 성숙하지도 못했고 사유가 그리 쉽지도 않았다. 그러한 상황을 고려해 볼 때 이해가 되었을 것이다. 아무튼 싯다르타는 자신의 새 도구 위에 자신의 두 가지 문제, '나는 죽는다.'와 '나는 죽기 싫다.'를 놓고 그 해결을 시도한다.

〈나는 죽는다.〉

〈나는 죽기 싫다.〉

이런 명제가 주어진다면 아마도 싯다르타 외의 모든 사람들은 '죽는다.'와 '죽기 싫다.'에만 골몰할 것이다. 그러나 싯다르타가 천재였기 때문이었는지 아니면 무수한 세월 동안 거듭해 온 원력 때문이었는지 그는 그 두 명제의 공통된 주어인 '나'에 주목했다. '나'라는 것, 대낮처럼 환하게, 만져볼 수 있고 느낄 수 있고, 볼 수 있는 이 '나'를 수행자 싯다르타는 드디어 의심하기 시작했다. 죽어야 하는 '나', 그러나 죽기 싫은 '나', 이 '나'는 과연 누구인가. 그리고 드디어 이 '나'에 의문 부호가 찍히자 그 답은 순식간에 떠오르고 말았다. 수정(修定) 수행과 고행으로 명경지수처럼 맑아진 의식에 철학적 질문이 떨어지자 즉시 그 답이 떠오른 것이다. 그 답은 바로 연기법이었다. 아, 이 몸은, 이 나는, 그리도 죽기 싫어하는 나는 공기 없이, 물 없이, 부모 없이, 그 부모의 부모 없이, … 땅덩이 없이, 하늘 없이 존재할 수 없는, 이 가죽으로 싸인 달랑 떨어진 이 몸뚱이 혼자서는 절대적으로 존재할 수 없는 존재, 이 나라는 존재는 이 우주의 모든 것이 어우러져 된 큰 하나로 존재하는 것이지 그중 어느 한 부분이 끊어져 나와 존재한다는 것은 큰 착각 중의 착각이었구나, 하는 그 깨달음이었다. 그 연기법으로 이 죽기 싫어하던 조그만 나는 무아(無我)가 되고 모든 한계를 뛰어넘는, 한정 지을 수 없는 그 전체, 그 영원한 무한이 되니 이런 자리에서 죽을 자가 그 누구란 말인가? 하는 엄청난 깨달음을 가져오게 된 것으로 나는 이해하게 되었다.

싯다르타의 연기법 파지(把持)는 어느 책이고 다 나와 있지만 그것이 '사유'를 통해 파지되었음을 전혀 언급하지 않는 것은 선불교가 그 원인이라 할 수 있다. 불립문자(不立文子)를 표방하여 한 문자를 세웠다 하면 이미 그것을 그른 것이라 하는 후기 선종에서 문제가 발생하는 것이다. 선불교의 초조(初祖) 달마로부터 6조 혜능에 이르기까지 모두 가르침에 의지해서 선지(先知)를 깨닫는다고 했는데 대혜종고 때부터 그것이 비틀어지기 시작했다. 석가모니 부처님은 스스로를 등불 삼아 정사유로 연기법을 파지하였다. 이것에서 우리의 구원론인 무아(無我)와 공(空)의 개념이 나온다. 이것을 잘 명상해 보면, 이러한 이치가 느낌으로 느껴지고, 또 그 느낌이 몸으로 느껴져야 아(我)의 구속감이 탁 트여져 대자유를 맛볼 수 있다. 이 우주는 전체가 어우러진 하나의 춤이고 하나의 축제이다.

아! 싯다르타 태자는 죽음이 아니라 그 '나'를 깨뜨려 드디어 부처가 되신 것이다. 싯다르타 태자의 6년 고행은 죽음의 해결이 아니라 바로 이 '나'의 해결을 위한 고행이셨던 것이다. 사유에 의해 연기법이 파지되었다는 사실은 누구에게나 깨달음이 가능하다는 보편불교의 길을 열어 준다. 더구나 사유는 불교의 것만이 아니라 문화가 꽃피는 배경에는 반드시 그 사유가 있음이니 사유에 의한 깨달음이란 불교로 하여금 세상의 모든 것과 소통케 하는 소중하고 소중한 보물인 것이다. 연기법은 혼자 똑 떨어져 생존 가능하다고 여기는 그 아(我), 즉 나를 부정하게 하여 자아집착에서 해탈시켜 대자유를 누리게 할 뿐만 아니라 세상 모든 것과 한 몸이라 절로 동체대비가 되게 함이니 연기법이야말로 이 복잡다단한 21세기에 더없이 확고한 구원의 논리가 된다.

싯다르타 태자는 그 연기법을 깨달아 드디어 부처님이 되셨는데 그러면 깨달음의 내용을 어떻게 세간에 전파하셨을까 하는 네 번째 국면을 살펴보도록 하자. 깨달음을 얻으신 직후 부처님은 당신의 법을 세상에 펼치심이 쉽지 않음을 느끼셨다. 우선은 사유의 시대가 아닌 그 시대에 사람들이 연기법을 이해하는 것이 쉽지 않았기 때문이었고[해난(解難)] 둘째로는 설혹 이해했다 해도 그것의 실행이 쉽지 않았기[행난(行難)] 때문이었다.

그러나 어느 날 연못가를 지나시다 어떤 연꽃은 물속에 잠겨 있으나 몇몇 연꽃이 물 위로 솟아 있는 걸 보시고 상근기의 사람들은 당신의 말을 이해하리라 여기시고 한 번 법을 펴보자 하신다. 그리하여 그 대상으로 최초의 두 스승을 떠올리셨으나 그들이 이미 세상을 떠났음을 알고 당신과 함께 고행하던 다섯 비구를 찾아 먼 길을 떠나신다. 건기(乾期)의 인도, 흙먼지 풀썩이는 뜨거운 대지를 맨발로 밟으시며 3주 동안 260km의 길을 걸어가신다. 당신 머릿속에 사성제, 12연기, 팔정도의 교과서를 차곡차곡 담아 두시고….

그러면 부처님께서 녹야원의 다섯 비구를 찾아가 펼치신 첫 가르침 사성제부터 살펴보자. 녹야원의 다섯 비구들은 멀리 부처님의 모습이 보이자 타락한 싯다르타에겐 인사도 않고 자리도 내어주지 말자 했으나 부처님의 평화롭고 거룩한 모습에 끌리어 법을 듣게 된다. 부처님은 우선 수행자는 쾌락주의나 고행주의 등 양극단에 끌려서는 아니됨을 설하시고 사성제(四聲濟)를 설명하시기 시작했다.

고집멸도(苦集滅道)의 사성제는 제일 먼저 우리의 생존이 고(苦)라는 명제부터 출발한다. 그래서 그 고를 없이한 멸(滅)의 상태에 도달하는 것이 인생의 목적인데 그때 멸(滅)에의 도달을 방해하는 것이 바로 집(執)이고 그 방해꾼을 부숴 버리는 미사일 방편이 도(道)이다. 이들 네 개의 진리 중 고(苦) 성제를 특히 성제(聖諦)라 하는데 그 고(苦)가 없으면 그것에서 벗어나 멸(해탈, 니르바나)에 도달하고자 하는 염원도 생기지 않기 때문이다. 그 고의 내용을 좀 더 상세하게 풀어 팔고(八苦)라 하는데 그것은 청년 석가모니를 괴롭혔던 생로병사(生老病死)라는 실존적 고통에 애별리고(愛別離苦), 원증회고(怨憎會苦), 구불득고(求不得苦), 오음성고(五陰盛苦) 등 세간에서의 고통을 합한 것이다. 간단히 설명하자면, 애별리고는 사랑하는 사람과 이별해야만 하는 고통, 원증회고는 미워하는 사람과 피할 수 없이 만나야 하는 고통, 구불득고는 구하고자 하는 것을 얻지 못하는 고통, 오음성고는 인간의 몸 안에서 오온인 눈, 귀, 코, 입의 감각이 생각을 만나 일으키는 의식작용이 주는 고통으로 보면 되겠다.

어떻든 고(苦)의 근본적 원인은 '나'란 연기적인 상황에서 발생하는 것인데 그 나를 고정된 실체화하는 어리석음[치(痴)]을 범하고 '없는 나'를 영원히 살게 하려는 욕심을 부리지만[탐(貪)], 그것이 성취되지 않아 좌절[진(瞋)]하는 것인데 그것을 끝없이 반복하며 탐진치(貪瞋痴)의 번뇌에 빠지는 것이 중생이다. 그러나 정견(正見)이라는 제일의 바라밀(방편)을 비롯한 여덟 바라밀로 수행하며 나를 없이하고 탐을 없이하고 진을 없앰으로써(탐진치의 제거) 우리는 니르바나 행복해탈의 세계에 도달할 수 있다.

이 팔정도(八正道)는 계정혜(戒定慧) 삼학(三學)을 거쳐 대승불교 시대엔 육바라밀로 모습을 바꾸기도 하는데 그것은 초기불교 시대가 점차 인구가 많아지고 기술도 수공업을 벗어난 단계로 발달하면서, 인간관계가 다양하고 복잡해진 데 따른 방편의 재정립이었다. 특히 베풂과 참음은 시대가 요청하는 아주 중요한 미덕이었기에 대승시대의 수행 방편에서는 보시와 인욕이 중요한 덕목으로 부각되었다. 그러므로 초기 불교의 팔정도에 보시(布施)와 인욕(忍辱)을 합해 십정도가 필요하다. 십정도를 보면, 정견(正見), 정사유(正思惟), 정어(正語), 정업(正業), 보시(布施), 인욕(忍辱), 정명(正命), 정정진(正精進), 정념(正念), 선정(禪定) 바라밀 등이다. 이 십정도 중에서도 고(苦)를 벗어나게 하는 가장 중요한 방편이 정견(正見)인데 그것은 코끼리의 발자국이 다른 모든 동물들의 발자국을 포함하는 것과 같다. 모든 8만 대장경이 다 그 정견이라 할 수 있으나 정견 중의 정견은 바로 무아(無我)이다. 초기 불교에서의 아(我)는 이 세계의 모든 존재를 말하고 있지만 교리가 발달해 가면서 그것이 인무아, 법무아로 분화되고 후기 대승불교에서는 공(空)으로 나타나게 된다. 대승 경전 중 아직 공(空)이라는 개념이 나타나기 전에 쓰인 금강경에서는 그것이 '즉비(卽非)'라는 문구가 되어 '컵卽非컵 是名컵'(컵은 컵이 아니고 다만 그것의 이름이 컵일 뿐이다. 컵은 컵이라는 독립적인 실체가 아니라 단지 인간 간의 소통이라는 공리적인 목적을 위해 컵이라는 이름이 되었을 뿐이다.)의 형태로 종종 나타난다.

십이연기는 고(苦)와 집(執)이 원인이 되어 생기는 중생의 현실을 12단계로 나타낸 것이다. 십이연기는 (없는 나를 실체시하면서 생긴) 무명(無明)에서 시작하여 행(行), 식(識), 명색(名色), 육입(六入), 촉(觸), 수(受), 애(愛), 취(取), 유(有), 생(生), 노사(老死)의 순서로 파생한다. 이 십이연기는 삼세양중인과(三世兩重因果)라 불린다. 현생의 삶을 살고 있는 우리는 식(識)에서부터 시작하여 명색(名色)이라는 태아기를 거치면서 육입(六入)에서 안이비설신의(眼耳鼻舌身意)라는 육근(六根)이 생기고 그 육근으로 촉(觸)을 하여 주관적인 수(受)가 생긴다. 그런데 문제는 애(愛)로 탐(貪)이 시작되고 그것이 취(取)로 행동화되고 그것이 습관화되면서 드디어 유(有)로 다음 세상을 불러오는 업(業)을 쌓게 된다. 이 업(業)의 힘으로 다음의 생(生)이 생기고 그 생(生)으로 노사(老死)라는 근본적 괴로움이 생긴다.

그러면 우리는 지금 이 금생에서 어디부터 정신 차려야 그 윤회의 고리를 끊을 수 있을지 생각해 보자. 만약 육입(六入)이 촉(觸)을 하지 않고 있을 수 있다면 그리 해 보라. 그것이 돈망의 상태로 이러한 상태의 인간이 장자의 최고 지인에 해당한다. 그러나 촉(觸)했다면 그것을 고(苦), 낙(樂), 사(捨) 3수로 하지 말고 바라보기만 해 보자. 이것이 비파사나의 상태, 동사섭 수련법 나지사 명상의 상태이다. 그러나 수(受)했다면 그 다음엔 기필코 바리케이드를 쳐서 애(愛)로 넘어가는 것만은 정신 차려 막아야 한다. 여기에서부터 집착이 생기고 시비분별이 생기기 때문이다.

12개의 연결고리에서 자유로우려면 하루하루를 진실로 살얼음 밟듯 살아야 한다. 우리는 지금 너무 쉽게 집착하고 너무 쉽게 시비하며 살고 있다. 우리는 인생을 살아가면서 탐진치나 시비를 당연히 일어나는 일들, 인생을 살면 해야 하는 것들로 여기며 살고 있는 것 같다. 무엇을 보고 욕심내거나 화내는 것을 당연시하면 안 된다. 이것이야말로 지구의 숨통이 트이는 가르침이다. 이 세계는 그 자체의 색을 영원히 알 수 없는 무유정법(無有定法)의 세계이다. 나는 무유정법, 이 한마디면 해탈감이 온몸으로 느껴지는데 이 글을 읽는 독자들이 이해할 수 없을지도 모르겠다.

초기 불교 시대, 부처님 휘하에서는 6개월에 60명의 아라한이 쏟아져 나와 포교의 길을 가게 된다. 그러면 부처님 당시의 아라한이란 어떤 이들을 말하는 걸까. 그것은 '본래 죽을 나란 없다.'를 이해하고 해탈감을 느낀 사람들을 말한다. 이 해탈감은 누구나 경험할 수 있는 것이다. 그러나 대승불교의 개념에 따르면 육신통 자재한 도인을 아라한이라 하는데 육신통 자재하려면 피 흘리며 일평생을 바쳐도 불가능할 수 있고 그리 하다 보면 수행 생활 자체가 고통스러울 수 있다. 석가모니도 6년을 수행했지만 아라한으로 인정되지 못했다. 그러나 석가모니가 연기법이라는 존재의 원리 하나를 딱 알아버리자 그와 동시에 변화가 일어났다. 그 변화가 안심입명(安心立命)이다. '죽을 나'란 본래 없다는 사실이 수긍되자 심정적으로 편안한 감, 해탈감이 일어난 것이다. 이 편안한 감은 누구에게나 쉽게 올 수 있는 것이라는 사실을 생각하자.

그러나 불교가 갈고 닦고 갈고 닦아 무의식의 업장이 다 녹아나야 그때 해탈한다고 하면 그냥 일어난 그 안심감을 소외시키게 된다. 석가모니 부처님 당시엔 연기법이 딱 이해되고 안심하게 되면 그것을 무척 높이 평가하고 아라한이라는 영예를 주었던 것이다. 한 생각이 돌려지면 개벽이 일어나는 것이다. 사람이 달라지는 것이다. 자신이 실체라는 오해 하나가 풀리는 것이 얼마나 중요한가를 불교인은 알아야 한다. 원효는 "오해 하나 풀리는 것이 곧 깨달음"이라 했고 그 깨달음의 있고 없고의 차이를 말하며 "깨달음 없이 닦는 것은 증사작반(蒸砂作飯)이고 깨닫고 밥을 짓는 것은 쌀로 밥 짓는 것과 같다."고 했다. 해오(解悟)로 자유롭게 된 자가 바로 아라한이다. 그리고 그때부터 열심히 닦아 나 없음을 체화해 가고 체해탈이 된 후엔 용해탈이 되기 위해 닦는다. 먼저 깨닫고 닦는다는 선오후수(先悟後修), 돈오점수(頓悟漸修)가 필자의 입장이다.

지금 우리에게 가장 소중한 것은 이 삶인데 삶을 결정하는 것이 바로 바른 가치관이다. 우리는 수행을 통해 잘못된 가치관을 바로잡도록 노력해야 한다. 그 올바른 가치관을 일깨우고 그 수행을 가르치는 곳이 바로 동사섭 수련회이다. 필자는 이 동사섭 수련회를 거의 30년 정도 이끌어오고 있다.

III. 동사섭을 통한 행복과 나눔

1. 동사섭 소개

동사섭(同事攝)은 용타가 개발하여 보급하고 있는 일종의 집단상담프로그램으로 불교상담의 원리와 서양 상담 기법을 절묘하게 조화시켜 탄생한 대표적인 한국적 상담이다(박성희, 2007). 동사섭은 로저스의 정신을 이어받은 엔카운터링(encountering)에서 유래하였다. 일본에 엔카운터를 보급한 히토리로시의 영향을 받은 강요한 선생이 1971년 전남지역의 교사들에게 소개하였고, 이를 바탕으로 용타가 불교적 개념과 한국적 상황을 바탕으로 새롭게 창안한 프로그램이 동사섭이다.

동사섭 수련회는 1980년 전남 강진군 성전면에 있는 무위사에서 수련생 17명을 대상으로 시작하였다. 10회의 모임이 될 때까지 이 모임은 T그룹 워크숍이라는 이름으로 불렸는데, 그 이후 정조스님의 제안으로 동사섭이라는 이름을 사용하게 되었다. 그때부터 현재까지 30년 이상 총 223회에 걸쳐 1만 명 이상의 수련생을 배출하였다. 동사섭은 일반과정, 중급과정, 고급과정으로 구분되는데, 현재 일반과정은 5박 6일, 중급과 고급과정은 3박 4일의 일정으로 진행된다. 현재 동사섭 문화재단은 경남 함양 동사섭문화센터에서 여름과 겨울철에 주로 열리고, 특정집단을 대상으로 1박 2일로도 진행되고 있다.

동사섭 프로그램의 내용은 30년 이상의 세월을 거치면서 발전해 왔는데, 크게 네 단계로 나눌 수 있다. 첫째, 초기에는 순수한 엔카운터링을 중심으로 이론강의가 거의 없이 비구조적으로 마음을 나누던 단계, 둘째, 이론과 형식을 더하여 구조적인 마음 나눔의 장으로 변화발전한 단계, 셋째, 마음의 나눔에 더해 마음 관리를 추가한 단계, 넷째, 마음을 벗어나기 위한 초월명상의 장이 더해진 단계 등이 그것이다. 현재는 마음 알기, 다루기, 마음 나누기, 마음 해탈하기를 중심주제로 프로그램이 짜여 있다.

원래 동사섭(同事攝)이란 말은 불교의 사섭법(四攝法: 보시섭(布施攝), 애어섭(愛語攝), 이행섭(移行攝), 동사섭(同事攝)) 중의 한 개념이다. 사섭법이란 보살이 중생을 향하여 경우에 따라서는 베풀고(보시섭), 경우에 따라서는 자애 어린 말로 고통을 나누고(애어섭), 또는 이로운 일로 도와주고(이행섭), 나아가 그들과 희로애락을 함께하는(동사섭) 삶의 태도를 말한다. 동사섭 수련회는 사섭법 중 동사섭을 기본으로 하되, 보시, 애어, 이행을 함께 아우르는 삶의 태도를 지향하고 있다(www.dongsasub.org).

2. 동사섭의 기본 이론과 원리

동사섭 수련회는 '행복'을 목적으로 삼는다. 다시 말하면 사람들이 행복의 정체를 분명히 알고 행복해지기 위한 방편을 잘 통하여 지고한 행복을 누리도록 이끌어 주는 데 목적이 있다. 그렇다면 행복이란 무엇일까? 아리스토텔레스는 인간 행위의 궁극적 목적은 행복이며, 그 행복을 위한 행동이 최고의 선이라고 말했다. 우리는 행복을 그 자체로 선택하지 그 외 다른 어떤 것 때문에 선택하지는 않기 때문이다. 다음으로 가장 좋은 것은 지족적인 것이다. 이것도 역시 행복이라 말할 수 있다. 모든 좋은 것들 중에서 행복이야말로 가장 선택할 만한 것이며 다른 것과 함께 열거될 수 있는 것이 아니기 때문이다. 이러한 과정을 통해 아리스토텔레스는 가장 좋은 것으로서 행복의 개념을 제시했다(장영란, 2011).

나는 행복을 좋은 느낌, 좋은 정서 또는 기분 좋음으로 정의한다. 기분이 좋으면 행복하고, 기분이 좋지 않으면 행복하지 않다는 것이다. 아무리 고상하고 심오

한 체험이라도 좋은 느낌이 따르지 않는다면 행복이라고 부르기 어렵다. 행복은 행복을 맛보는 바로 그 순간의 상태를 의미하기 때문이다.

그런데 한 개인이 누리는 행복은 다른 사람과의 관계에 따라 좌우된다. 개인이 행복하다고 하더라도 가까운 사람(부모, 형제, 친구, 직장 동료 등)이 행복하지 않다면 나 또한 행복하지 않다. 따라서 개인 '나'의 행복은 더불어 있는 '우리'의 행복과 연결될 때 지속성과 안정성을 보장받을 수 있다. 이런 점에서 행복을 누리는 주체는 나에게서 나아가 우리 모두의 행복이 되어야 한다. 여기서 말하는 '우리'는 가족에서 시작하여 우주 전체가 이 범위에 들어올 수 있어야 한다. 왜냐하면 이 모든 존재가 중중연기로 연결되어 있기 때문이다.

그렇다면 행복, 즉 좋은 느낌을 유지하며 살기 위해서는 어떻게 해야 할까? 삶의 5대원리를 제시하고 있다. 삶의 5대원리에는 정체(正體)의 원리, 대원(大願)의 원리, 수심의 원리, 화합의 원리, 작선의 원리가 포함된다. 이 삶의 5대원리는 이상공동체 형성을 위하여 필요한 5가지 요소라고 지칭되기도 하고, 수심, 화합, 작선은 이상공동체 3요라고 부르기도 한다.

일단 사색해 보자. 내가 행복한가 아닌가에 대해서. 사색의 소재는 우선 삶 자체이다. 죽어 있는 것하고 살아 있는 것을 비교해 보라. 여러분은 어제 죽은 사람이 그토록 갈망하던 오늘의 삶을 살고 있다. 이 말은 식상하리만치 많이 알려져 있지만 삶 자체의 소중함을 잘 말해 준다. 보다 기뻐하려면 삶을 깊게 사색하라. 삶이 고마워지면 부모가 감사해질 것이다. 이 생존의 뿌리에 있는 아버지, 어머니에 대한 감사가 일어난다. 아버지, 어머니에 대한 느낌이 안 좋다면 비극이다. 부모와 나는 DNA 주파수가 같다. 미워하는 에너지의 2/3만큼 공명이 일어나 내 운세를 가로막는다. 자신을 위해서라도 부모에 대해 감사하는 마음을 가지도록 하라. 이미 이대로가 축복 속에 있다는 것을 알아야 한다. 현재 살고 있는 이 삶 자체를 박수쳐라. 현재 살아 있음, 깊게 명상해서 이 살아 있음이 엄청난 축복임을 깨달아야 한다.

IV. 성공했다고 생각하여 행복해져라

모두들 성공이라는 말을 좋아하리라 생각한다. 이 세상에 태어난 것 자체가 얼마나 큰 성공인지 생각해 보았는가? 하나의 정자가 난자를 만나서 수정되고 잉태되는 과정에 대해서는 굳이 말하지 않아도 얼마나 심한 경쟁 속에서 살아남은 것인지 잘 알 것이다. 그러니 탄생 자체가 성공이지 않겠는가? 초등학교, 고등학교, 현재 이 대학에 오기까지의 과정을 생각해 봐도 모두 성공이다. 내가 10세 이전에 죽을 수도 있었는데, 지금까지 살아온 것도 성공이다.

나머지 다른 것의 성취는 지향일 뿐이다. 정말 그렇겠다. 이대로 OK이다. 주변 사람을 행복하게 하려면 내 자신이 변화해야 한다. 내 자신의 변화가 최고의 교육이고, 최고의 지도이다. 나눔의 1번은 나누는 자가 행복해야 한다. 행복을 나누는 일은 지금 바로 해야 한다. 인격이 되어야 한다. '나누어 주리라.' 하는 마음을 가지면 더 잘 될 것이다.

이 넘치는 행복을 나누어 주자. 어떻게 하면 될까? 나눔의 대상이 꼭 돈일 필요는 없다. 여러분이 얻은 것을 나누어라. 삶 속에서 누군가의 등을 토닥여 주는 것 또한 위대한 나눔이다. 나눔을 어렵게 생각하지 말라. 사람을 만날 때 웃는 얼굴로 대하고 "행복하세요."라고 말하라. 부정적인 상황을 만나더라도 '그러고 싶어서 그러겠나, 자기도 어쩔 수 없어 그러겠지.', '나의 부덕이다.'와 같이 생각하는 것이 나눔이다. 정말로 나의 도움이 필요한 사람이 많다. 고결한 나눔은 자신의 인품이 고상해지는 것, 인품을 끌어올리는 것이다. 존재 자체가 한없는 평화의 나눔이다.

'나는…' 하고 불러 볼 때 이때의 '나'는 이기적인 내가 아니다. '천하의 주인인 나는…'이라고 여겨질 때 고상한 인품이 된다. 이 세상 모든 존재를 위해 전 존재, 에너지를 바치리라. 모든 이의 행복을 위한 밑거름이라는 정체감을 가질 때 어떤 편안함을 느낀다. 존재 자체가 큰 나눔이 된다. 이 세상의 모든 이를 위하여

나를 바치려면 우선 마음이 평화로워져야 한다. 평화로운 마음 그 자체가 이미 나눔이다. 마음이 완벽하게 평화로워지는 방법은 하나다. 자아가 사라지고 에고이즘(egoism)이 사라져야 한다. 자아에서 벗어나려면 본래의 '나'가 없음을 깨달아야 한다. 사색과 독서를 통하여 자아가 사라지면 전체를 끌어안는 사랑이 나온다. 그리고 관계가 화합되어야 한다. 그 다음으로 봉사하는 일 등등이 이어져야 한다. 필자는 여러분이 독서와 사색을 통하여 자신이 원하는 삶의 목적인 행복을 성취하기 바란다.

참고문헌

장영란, 「아리스토텔레스의 행복과 그 영향사」, 경북대 동서사상연구소 2011년 하계학술대회 (주제: 동서양의 행복론: 비교철학적 시각에서), pp. 57-69, 2011.

박성희, 『동사섭상담』(동양상담학시리즈 제9권), 서울: 학지사, 2007.

동사섭 홈페이지 http://www.dongsasub.org

열한 번째 강의

명상의 길

요가명상과 불교명상

임승택 경북대학교 철학과 교수

I. 명상이라는 용어의 유래

명상(瞑想)이란 무엇인가. 문자적으로 '고요히 생각에 잠기는 것' 혹은 '고요히 생각을 가라앉히는 것'이라는 의미를 생각해 볼 수 있다. 이 말은 영어 메디테이션(meditation)을 번역하는 과정에서 고안된 것으로, '깊숙이 생각에 잠겨 있는 상태'를 가리키는 라틴어 메디타리(meditari)에서 유래했다고 한다. 현대 사전에 나타나는 설명 또한 '깊이 생각하는 것(to think seriously or deeply)'과 '특정한 대상에 주의를 고정하고 유지하는 것…(to fix and keep the attention on one matter,…)'두 가지이다(Robert F. Ilson, 1983, 675쪽). 다소 생소하게 느껴질 수 있겠지만 명상이라는 말은 이처럼 서구적 전통에서 유래한다.

메디테이션에 비교적 정확하게 일치하는 인도의 산스크리트(Sanskrit) 용어로 디야나(dhyāna)가 있다. 『요가수뜨라(Yoga-Sūtra, A. D. 4세기)』에서는 이것을 '의식의 작용이 한결같이 집중된 상태'로 풀이한다(YS. 3-2 게송). 이러한 언급은 앞서의 서구적 해설을 하나로 압축해 놓은 듯한 간명함을 느끼게 한다. 즉 특정한 대상을 깊이 생각하는 것과 그것에 집중하여 주의를 고정시키는 것은 동일한 맥락이라고 할 수 있다. 한편 초기불교의 경전어(經典語)인 빨리어(Pali)에서는 디야나를 쟈나(jhāna)로 부르는데, 선나(禪那) · 선(禪) · 선정(禪定) · 참선(參禪) 등은 이것의 한역 음사(音辭)에 해당된다. 명상이라는 용어가 서구적 전통에 기인한 것이라면 선정이니 참선이니 하는 말들은 동양적 전통에 뿌리를 둔 유사 용어이다.

『빠띠삼비다막가』라는 경전에서는 쟈나에 "여실하게 숙고한다(jhāyantīti dhammā)."라는 뜻과 "번뇌를 태워 없앤다(jhāpetīti kilese)."라는 두 가지 의미가 있다고 기술한다(Ps. II, 44~45쪽). 바로 이것은 앞에서 언급한 메디테이션의 두 가지 설명과 일치한다. 즉 '여실하게 숙고하는 것'은 '고요히 생각에 잠기는 것'과 동일한 맥락이라고 할 수 있다. 또한 '번뇌를 태워 없애는 것'은 부정적인 사고(思考)를 멎게 한다는 것으로 '고요히 생각을 가라앉히는 것' 혹은 '주의를 집중하여 고정시키는 것'에 부합한다. 메디테이션과 쟈나는 상이한 종교적 전통에서 배태된 것으로, 지향하는 목적이 다르다고 할 수 있다. 그럼에도 양자는 이와 같이 근접한 의미와 용례를 보인다.

생각에 잠기는 것과 그것을 가라앉히는 것은 일견 상반된 뜻으로 이해될 수 있다. 그러나 이러한 불일치는 쟈나를 몇 가지 단계로 나누어 설명하는 초기불교의 가르침을 통해 해소될 수 있다. 예컨대 초기경전에서는 낮은 단계의 선정(初禪)에서는 생각(vitakka)을 일으켜야 한다고 설명하는 반면에, 그 이후의 보다 집중된 선정 단계(第二禪 이상)에서는 언어적 사고(語行, vacīsaṅkhārā) 즉 생각 자체가 정지한다고 가르친다(Ps. I. 99쪽; MN. I. 296쪽; SN. IV. 217~218, 220, 227, 228쪽 등). 이것은 생각에 몰입해 들어가는 단계와 그러한 생각이 멈추게 되는 일련의 과정을 지시한다고 할 수 있다. 처음 명상을 행할 때에는 의도적으로 특정한 생각을 일으켜 마음을 집중해 나가지만, 명상이 무르익어 충분히 몰입된 상태가 되면 생각 자체가 저절로 멈추게 된다는 것이다.

정리하자면, 명상이란 '특정한 생각을 일으켜 거기에 몰입하고 마침내는 생각

자체가 멎는 상태에 이르게 하는 것'으로 요약할 수 있다. 『요가수뜨라』에서는 그렇게 해서 생각이 멈춘 경지를 삼매(三昧, samādhi)로 표현한다. 즉 "[집중의] 대상만이 홀로 빛나고 [집중하는 마음] 자체는 없어진 것같이 된 상태가 바로 삼매이다."라고 설명한다(YS. 3-3 게송). 이러한 경구들을 통해 동 · 서양을 막론하고 이 분야에 관련한 유사 전통이 존재해 왔음을 알 수 있다. 명상이든, 선정이든, 삼매든, 내면의 평안과 지혜를 얻기 위한 실천적 방법들이 이질적인 여러 문화권 속에서 계승되어 온 것이다.

II. 명상의 종류와 분류

명상 관련 가르침은 인류 정신사를 통해 계속되어 왔으며, 시대와 장소에 따라 각기 다른 방식으로 구체화되는 과정을 밟았다. 이들에 대해서는 각자의 독특성을 고려하여 유형별로 구분하는 것이 가능하다. 특히 세계의 주요 종교 전통을 명상이라는 테마에 결부시켜 이해해 보는 것은 흥미로운 일이다. 오늘날까지 전해지는 주요 종교들의 실천 양식을 특징별로 구분하면 다음과 같은 세 가지 갈래가 드러난다. 내향적 명상, 외향적 명상, 중도적 · 초월적 명상이 그것이다(정태혁, 1994, 165~167쪽 참조).

내향적 명상이란 일상에 대한 반성을 특징으로 한다. 이것은 앞서의 "고요히 생각한다(to think seriously)."라는 사전적 정의와 일치하는 명상 유형이라 할 수 있다. 또한 이것을 현존하는 종교적 가르침에 연관시키면, 현실의 삶 속에서 도덕적 · 윤리적 반성을 강조하는 경우를 꼽을 수 있다. 예컨대 유교에서는 특정한 형식에 구애됨이 없이 스스로에 대한 성찰을 중요시한다. 즉 일상에 대한 반성을 통해 자신을 다스리고(克己) 바로 이것을 기반으로 인간의 보편성(天命)을 추구한다. "모든 악을 짓지 말고 온갖 선을 받들어 행하라."는 초기불교의 윤리적 가르침이라든가(『증일아함경』, 제1권; Dhp. 183 게송 등), 사회적인 의무와 명예를 강조하는 힌두교의 『바가바드기타(Bhagavad-Gītā)』에 나타나는 행위 윤리도 이러한 내향적 명상에 연결시켜 볼 수 있다(BG. 2-33 게송 등).

한편 외향적 명상의 전형적 사례로는 기독교 · 이슬람교 · 유태교 등의 유일신교와 대승불교의 정토교(淨土敎) 등을 생각해 볼 수 있다. 이들 전통에서는 절대적 존재에게로 귀의해 들어가는 방법론적 특징이 부각된다. 외향적 명상에서는 기도나 염불 따위의 의례적 행위가 수반되는 것이 일반적이다. 특히 아미타불(阿彌陀佛, Amitābha-Buddha)에 대한 염불을 위주로 하는 정토교에서는 현실의 고통마저 아미타불에게로 가기 위한 과정으로 인식한다. 그리하여 일체의 모든 것이 아미타불의 화현(化現, avatāra)으로 체험되는 경지를 지향한다(이현주 옮김, 2003, 41~111쪽). 외향적 명상은 절대적 존재에게로 몰입해 들어가는 특징을 지니는 동시에, 바로 그 속에서 자신의 의미를 실현하고자 한다는 점에서 공통적인 면모를 지닌다. 거기에서는 절대적 존재와의 관계 즉 믿음(信, faith, bhakti)의 문제가 무엇보다도 중요한 덕목으로 부각된다.

마지막으로 중도적 · 초월적 명상은 일상적인 사고의 지평 자체로부터 벗어나는 것을 목적으로 한다. 즉 번뇌에 물든 사고와 정서에 매이지 않는 상태를 지향하는 명상 유형들이 여기에 속한다. 『요가수뜨라』에 기반을 둔 요가학파(Classical Yoga)와 초기불교의 경우를 전형으로 꼽을 수 있다. 이러한 입장은 "요가란 마음작용의 가라앉힘이다."라는 『요가수뜨라』의 유명한 경구를 통해 집약될 수 있다(YS. 1-2 게송). 요가학파에서 제시하는 여러 유형의 호흡법(prāṇāyāma) 및 집중법(dhāraṇā) 따위는 바로 그것을 실현하기 위한 방법이다. 한편 위빠사나(vipassanā)로 대변되는 초기불교의 실천 · 수행 또한 망상과 아집으로부터 벗어나는 것을 일차적인 목적으로 한다. 이것을 위해 위빠사나 명상에서는 있는 그대로(yathabhūtaṁ)의 사실만을 관찰하라고 가르치며, 알아차림(知, sampajañña)과 마음지킴(念, sati)이라는 고유의 심리적 기능들을 강조한다.

이상과 같이 세계의 주요 종교를 명상이라는 명칭으로 구분해 보는 것이 가능하다. 그러나 이것을 획일적으로 적용하는 데에는 어려움이 따르며 다른 분류법을 사용할 수도 있다. 실제로 비베까난다(Vivekānanda, 1863~1902)와 같은 현대의 힌두교 사상가들은 『바가바드기따』와 『요가수뜨라』에 근거하여 세계의 정신적 · 종교적 가르침을 네 가지 요가(Yoga)로 갈래짓는다. 그들에 따르면 요가란 이상에서 논의한 명상 개념과 동일한 의미를 지니며, 지혜의 요가(Jñāna-yoga), 헌신의 요가(Bhakti-yoga), 행위의 요가(Karma-yoga), 라자요가(Rāja-yoga) 등으로 구분될 수 있다. 이러한 네 가지 요가는 앞에서 언급했던 세 가지 명상과 유사한 맥락이며, 그들과 직접적으로 대비해 보는 것이 가능하다.

예컨대 지혜의 요가는 무지(無知, avidyā)의 타파를 통한 구원의 방법으로서 앞서 언급한 중도적 · 초월적 명상과 친화적이다. 즉 깨달음을 강조하는 초기불교와 요가학파에서는 일상의 거친 생각과 감정들로부터 벗어나 참된 지혜를 얻는 것을 수행의 중심 과제로 상정한다. 한편 헌신의 요가는 신에 대한 믿음과 헌신 그리고 은총을 주된 실천적 내용으로 한다. 이것은 앞서의 외향적 명상 및 거기에 속한 종교 전통들에 부합한다. 또 한편 행위의 요가는 일상에 대한 성찰과 사회적 의무에 기반을 둔다. 이러한 내용은 내향적 명상에 상응하는 것이라 할 수 있으며 유교적 가르침 등에 연결시킬 수 있다. 마지막의 라자요가는 위에서 언급한 세 가지 전체를 아우르는 성격을 지닌다. 이것은 『요가수뜨라』에 등장하는 고유의 실천론을 별도의 체계로 내세워 일컫는 말이기도 하다.

『요가수뜨라』에서는 금계(禁戒, yama) · 권계(勸戒, niyama) · 좌법(坐法, āsana) · 조식(調息, prāṇāyāma) · 제감(制感, pratyāhāra) · 응념(凝念, dhāraṇā) · 선정(禪定, dhyāna) · 삼매(三昧, samādhi) 등의 8가지 단계적 실천 항목을 내세운다. 최초의 금계와 권계는 수행자가 지켜야 할 계율 항목들을 내용으로 하며 윤리적 실천 단계에 해당한다. 좌법 · 조식 · 제감은 육체를 다스리기 위한 다양한 포즈와 호흡법 및 이완법들을 내용으로 하며 육체적 실천 단계에 해당한다. 마지막의 응념 · 선정 · 삼매는 마음의 동요를 가라앉히는 구체적 과정으로 심리적인 실천 단계에 속한다. 이들 8가지 실천 항목들은 앞서 언급했던 여러 부류의 요가를 포섭한다. 즉 금계와 권계는 다시 청정(śauca), 만족(saṁtoṣa), 자재신에 대한 기원(īśvara-praṇidhāna) 등을 세부 내용으로 하는데(YS. 2-30 게송부터 45 게송까지), 이들은 헌신의 요가 및 행위의 요가와 중첩되는 성격을 지닌다. 한편 좌법에서부터 삼매에 이르는 일련의 단계들은 지혜의 요가에 이르는 과정으로 이해해도 무방하다.

그런데 이러한 세 가지 요가에 의한 분류 또한 도식적인 느낌이 없지 않다. 더욱이 모든 종교를 일반화하여 명상 혹은 요가라는 명칭만으로 포섭하는 데에는 무리가 따르는 것이 사실이다. 왜냐하면 내향적 명상이라든가 외향적 명상 및 요가의 부류들은 그들이 속한 종교 전통 안에서 주된 실천으로서의 지위를 확보하지 못하기 때문이다. 예컨대 유교라든가 기독교 등의 전통에서 앞서 기술했던 명상 관련 내용들은 중심적인 위치를 차지한다고 보기 힘들다. 그들의 종교적 실천은 명상이라든가 요가라는 말을 굳이 사용하지 않더라도 그 특징을 묘사하는 것이 가능하다.

그러나 중도적 · 초월적 명상이라든가 지혜의 요가 혹은 이들 모두를 포섭하는 라자요가 등은 사정이 다르다. 특히 초기불교와 요가학파는 전형적인 명상 종교로서의 면모를 드러낸다. 이들은 거친 의식의 지평으로부터 그것이 가라앉은 고요한 마음에 이르기까지 세부적인 단계들을 설정한다. 예컨대 초기불교에는 두 번째 선정(第二禪)에서는 언어적 사고(語行, vacīsaṅkhārā)가 멈추고, 네 번째 선정(第四禪)에서는 호흡을 포함한 육체적 움직임(身行, kāyasaṅkhārā)이 가라앉으며, 마지막의 멸진정(滅盡定)에서는 지각과 느낌이라는 마음현상(心行, cittasaṅkhārā) 자체가 소멸한다고 가르친다. 나아가 이러한 선정들을 일련의 순서로 배열하여 아홉 가지 선정 단계(九次第定, nava-anupubbavihārasamāpatti)로 체계화한다(AN. IV. 410쪽; SN. II. 222쪽 등). 이와 같은 다양한 선정 혹은 삼매의 단계들은 『요가수뜨라』에서도 유사한 방식으로 기술된다(YS. 1-17, 18, 44 게송 등; 임승택, 2000, 215~251쪽).

초기불교와 요가학파에서는 이러한 선정의 과정을 통해 감정적 · 정서적 동요들이 가라앉는다고 가르친다. 이와 같이 고요해진 심리 상태를 일컬어 사마타(止, samatha)라고 부르며, 또한 이 상태에서 진리를 꿰뚫는 지혜(prajñā)라든가 참된 자아를 식별하는 지혜(viveka-khyātir)가 발생하게 된다고 언급한다. 양자가 지향하는 궁극 목표로서 열반(涅槃, nibbāna)이라든가 독존(獨存, kaivalya)의 경지는 이상과 같은 선정의 체험들을 바탕으로 획득될 수 있다. 이러한 구조로 이루어진 초기불교와 요가학파의 가르침은 명상의 본래적 의미에 매우 충실하다고 할 수 있다.

III. 요가명상과 불교명상

불교명상의 독특성은 무엇인가. 일단 고대 인도에서 유행했던 요가(yoga)와 관련하여 생각해 볼 필요가 있다. 일찍부터 요가의 스승들은 인간의 삶에서 괴로움이 발생하는 이유를 내부로부터 찾았다. 즉 주변의 여건이라든가 타인을 탓하기에 앞서 자신의 몸과 마음부터 살펴보게 하였다. 바로 그것이 요가라는 자기 조절의 방법으로 구체화되었다고 할 수 있다. 예나 지금이나 인간의 중심 문제는 자기 자신이며, 스스로의 족쇄로부터 자유로워지는 것이 가장 큰 과제 중의 하나라고 할 수 있다. 이러한 상황에 놓인 우리에게 스스로를 다스리는 방법을 제시해 온 요가의 가르침은 여전히 유용성을 지닌다고 할 수 있다.

요가는 인도에서 약 5000년 전부터 행해져 왔던 듯하다. 예컨대 그 무렵의 인더스 문명 유물 가운데에 요가 포즈를 취한 신상(神像)이 발견되었다. 이것은 요가와 비슷한 무언가가 그때부터 행해지고 있었음을 뜻한다. 한편 이보다 확실한 요가의 기원은 기원전 1500년 무렵에 성립된 베다(Veda) 문헌에서 찾을 수 있다. 학자들은 거기에 나타나는 소마(soma) 의식을 요가적 실천의 기원으로 간주한다. 제사 의례를 담당했던 제관들은 환각제의 일종인 소마라는 버섯즙을 마시고서 망아(ecstasy) 상태에 들어가곤 하였다. 이 소마 의식에는 단식이라든가 묵언 따위의 고행과 함께 주문의 암송이라든가 명상의 실천이 포함된다. 바로 이것이 후대에 이르러 발달된 요가의 원형일 것으로 추정된다(이태영, 2004, 15~20쪽).

요가의 구체적 용례는 기원전 5~6세기 무렵의 우빠니샤드(Upaniṣad) 문헌군에 본격적으로 등장한다. 예컨대 『카타 우빠니샤드(Kaṭha-Upaniṣad)』에 다음과 같은 구절이 나타난다. "참나(自我, ātmān)를 마차의 주인으로 알고 육체를 마차로 알라. 지성(知性, buddhi)을 마부로 알고 마음(意, manas)을 고삐로 알라. [다섯의] 감각기관을 말로 알고 그것의 대상을 말이 달리는 길로 알라. … 다섯 가지 감각기관이 마음과 함께 쉬고 지성도 작용을 하지 않을 때 이것을 최고의 경지라고 한다. 이렇게 감각기관을 확고하게 억제하는 것을 요가(yoga)라고 한다(KU. I. 3. 3-2. 3. 11)." 여기에서 요가란 감각기관 · 마음 · 지성을 억제하여 동요 없는 상태에 이르는 것을 가리킨다. 즉 외부적 여건에 동요하지 않도록 내면의 심리와 정서를 조절하고 다스리는 것이 요가의 의미로 이해되고 있음을 확인할 수 있다.

"피할 수 없으면 즐기라."라는 말이 있다. 그렇게 하기 위해서는 포기할 것은 포기해야 하고 받아들일 것은 받아들여야만 한다. 우리는 주변 여건에 스스로를 적응시킬 줄도 알아야 하고, 부정적인 태도와 정서를 다스리는 방법도 배워야 한다. 그러한 연후라야 현실을 직시할 수 있을 것이고 또한 능동적으로 대처해 나갈 수 있을 것이다. "요가란 마음작용의 가라앉힘이다. 그때 보는 자(觀照者, draṣṭu)는 본래의 상태에 머물게 된다.(YS. 1-2, 3게송)."라는 『요가수뜨라』의 유명한 경구 또한 이러한 맥락으로 이해된다. 요가는 우리에게 어떤 거창한 환경적 · 물리적 변화를 요구하지 않는다. 다만 스스로를 조절하고 변화시킴으로써 '마차의 주인'으로 누리면서 살아가는 방법을 제시한다. 바로 이 점에서 요가명상과 불교명상은 일단 동일하다고 말할 수 있다.

IV. 사마타와 위빠사나

세상살이의 불공평이 자신에게만 억울하게 적용된다고 투정하는 사람이 있다고 치자. 이유 없는 무덤이 없듯이 그러한 주장에도 나름의 설득력은 있을 수 있다. 그러나 그러한 투정이나 불만은 당사자의 태도라든가 마음가짐에서 기인하는 경우가 많다. 비슷한 어려운 여건 속에서도 긍정적인 마음으로 열심히 살아가는 사람들을 목격할 수 있다. 불평불만에 사로잡힌 사람을 접하게 될 경우, 우리는 일단 진정하고서 무엇이 문제인지를 살피라고 충고한다. 그러나 그러한 상태에서는 어떠한 충고도 잘 받아들여지지 않는다. 이것은 탐욕이나 분노에 사로잡힌 경우에도 마찬가지이다. 인간을 일컬어 이성적인 동물이라고들 하지만, 실제로는 감정적 · 정서적 요인들에 더 많이 좌우되곤 한다.

이러한 상황에 적용될 수 있는 명상이 사마타(止, samatha)이다. 사마타란 부정적 사고와 정서를 가라앉힌 상태로서 평정 혹은 고요함을 일컫는 전문 술어이다. 사마타는 들뜨거나 흥분된 상태를 가라앉히기 위한 여러 기법들을 포함한다. 예컨대 마음의 안정을 위해 내쉬는 숨을 일부러 길게 하는 호흡법이 있다. 혹은 특정한 대상을 지속적으로 떠올려 거기에 몰입하는 방법이 있다. 사마타는 '마음 작용의 가라앉힘'으로 정의되는 『요가수뜨라』의 가르침과 그대로 통해 있다. 또한 이것은 일정한 집중의 상태를 의미하는 쟈나(禪, 禪定, jhāna)라든가, 모든 산란함이 멈춘 경지인 삼매(三昧, samādhi)까지를 포섭한다. 즉 선정과 삼매는 사마타의 한 단면에 해당한다고 할 수 있다. 사마타는 내면적인 향상을 위한 첫걸음에 해당된다고 할 수 있다. 감정적인 동요와 흥분을 다스려야만 현실 여건에 올바른 대처가 가능하기 때문이다.

앞에서 언급한 고대의 요가 전통은 이러한 사마타에 초점을 모은다고 할 수 있다. 그러나 그렇게 해서 얻어진 평정과 고요함이 언제까지라도 계속된다는 보장은 없다. 한때 고요해진 마음이라 할지라도 내 · 외의 여건이 변화하면 얼마든지 달라질 수 있다. 따라서 사마타 수행만으로는 영속적인 평안과 행복을 얻지 못한다. 그러한 이유에서 새롭게 고안된 명상이 위빠사나(觀, vipassanā)이다. 위빠사나란 있는 그대로(yathabhūtaṁ)를 여실하게 관찰한다는 의미이다. 즉 주관적인 바람이나 의지를 배제하고서 사물의 본래 모습을 안다는 뜻이다. 위빠사나의 실천을 통해 우리는 있는 그대로의 현실을 인정하게 되고 종국에는 탐욕과 불만 따위의 부정적인 정서를 내려놓게 된다. 그동안 선망해 왔거나 혹은 혐오해 왔던 그 무엇의 실제를 확인함으로써 탐욕도 분노도 불필요하다는 사실을 직접 체험하게 된다. 이러한 방식으로 위빠사나는 사마타를 통해 얻어진 평안의 경지를 더욱 확고하게 해줄 수 있다.

불교가 출현하기 이전의 요가 전통에서는 사마타 명상이 주류를 이루었다. 즉 있는 그대로에 대한 통찰보다는 내면의 고요함에 대한 추구가 우선시되었다. 그러한 상황에서 붓다(Buddha)는 위빠사나라는 새로운 방법을 고안하여 보급시켰다. 즉 사마타에 머무르지 않고 진리의 통찰로 나아가는 한층 업그레이드된 명상 기법을 가르친 것이다. 당연히 이 방법은 일대 반향을 불러일으켰고 다른 종파의 명상 기법에도 큰 영향을 미치게 된다. 이것은 초기불교 이후 A. D. 4세기 무렵에 구체화된 요가학파의 가르침 또한 예외가 아니다. 예컨대 『요가수뜨라』에 나타나는 보는 자(觀照者, draṣṭṛ), [관조자로서] 홀로 머무름(獨存, kaivalya), 진리를 식별하는 지혜(識別知, viveka-khyāti) 등의 비중 있는 용어들에서 위빠사나의 분위기를 느낄 수 있다. 이것은 고대 인도의 요가 전통에서 갈라져 나온 불교가 그 이후에 성립된 정통 요가학파의 가르침에 다시 중대한 영향을 끼쳤다는 사실을 의미한다(이태영, 2004, 51쪽 이하). 불교명상은 요가라는 토양 위에 발생했지만 그것을 뛰어넘는 독특한 측면을 지닌다. 실재(reality)에 대한 통찰만이 내면을 다스리는 영속적인 처방이 될 수 있다는 인식을 요가계 전반에 확산시켰다.

V. 위빠사나 명상의 실제

초기불교의 명상 관련 가르침을 대표하는 경전으로서 『대념처경(大念處經, Mahāsatipaṭṭhāna-Suttanta, DN. II. 290~315쪽)』이 있다. 거기에 알아차림(知, sampajañña)과 마음지킴(念, sati)이라는 심리적 기능이 반복적으로 등장한다. 바로 이들이 위빠사나 명상을 가능케 하는 두 가지 원리이다. 먼저 알아차림부터 살펴보자. 이것은 몸과 마음에서 일어나는 제반 현상을 그때그때 명확하게 알아차리는 것이다. 이것에 대해 경전에서는 다음과 같이 기술한다. "알아차림(知)이란 무엇인가. … 나아갈 때나 물러날 때 알아차림으로 행한다. 볼 때나 관찰할 때 알아차림으로 행한다. 구부리거나 펼 때 알아차림으로 행한다. 겉옷과 발우와 옷을 착용할 때 알아차림으로 행한다. … 가거나 서거나 앉거나 잠들거나 깨어나거나 이야기할 때나 침묵할 때에도 알아차림으로 행한다. … 이것이 알아차림이다(DN. II. 292쪽)."

우리는 배고플 때 밥을 먹고 잠을 자고 싶을 때 자는, 그러저러한 일상 속에서 하루하루를 보낸다. 그리고 경험하는 현상들에 대해 대부분 알아차리면서 지낸다고 생각하곤 한다. 그러나 일상의 삶에서 순일한 알아차림으로 지내는 때가 과연 얼마나 되는지 돌이켜 볼 필요가 있다. 예컨대 밥을 먹는 경우, 밥을 먹는다는 사실을 전혀 알아차리지 못하는 것은 아니다. 그러나 반찬을 집거나 밥알을 씹는 따위의 동작을 현재적 시점에서 지속적으로 알아차리며 먹는 시간은 실제로 극히 짧다. 우리는 밥을 먹는 대부분의 시간을 습관적인 상념 속에서 보낸다. 그리하여 이러저러한 생각 속에서 번뇌와 더불어 먹는다. 다른 일상사도 대체적으로 마찬

가지이다. 알아차림을 유지하는 것은 어떻게 보면 지극히 쉬운 일이다. 그러나 또한 이것은 결코 쉽지만은 않은 것임에 분명하다.

우리는 현재의 순간에 살아간다. 그러나 우리의 마음은 과거와 미래를 넘나든다. 또한 그 와중에 자신도 모르게 과거에 대한 회한과 미래에 대한 기대에 휘말린다. 현재를 벗어나는 순간 갖가지 내면의 욕구와 불만과 흐릿함이 몰려든다. 백년을 못 살 인생이 천년 걱정을 하면서 산다고 했던가. 사실 우리가 느끼는 괴로움은 현재의 순간을 벗어남으로써 부풀려진 허상에 불과한 경우가 많다. 실제로 직면하게 되면 별 볼일 없는 일들에 지레 겁을 먹고 허둥대는 양상이 다반사이다. 따라서 명확한 알아차림으로 현재에 머물 필요가 있다. 이것이 의도하는 것은 현재에 충실하여 습관적인 상념의 굴레에 얽매이지 말자는 것이다. 항상 깨어 있는 마음으로 사물과 자신의 본래 모습을 여실하게 보자는 의미이다.

한편 마음지킴(念, sati)이란 정처 없이 과거와 미래로 넘나드는 마음을 현재의 대상에 붙잡아 두는 것을 말한다. 예컨대 좌선을 처음 해 보는 사람은 자신에게 그렇게도 많은 잡념이 일어날 줄 몰랐다는 사실을 실토하곤 한다. 언제 잡념이 떠올랐는지도 모른 채 한참을 방황하고 난 연후에야, 비로소 잡념에 사로잡혀 있었다는 사실을 깨닫는 경우도 많다. 여기에서 '잡념에 사로잡혀 있었다는 사실을 깨닫는 것'을 알아차림에 비유할 수 있다면, 그러한 알아차림에 의해 '현재의 상태로 마음을 되돌리는 것'을 마음지킴이라고 할 수 있다. 더불어 '되돌린 마음을 일정하게 유지 · 지속하는 것'을 마음지킴이라고 한다면, 다시 '그러한 상태에 대해 분명한 앎을 지니는 것'을 알아차림이라 할 수 있다. 이러한 방식으로 마음지킴(念)과 알아차림(知)은 위빠사나의 통찰을 이끄는 양 날개 구실을 한다.

마음지킴의 원래 의미는 잊지 않음(不忘, saraṇa)이다. 이것은 몸과 마음에서 발생하는 제반 현상들을 방기하지 않고 돌보는 것(ārakkha)을 내포한다. 이 용어는 정신차림 · 깨어있음 · 새김 · 마음챙김 등으로도 옮겨진다(임승택, 2001, 15~26쪽). 또한 이것에 대해 경전에서는 '감관의 문을 지키는 문지기'에 빗대어 설명하곤 한다(SN. IV. 194쪽 등). 즉 눈 · 귀 · 코 · 혀 · 몸 · 마음의 영역에서 일어나는 여러 현상들에 대해 기민하게 주의를 기울이는 것으로 풀이한다. 마음지킴은 여타의 심리적 요인들에 대해 영향을 미친다는 점에서 중요한 의미를 지닌다. 예컨대 탐욕이나 분노 따위의 부정적인 마음이 발생했을 때 그들을 지긋이 주시하다 보면 어느새 저절로 누그러져 있음을 경험할 수 있다. 따라서 마음지킴은 내면을 다스려 나가는 심리적 제어 장치로 활용될 수 있다.

마음지킴은 위빠사나라는 말과 마찬가지로 불교명상을 특징짓는 고유의 술어이다. 그런데 이것은 위빠사나와 사마타 전체를 포섭하는 쓰임을 보이기도 한다. 예컨대 위빠사나의 전형적인 실천 기법으로 알려진 사념처(四念處, cattāro satipaṭṭhānā) 수행을 풀어 옮기자면 '마음지킴을 확립하는 네 가지 명상'이 된다. 또한 호흡에 대한 관찰 명상으로서 입출식념(入出息念, 安般守意, ānāpānasati)을 옮기자면 '들숨 · 날숨에 의한 마음지킴'이 된다. 이들은 초기불교의 대표적인 명상 기법들로서, 통찰을 의미하는 위빠사나와 평온을 의미하는 사마타의 경지를 포함한다. 즉 이들을 실천해 나가다 보면 마음의 고요함도 얻을 수 있고 사물의 실상에 대한 깨달음도 얻을 수 있다. 따라서 마음지킴은 위빠사나를 가능케 하는 핵심 원리인 동시에, 위빠사나와 사마타 모두에게로 연결되는 이중적 특성을 지닌다고 할 수 있다(AN. V. 99~100쪽 참조).

VI. 불교명상의 독특성

요가학파의 명상은 좌법(坐法, āsana)이라든가 조식(調息, prāṇāyāma) 따위의 육체적 수련 단계를 반드시 포함한다. 즉 몸의 긴장을 이완하기 위한 갖가지 포즈들과 함께 호흡의 조절을 통해 심신의 안정을 꾀하는 다양한 기교들을 가르친다. 이들 육체적 조절법은 본격적인 명상 수련의 예비적 과정으로 행해지곤 하였다. 이 방식은 명상을 처음 접하는 초심자나 건강이 허약한 사람들에게 많은 도움을 줄 수 있다. 수행자는 이러한 과정을 거쳐 선정(禪定, dhyāna)이나 삼매(三昧, samādhi)로 구성된 심리적 단계로 넘어간다. 이러한 요가학파의 가르침은 점진적이고 체계적인 특성을 지닌다고 할 수 있다.

그러나 이와 달리 불교의 명상은 오로지 정신적인 측면만을 강조하는 입장에 선다. 특히 위빠사나 명상에서는 육체를 조작하는 기법에 관한 일체의 언급을 삼간다. 모든 현상에 대해 좋으면 좋은 대로 싫으면 싫은 대로 다만 관찰할 것을 요구할 뿐이다. 이것은 앞서 언급했던 입출식념(入出息念, ānāpānasati)에서도 마찬가지이다. 호흡을 길거나 짧게 조작하지 말고 있는 그대로 관찰하라고 가르친다. 그러한 와중에 내면의 감정과 정서를 왜곡 없이 지각하게 되고, 또한 무상(無常) · 괴로움(苦) · 무아(無我)의 진리를 깨닫게 된다고 가르친다. 위빠사나의 와중에 인위적인 조작을 가하게 되면 관찰해야 할 현상들이 제대로 드러나지 않는다. 뿐만 아니라 그러한 조작 자체에 탐욕이라든가 분노 따위가 미세하게 스며들어 있을 가능성이 크다.

불교명상은 예비적 과정을 필요로 하지 않는 다소 급진적인 성격을 띤다. 심지어 육체적인 통증이라든가 심리적인 갈등과 같은 부정적 현상들마저 통찰의 대상으로 삼는다. 모든 것을 있는 그대로 놔두고 관찰하는 까닭에 살아가는 전 과정을 명상의 대상으로 상정한다. 그런데 신기하게도, 우리는 있는 그대로에 대한 통찰만으로도 부정적인 정서와 심리를 다스릴 수 있다. 예컨대 격앙된 감정이 발생했을 때 그것에 오롯하게 집중하는 것만으로도 평정을 되찾을 수 있다. 이것은 격앙된 상태를 억지로 제거하려 해서 되는 것이 아니라, 그것 자체를 관찰 대상으로 삼는 까닭에 가능하다. 즉 감정의 발생과 변화와 소멸을 있는 그대로 주시함으로써 그것의 영향으로부터 벗어나게 된다.

초기불교 경전에는 이러한 방식으로 육체적 · 정신적 괴로움을 극복해 나가는 일화들이 여러 차례 소개된다(DN. II. 99쪽, 128쪽, 140쪽, 158쪽, 162쪽 등). 불교명상은 육체에 대한 조절을 배제했을 뿐 아니라, 육체에 대한 관심 자체를 위험한 것으로까지 본다. 그것이 새로운 탐욕과 집착으로 이어질 가능성을 간파했던 것이다. 따라서 불교명상은 요가학파와 달리 육체적 수련을 포함하지 않는다. 이것은 일견 편향된 가르침으로 오해될 여지마저 남긴다. 그러나 불교명상은 바로 여기에서 요가학파의 그것과 결정적으로 구분되는 독특성을 발한다. 육체적인 조절을 전제로 하는 명상은 개인적인 실천의 차원을 벗어나기 힘들다. 몸이란 어디까지나 개인적인 영역에 한정된 것이기 때문이다. 그러나 심리적 조절을 위주로 하는 명상은 타인과의 관계 문제에서 개방된 특성을 지닌다.

따라서 마음을 다스리는 데에 주력하는 초기불교의 명상은 심신의 건강은 물론 윤리적 · 사회적 차원으로까지 확대 적용될 수 있다. 즉 탐욕(貪) · 분노(嗔) · 어리석음(癡) 따위는 개인의 내면에서 발생하는 것인 동시에 사회적으로도 악영향을 미칠 수 있는 요인들이다. 따라서 이들을 다스려 나가는 것은 개인적인 삶을 바로 세우는 의미와 더불어 사회를 정화해 나가는 기초가 될 수 있다. 바로 이 점은 초기불교의 가르침이 인간의 삶에서 발생하는 거의 모든 영역의 문제들을 다룬다는 사실과도 무관하지 않다. 공히 전형적인 명상 관련 가르침으로 분류됨에도 불구하고, 불교명상과 요가학파의 그것이 결정적으로 다른 이유가 여기에 있다.

참고문헌

임승택 지음, 『붓다와 명상』, 민족사, 2011.

각묵스님 옮김, 『디가 니까야』 1권~3권, 초기불전연구원, 2007.

김열권 편저, 『위빠싸나 II』, 불광출판부, 1993.

김열권 옮김(Jack Kornfield), 『위빠사나 열두 선사』, 불광출판부, 1997.

김재성, 「태국과 미얀마 불교의 교학체계와 수행체계」, 가산불교문화연구원, 1997.
김재성 옮김(安藤 治), 『명상의 정신의학』, 민족사, 2009.
대림스님 옮김, 『앙굿따라 니까야』 1권~5권, 초기불전연구원, 2007.
대림스님 옮김, 『청정도론』 1권~3권, 초기불전연구원, 2004.
박운진 옮김(Bernadette Robert), 『어느 관상수도자의 무아체험』, 정신세계사, 2006.
박성현, 「위빠싸나 명상, 마음챙김, 그리고 마음챙김을 근거로 한 심리치료」, 『한국인의 종교심리와 목회상담 가을학술대회 자료집』, 한국목회상담학회, 2006.
장현갑 옮김(Jon Kabat-Zinn), 『마음챙김 명상과 자기치유』, 학지사, 2005.
전현수 · 김성철 옮김(Mark Epstein), 『붓다의 심리학』, 학지사, 2006.
전병재 옮김(Bhikkhu Bodhi), 『팔정도』, 고요한 소리, 2009.
전재성 옮김, 『쌍윳따 니까야』 1권~11권, 한국빠알리성전협회, 2002.
전재성 옮김, 『맛지마 니까야』 1권~5권, 한국빠알리성전협회, 2002.
정준영, 「대념처경에서 보이는 수념처의 실천과 이해」, 『불교학연구』 7집, 불교학연구회, 2003.
정태혁, 『명상의 세계』, 정신세계사, 1994.
이현주 옮김(M. Kiyojawa), 『겨울부채』, 생활성서사, 2003.
이균형 옮김(Jack Kornfield), 『깨달음 이후 빨랫감』, 한문화, 2006.
이현철 옮김(Jack Kornfield), 『마음의 숲을 거닐다』, 한언, 2006.
이태영, 『요가철학』, 여래, 2004.
임승택 옮김, 『빠띠삼비다막가 역주』, 가산불교문화연구원, 2001.
임승택, 「선정의 문제에 대한 고찰」, 『불교학연구』 5집, 불교학연구회, 2002.
임승택, 「초기경전에 나타나는 궁극 목표에 관한 고찰」, 『불교학연구』 19집, 불교학연구회, 2008.
임승택, 「사띠 개념의 현대적 해석 양상에 대한 재검토」, 『명상치료연구』 제3집, 한국명상치료학회, 2009.

Daing, U. Than., *The Doctrine of Paticcasamuppāda*, Rangoon: Society for the Propagation of Vipassana. 1966.
Nārada Thera Vājirārāma, *A Manual of Abhidhamma*, Abhidhammattha-Saṅgaha, Yangon: Ministry of Religious Affairs, 1996.
Malalasekera G. P., *Dictionary of Pāli Proper Names*, vol. 1, London: The Pali Text Society, 1974.
Frederic B. Underwood, "Meditation", *The Encyclopedia of Religion*, vol. 9, New York: Macmillan

Publishing Company, 1987.

Robert F. Ilson(Managing Editor), *Longman Dictionary of Contemporary English*, Longman Group Limited, 1983(reprinted).

Rhys Davids & William Stede, *The Pali Text Society's Pāli-English Dictionary*, London: The Pali Text Society, 1986(reprinted).